KB274768

나만의
캐릭터로
승부하라

나만의 캐릭터로 승부하라

고든 H. 바우어 · 샤론 앤서니 바우어 지음 | 이정숙 옮김

ASSERTING YOURSELF

자신만의 캐릭터로
진정한 성공을 원하는 사람들을 위한 책

국내에도 최근 몇 년간 커뮤니케이션의 중요성에 대한 인식이 크게 높아졌다. 대화스킬 등에 관심이 집중되면서 상대방에 대한 배려가 가장 강조되었다. 그런데 배려의 지나친 강조로 자기만의 고유색채를 무시하고 타인의 입맛을 맞추는 화법이 정당성을 얻는 것으로 보였다. 그 때문에 대화 관련 책을 열심히 읽거나 여러 방법의 훈련을 받고도 효과를 얻지 못했다는 사람들을 많이 만났다. 그런 결과를 경험하는 것은 너무나 당연하다.

사람의 생리는 할 말을 못하면 내면에 분노가 쌓이게 되고, 분노가 내면에 오래 적체되면 엉뚱한 곳에서 폭발하기 마련이다. 분노에는 강한 독성 물질이 있어 쌓이면 생존을 위협할 수 있다. 그래서 인간의 생체는 분노가 완전히 적체되면 터트려 생존을 보호하려는 생존보호 기능을 갖추고 있다. 자기 색채를 무시하고 남의 입맛에 맞추는 대화를 견지하면 어느 날 갑자기 배려 받던 상대에게 배신감을 안겨줄 수 있다. 오랫동안 쌓은 노력이 한 순간에 무너질 수 있는 것이다. 진정한 커뮤니케이션은 자기 색채를 죽이지 않고도 소통에 문제가 없는 것을 말한다. 이 책은 자기만의 색채, 즉 캐릭터를 살리면서 원활하게 소통하는 것을 목표로 구성되어 있다. 어떤 별난 캐릭터도 날카롭고 별난 것이 아닌 개성과 멋으로 승화시키는 훈련방법이 제시되어 있다.

사람들은 현대를 개성 시대라고 말한다. 너무 많은 인재와 비슷한 능력을 가진 사람들이 많아져 차별화가 중요하기 때문이다. 차별화가 곧 경쟁력이 되었다. 자기 색채를 무시하고 타인의 입맛에 맞추는 화법은 차별화를 역행하는 어리석은 결과도 가져올 것이다. 이 책은 자기만의 캐릭터를 유지하면서 진정한 소통을 하고자 하는 사람들을 위한 책이다. 셀프 훈련을 통해 이러한 소통법을 익힘과 동시에 자신의 캐릭터를 멋지게 업그레이드 시킬 수 있도록 구성되어 있다. 나는 기업 등의 교육과 코칭에서 이 책이 제시한 여러 방법을 우리나라 실정에 맞추어 보완하고 수정해서 사용해 좋은 효과를 거둔 적이 많다. 지금까지 화법이나 커뮤니케이션에 관한 책을 많이 읽었어도 개선이 미진한 분들이라면 이 책을 꼼꼼히 읽고 이 책이 제시한 방법대로 훈련에 임해보면 전과 다른 결과를 얻을 수 있을 것이다.

대화전문가 이정숙

당신의 존재감을
전략적으로 관리하라

사람들이 당신을 어떤 사람이라 말하는가? 이는 관계 속에서 살아가는 현대인들에게 매우 중요한 문제이다. 있으나 없으나 별 차이가 없는 존재감 제로인 사람이 될 것인지, 당신이 없으면 어떤 일도 해결하지 못할 것 같은 당신만의 캐릭터를 가진 사람이 될 것인지는 당신의 자기주장 정도에 따라 달라진다. 그저 말 없이 열심히만 한다고 그 업적을 누군가 알아줄 것이라 생각한다면 큰 오산이다. 이제는 당신의 존재감도 전략적으로 관리하지 않으면 안 된다. 또한 때때로 우리는 사람들과의 관계에서 불편한 감정을 경험한다. 무시당하는 느낌이나 배신감 또는 창피함이나 업신여김을 받을 때가 있다. 그럴 때 정당한 요구와 권리를 입 밖으로 내지 못하는 경우가 많다. 대신 혼잣말을 중얼거릴 뿐이다. "나서기 좋아하는 드센 사람으로 보이긴 싫어." "말해봤자 진지하게 받아들이지 않을 거야." "내 생각을 제대로 전해 본 적 없어." "어떻게 해도 바뀌는 건 없을 거야" 이런 말은 소용이 없다. 그저 자신의 낮은 자아존중감을 반증해 줄 뿐이다.

　　이러한 상황을 교정하고 개선하기 위해 이 책을 썼다. 사람들이 자아존중감을 회복하고 자신의 솔직한 생각을 효과적으로 표현해 자신감을 갖게 되기를 바란다. 이 책을 읽는 독자들이 자신의 권리를 당당하게 주장할 수 있고, 자신을 힘들게 하는 사람들과 생산적인 협상을 벌일 수 있게 되기를 원한다. 자기주장을 당당하게 하는 것이 공격적이거나 강압적인 성격을 의미하는 것은 아니다. 오히려 자기주장을 잘하는 사람은 문제 상황을 해결하는 좋은 방법을 알고 있기 때문에 절대 공격적이지 않다.

　　이 책을 통해서 얻었으면 하는 최종의 목표는 바로 자기관리다. 모든 사람들이 인격을 성장시키고 가치 있는 일을 하게 되기를 바란다. 자기관리를 잘하는 삶이란 인도주의적인 가치에 기반을 두며, 다른 사람과의 관계에 대해 책임을 지는 것이다. 자기주장 훈련은 이러한 자기관리의 목적을 달성하게 하는 중요한 과정이다.

　　이 책은 사람들이 좀 더 자기주장을 잘할 수 있는 독특하고 특별한 방법을 소개하고 있으며, 그 여러 기법들은 우리의 경험에서 우러나온 것들이다. 전직 연극배우이며 연출가였던 샤론 바우어는 스탠퍼드 대학에서 생활지도와 상담에 관한 석사과정을 밟으며 행동변화 기법에 대해 연구했다. 샤론은 임상수련 기간 동안 다양한 사람을 상대로 자기주장 훈련을 시작했다. 연극활동의 경험을 살려 학생들에게 대인관계의 갈등상황에서 자기주장을 펼치는 '각본' 을 써 보도록 했다. 그것이 바로 '데스크(DESC) 각본' 이다. 또한 각자의 각본을 시연해 보고 표현력이 풍부한 목소리와 몸짓 언어로 전달하는 방법도 가르쳤다.

  샤론은 여러 대학과 중소 기업체 그리고 정부기관에 이르기까지 다양한 곳에서 많은 워크숍을 진행하면서 이러한 기법들을 발전시키고 확장시켰다. 특히 데스크 각본은 직장 안에서 생기는 사람들 사이의 갈등을 푸는 데 매우 유용했다. 각본을 활용한 의사표현을 연습해본 사람들은 더욱 협동적으로 일할 수 있게 되었고 합리적인 업무분담을 위해 협상하였으며, 동등한 대우를 요구하는 데도 주저하지 않게 되었고 우선순위를 분명히 밝혀 일의 능률을 높였고, 상

사와 동료에 대한 이해를 넓혀 나갈 수 있는 효과를 거두었다.

스탠퍼드 대학의 심리학 교수인 고든 바우어는 인간의 학습과 기억에 관한 실험연구 전문가다. 책에서 제시한 실전연습의 유형과 행동변화의 개념들을 조직적으로 설명하는 일을 도왔다. 또한 샤론의 워크숍에서 사용했던 단계적 프로그램과 이 책의 토대를 이루고 있는 학습이론에 관한 이론적 설명을 돕고 있다.

우리는 이 책에 있는 정보와 다양한 기법들이 각 개인에 맞는 긍정적인 행동변화 프로그램을 만드는 데 도움이 되기를 희망한다. 《나만의 캐릭터로 승부하라》는 더 나은 삶을 위한 매우 중요한 첫걸음이 될 것이다. 그 걸음을 힘차게 내딛기를 바란다.

캘리포니아 스탠퍼드에서

고든 H. 바우어

샤론 앤서니 바우어

Contents

chapter 1 — 자기주장 지수가 높을수록 캐릭터는 살아난다

chapter 2 — 자아존중감이 높아야 뚜렷한 존재감도 생긴다

똑똑한 대화법으로부터,
부드러운 자기주장까지
당신만의 캐릭터로 승부하라

오늘날 가장 평균치에 해당하는 한 사람을 대상으로 인류학자가 인터뷰해 본다면 놀라운 결론을 얻을 것이다. 우리 사회의 경제적 풍요와 화려한 문화 그리고 세련된 기술력에도 불구하고 많은 사람들은 충분히 만족한 삶을 누리지 못한다는 사실을 발견할 것이기 때문이다.

무엇이 불만이냐고 물어보면 사람들은 각기 다른 답을 말할 것이다. 신체조건에 불만이 있다, 성격에 문제가 있다, 직장에 문제가 있다, 또는 나쁜 생활습관이 있다는 등등……. 하지만 이런 각각의 문제를 해결했다 해도 하더라도 사람들은 좀처럼 만족스러워하지 않는다.

예를 들어보자. 많은 표본조사에서 전체 응답 중 90퍼센트에 달하는 사람들이 신체에 불만을 갖고 있었다. 너무 말랐거나 너무 뚱뚱하거나, 머리카락이나 코, 입술, 허리선 또는 전체 골격이 평균치에서 벗어나 있다고 느낀다. 그래서 지난 10년간 사람들은 육체적 건

강을 지키기 애써왔다. 의학전문가들이 권하는 대로 담배를 끊고 규칙적인 운동을 하고 건강음식만을 섭취했으며 다이어트를 한 결과 많은 사람들은 자신의 신체에 만족을 느낄 수 있게 되었다. 하지만 사람들은 여전히 낮은 자아존중감 때문에 괴로워하고 있다.

뿐만 아니라 평범한 가정주부, 학생, 심지어 영화배우, 유명 정치인들까지 개인적인 무력감을 겪고 있다. 타인과의 상호작용 과정에서 이런 감정들은 다양한 형태로 나타난다. 아마도 그 대표적인 형태가 수줍음일 것이다. 미국의 고등학생과 대학생을 대상으로 실시한 조사에 따르면, 전체 응답자의 82퍼센트는 수줍음 때문에 여러 번 곤란을 겪었고 42퍼센트는 수동적이고 수줍은 태도를 극복하는 데 도움이 될 전문적인 상담을 원하고 있었다. 즉 원활하지 않은 대인관계로 인한 불만을 느끼고 있었다.

최근 들어 충격적인 사건을 겪었거나 비정상적인 가정에서 자란 경험 등이 자아존중감을 낮추는 데 지대한 영향을 끼친다는 사실은 일반적으로 잘 알려져 있으며, 그로 인해 타인과의 관계에 문제를 일으킨다는 사실 또한 잘 알려져 있다. 더욱이 마약이나 도박 또는 망상 등에 의해 중독현상을 겪는 사람들은 무력감에 시달리게 마련이다. 이러한 최악의 상태에서 '살아남았거나' '회복' 된 사람들은 개선의 소중한 첫걸음을 내디딘 것이지만, 타인과 정상적인 소통을 나누기 위해서는 전혀 다른 국면의 새로운 기술이 필요하다.

대인관계의 갈등을 어떻게 해결할까 하는 문제는 끊임없이 우리의 마음을 어지럽히며, 이러한 상황이 지속되면 속병을 앓게 된다. 대개는 상대방이 얼마나 불공평하고 까다로웠는지를 되새김질하면서 다음부터 어떻게 대처할지를 생각하고 또 생각한다. 하지만 이런 행동은 대개 사람을 더욱 무력하게 만들 뿐 문제를 해결하는 데 별 도움이 안 될 뿐만 아니라 육체적인 스트레스를 증가시킨다. 심장박동이 빨라지고 콜레스테롤은 증가하고 혈압은 올라간다. 이외에도 두통, 요통, 소화불량, 심장발작 그리고 온갖 종류의 통증들……. 거기에는 망상증이나 우울증과 같은 정신적인 고통도 포함된다.

해소되지 못한 대인관계의 갈등이 이토록 스트레스의 요인으로 작용하는 이유는 무엇일까? 이것은 대부분의 사람들이 기본적인 의사소통 기술이나 전략이 부족하고 스트레스를 극복할 기술이 서투르기 때문이다. 상황을 적극적으로 분석하고 이성적인 해결책을 결정하고, 상대방을 신경 쓰기보다 문제 자체를 해결하기 위한 자기주장적인 언어들을 선택하는 법을 알아야 한다. 그런데 사람들은 이러한 해결 방법보다는 침묵을 지키거나 수동적인 태도를 취하며, 때로는 공격적으로 폭언을 퍼부어 상황을 악화시키기도 한다.

이렇게 수백만의 사람들이 무력감을 느끼고 불편해하는 이유는 자기주장에 서투르기 때문이다. 그러한 생각에 기초하여 《나만의 캐릭터로 승부하라》를 집필했다. 학습으로 습득한 적절한 태도와 의사소통의 기술이야말로 자기주장의 필요조건이다.

이 책에서 소개하는 프로그램은 행동 심리학과 화술, 의사소통 기술 그리고 연기기법 등의 도움을 받은 것이다. 우리의 행동 중 많은 부분은 그것이 바람직하든 그렇지 않든 관계없이 과거의 경험에 의해 학습된 것이다. 그 학습은 변화하는 환경에 자신을 맞춰가는 과정을 통해 계속된다. 인간의 행동이 변화될 수 있다고 보는 심리학자들은 비생산적인 행동을 대체할 새로운 행동도 학습할 수 있다고 주장한다. 그리고 그것이 이 책의 목표다.

이러한 행동의 변화과정은 단계적인 작업을 통해 이루어진다.

첫째는 현재 자신이 자기주장을 어느 정도 하는지를 가늠해 보고 가장 시급한 행동변화는 무엇인지 생각해 보는 단계다. 그래서 현실적인 목표를 설정한다. 이에 따라 1장에서는 자가진단을 위한 워크시트를 제공한다.

둘째는 자아존중감을 높이는 일을 하는 단계다. 무력감을 느끼는 사람들은 대개 부정적인 자아를 지녔다는 연구가 있다. 자신은 수동적이고 내성적인 성격이라고 생각해온 사람들은 흔히 다음과 같은 말들로 스스로를 끊임없이 꾸짖는다. "난 약해." "난 어리석어." "사람들 앞에서 말할 수 없어." 2장에는 이런 부정적인 자기 암시를 긍정적으로 바꾸게 해줄 많은 예와 실전연습 내용이 제공된다. 자신을 긍정적으로 생각하도록 단계적으로 접근하여 자아존중감을 높이고 자기주장을 활발히 할 수 있게 한다.

셋째는 스트레스를 극복하는 방법에 대한 정보를 파악하는 단계다. 대부분 사람들은 스트레스와의 대결 국면에서 불안과 공포를 느끼게 되는데, 이러한 감정을 통제할 수 있는 실전연습과 구체적인 기술들 그리고 점진적으로 긴장을 풀고 이완하는 방법을 제공한다.

그리고 마지막으로, 다른 사람들과 관계를 맺을 때 자기주장을 좀더 잘하기 위한 특별한 기술들을 배우게 될 것이다. 이 책의 주요한 부분인 4장~9장에는 이러한 기술들을 습득하고 연습할 수 있는 장이 마련되어 있다. 대략의 내용은 다음과 같다.

- 힘든 상황에서 자신과 다른 사람들의 행동을 객관적으로 관찰한다.
- 힘든 상황에서 자신과 다른 사람의 행동에 긍정적인 변화를 돕는 '계약'을 마련한다.
- 설득력 있는 언어, 적절한 목소리, 효과적인 몸짓을 사용하여 자신 있게 말한다.
- 다른 사람과 협상을 벌이는 과정에서 세운 계약의 결론을 따라간다.
- 공격적인 사람과의 상호관계에서 맞닥뜨릴 단발적인 문제 상황에 대처할 방법을 알게 된다.

자기주장을 잘 못하는 사람들은 친구를 사귀는 데에도 곤란을 겪는 경우가 많다. 그래서 10장에는 사람들을 넓게 사귀고 좀 더 의미 있는 인간관계를 맺게 해주는 실전연습 내용을 담았다.

자기주장 프로그램은 실행 지향적이다. 자기주장을 잘 하기 위해 직접 해볼 수 있는 실전연습 내용을 많이 제공하고 있다. 모든 방법을 그대로 해볼 필요는 없지만, 자주 해볼수록 많은 도움을 받게 될 것이다. 자기주장의 기술을 익히는 일이 처음에는 어색할 수도 있지만 자전거나 스키타기처럼 주의를 기울여 연습하면 점점 더 능숙해질 것이다. 쉽지만은 않겠지만 시간과 노력을 쏟을 만한 일이라 확신한다. 대인관계에서의 문제를 해결하기 위해 그리고 삶의 질을 높이기 위해 자신을 주장할 수 있다는 사실을 깨닫는 것만으로도 자신감과 자아존중감을 얻을 수 있다.

1

자기주장 지수가 높을수록 캐릭터는 살아난다

행동은 자신의 이미지를 비춰볼 수 있는 거울이다 _괴테

자기주장에는 여러 형태가 있다. 감정을 표현하는 능력일 수도 있고, 어떻게 행동할지를 선택하는 것일 수도 있으며, 적절한 때에 자신의 권리를 표현하는 것일 수도 있다. 그것은 자아존중감이나 자신감을 높이는 일이기도 하고, 필요한 때에 반대의사를 분명히 밝히는 것이기도 하며, 자신의 행동을 변화시키거나 다른 이에게 공격적인 행동을 고쳐달라고 요구하기 위한 실천이기도 하다.

당신은 자기주장을 할 권리가 있다

어떤 사람들은 자기주장 훈련에 대해 오해하곤 한다. 착한 사람을 현혹하여 예민하고 반항적이며 불평불만론자로 만들어버린다는 것이다. 또 어떤 사람들은 타인을 교묘하게 조정하게 하고 계산적으로 행동하도록 가르치는 것이라고 주장한다. 이러한 생각들은 자기주장 훈련의 목적을 잘못 이해한 것이거나 인간의 가치기준에 대한 자신의 왜곡된 생각을 반영하는 것일 뿐이다.

물론 예전에는 내성적이었던 사람이 단호하게 자기주장을 할 수 있게 된다면 문제 상대와의 관계에서 혼란스러운 상황이 발생할 것이다. 하지만 언제 어디서든 다른 이들을 불편하고 불쾌하게 해선 안 된다고 말하는 사람은 인본주의에 대한 이해가 부족하다고 볼 수밖에 없다. 자신의 권리가 침해받았을 때의 방어는 당연한 권리다. 부당한 대접을 받거나 이용당했을 때 이에 저항하고 일방적인 관계를 평등하게 바꾸는 것은 우리의 기본 권리다.

물론 이런 합당한 저항은 이기적인 착취자의 심기를 불편하고 불쾌하게 할 것이다! 당연한 일이다. 비유로써 이야기해 보자. 노예의 주인은 노예를 이용해 이익을 취하는 일에 익숙하다. 그래서 자신들의 이익을 지키기 위해 '노예들의 반란'을 짓누르려 한다. 이런 상황에서 주인의 심기를 불편하게 하는 반란을 일으켜서는 안 된다고 할 사람은 아무도 없을 것이다.

도덕적으로 우리 모두는 평등하게 창조되었고 평등한 대우를 받아야 한다는 대전제에서 천부인권(天賦人權)의 개념이 생성되었다. 두 명의 평등한 인간이 만들어낸 사회적 관계에서 어느 한쪽도 특별한 권한을 가질 수 없다. 각각의 목적과 필요가 똑같이 가치 있기 때문이다. 사람은 평등하기 때문에 두 사람(예를 들어 남편과 아내라고 해보자)은 둘의 관계를 '조정해줄' 다양한 합의와 동의 그리고 규칙을 세우고 '실행에 옮기는' 것이다. 이러한 합의는 명확하게 명시되어 있지 않은 경우가 많지만 누가 무엇을 언제 해야 할지에 대한 논쟁과 협상을 매일 하지 않게 해준다. 이러한 사회적인 조화에 절대적인 정답이란 없다. 어떠한 문제에 대해 당사자들 모두에게 만족스럽고 어느 한쪽의 권리를 일방적으로 침해하지 않는다면 어떤 결과가 나오든 상관없는 일이다. 하지만 그 합의는 양쪽 당사자가 같은 권리를 가진 평등한 존재라는 약속 위에 세워져야만 한다. 당사자 중 한 명이라도 자신에게 불공평한 처사라고 느낀다면 언제든 재조정할 수 있어야 한다는 말이다.

자기주장 훈련이 자신의 이익을 위해 다른 사람을 이용하도록 가르친다는 비난은 정말 터무니없는 것이다. '이용한다'는 말은 자신만의 이익을 위해 누군가에게 불공평하고 정도를 벗어난 방법으로 상황을 좌지우지한다는 의미의 부정적인 용어다. 자기주장 훈련은 '갈등' 상황을 그대로 드러내어 설명함으로써 문제 상대가 특정 행동을 수정한다면 어떤 '보상'을 받을 수 있는가를 설명하는 방식이다. 게다가 이러한 자기주장 훈련 프로그램은 문제 상대의 필요와 이익에 대해서도 배려하여 쌍방 모두가 동의할 만한 협상을 할 수 있도록 돕는다. 결국 이 훈련의 진정한 목표는 '판을 갈아엎는 것'이 아니라 쌍방의 만족이다.

자기주장 훈련의 목적은 당신이 (1)자신에 대한 통제력을 갖고 좀 더 분명하게 자기주장을 하고(또는 덜 공격적이고 호전적으로 자기주장을 하여) (2)자신에 대해 부당한 태도를 취하는 상대의 태도를 바꾸는 것이다.

다른 사람에게 영향을 끼치는 행위에 대해 비도덕적이라고 주장하는 것은 어리석은 일이다. 대인관계에서 상벌을 통해 영향을 끼치는 것은 자연스런 것으로, 우리 일상에 널리 고루 스며들어 있어서 중력의 법칙처럼 마음대로 껐다가 켰다가 할 수 있는 일이 아니다. 일을 해서 돈을 버는 것이나 자녀 또는 배우자가 잘못된 행동을 못하게 하는 것, 또는 자녀나 동료들에게 좋은 선례(또는 나쁜 선례)를 세워주는 것 등이 모두 해당된다. 모든 사람들은 일상에서 사회적인 상벌을 이용하고 있다. 때로는 의식하지 못하는 사이에 일어나거나 파괴적인 방식으로 진행될 때도 있지만 말이다. 우리가 제안하는 것은 당신의 삶을 지겹게 만드는 그들뿐만 아니라 당신 자신의 행동을 긍정적으로 변화시키기 위하여 윤리적이고 사려 깊은 행동변화의 방법을 사용하라는 것이다.

물론 불공평하고 한쪽이 일방적으로 착취당하는 그런 관계를 바꾸는 데에 다른 접근 방법들이 없는 것은 아니다. 예를 들면 '도덕적인 설득'이나 현재 관계의 '공정성'에 관한 토론을 할 수도 있다. 하지만 이러한 방법들은 문제 상대에게 미미한 영향을 끼치는 것이어서 논쟁을 일으킬 뿐 행동의 변화를 유도할 수 없다. 문제 상황에서 문제 상대의 만족스러운 행동 변화를 얻으려면 이 책에서 제안하는 좀 더 강력한 방법이 필요하다.

먼저 일상의 몇몇 부분에서 자신의 불행했던 경험을 관찰하는 것으로부터 시작해야 한다. 푸대접받고 이용당하고 무시당해 분개했던 사람은 바로 당신이다. 이런 상황을 개선하고 동등한 대접을 요구하고 좀 더 만족스러운 결과를 모색할 권리가 있다.

단호하게 자기주장을 하는 사람은 다음의 일들을 할 수 있다.

●감정을 드러내는 이야기를 한다.

자신의 기호와 이해를 애매하게 표현하지 않고 자신의 입장에서 자연스럽게 표현할 수 있게 된다. "난 이 스프가 좋아." 또는 "네 블라우스 정말 마음에 든다." 등등의 표현처럼 자신의 견해를 밝힐 수 있게 된다.

●자신에 대해 이야기한다.

뭔가 가치 있고 흥미 있는 일을 했을 때 그 사실을 친구들에게 알려줄 수 있다. 대화를 혼자 독점하지 않고서 적절한 때에 자신의 성취에 대해 언급할 수 있게 된다.

●인사말을 하게 된다.

친해지고 싶은 사람들에게 밝게 미소 지으며 반갑다는 말을 건넬 수 있다. 작은 목소리로 "저기…… 안녕하세요……"라고 웅얼거리거나 말없이 고개를 끄덕이거나 당황한 표정을 짓는 대신 활기찬 목소리로

"와, 안녕! 다시 만나 정말 반가워요."라고 말한다.

● 칭찬을 받아들인다.

칭찬해 주는 사람의 말을 부정하지 않고 우아하게 받아들일 수 있다. "이 낡은 셔츠가 뭐가 멋지다는 거야?"라고 말하는 대신 "응, 나도 이 셔츠를 좋아해."라고 말한다.

● 적절한 얼굴 표정으로 이야기한다.

표정이나 목소리에 전하는 의미를 일치시킬 수 있게 된다. 사람들과 대화할 때도 상대방의 눈을 마주보며 이야기할 수 있다.

● 온건하게 반대의견을 표시할 수 있다.

상대와 의견이 다를 때 평화로운 관계를 유지하기 위해 거짓으로 동의하지 않는다. 시선을 피하거나 얼굴을 찡그리거나 눈썹을 치켜 올리거나 고개를 흔들거나 화제를 바꾸는 것으로 온건하게 반대의사를 밝힐 수 있게 된다.

● 다시 말해 달라고 부탁할 수 있다.

혼돈스러운 지시를 받았거나 알아듣지 못한 설명이나 안내에 대해 다시 말해 달라고 요청할 수 있다. 그냥 자리를 피하거나 스스로를 질책하지 않고 "지시하신 내용을 잘 이해하지 못하겠습니다. 다시 한 번 말씀해 주시겠어요?"라고 말한다.

● 왜냐고 물을 수 있다.

마음에 들지 않거나 합리적이지 않은 일을 지시받았을 때 "왜 그 일을 해야만 하나요?"라고 물을 수 있다.

● 적극적인 반대의사를 표시할 수 있다.

누군가와 생각이 다르며 그 근거가 충분히 타당하다고 판단되었을 때 다음과 같은 표현들을 통해 반대의사를 전할 수 있다. "그 문제에 대해 저는 다른 견해를 갖고 있습니다. 제 생각에는……" 또는 "당신의 생각은 다음과 같은 것들을 고려하지 않은 것 같습니다……."

●자신의 권리를 주장한다.

죄책감을 느끼지 않으면서 '아니오' 라고 말할 수 있다. 또한 공평하고 공정하게 대우받을 것을 요청할 수 있다. "제가 할 차례입니다." 또는 "실례합니다만, 지금 다른 약속이 있기 때문에 자리를 비켜주셔야겠습니다." 또는 "라디오를 꺼주세요." 또는 "약속시간보다 삼십 분 늦으셨습니다."라는 식으로 과장됨 없이 자신의 불편함을 표현할 수 있다.

●내 뜻을 관철시킬 수 있다.

불만이 정당하다면 상대방이 인정하지 않더라도 만족할 만한 결과를 얻을 때까지 지속적으로 말할 수 있다. 자신의 생각을 포기하게 만드는 상대의 거절을 허락하지 않는다.

●증명하라는 요구를 거부할 수 있다.

토론을 하는 동안 누군가 끊임없이 당신에게 왜냐고 묻는다면, 즉시 이야기를 끊고 상대에게 되물을 수 있다. "내가 그렇게 하고 싶기 때문입니다. 그게 내 가치관이죠. 내가 하는 말을 모두 증명하고 정당화할 필요는 없는 겁니다. 당신에게 그 증명이 꼭 필요하다면 내 말에 왜 반대하는지를 먼저 증명해 보여주시죠."

지금 당신은 배우자나 자녀, 부모 또는 선생님, 친구나 동료, 상사나 직원 등 여러 종류의 사람들이 보여주는 습관적인 행동 때문에 그 동안의 문제 상황을 잘 다루지 못했을 것이다. 화가 나는 이러한 상황은 반복되며 당신을 이용하고 상처 입히고 낙담시킨다. 이러한 지속적인 악순환을 우리는 '문제 장면'이라 부를 것이다. 그리고 이러한 특정 문제 상황에서의 적대자를 '문제 상대'라고 부를 것이다. 당신에게도 이런 문제 상대가 몇 명 있을 것이다. 그 상대가 어쩌면 항상 졸라대는 자녀일 수도 있고 고압적이거나 요구 많은 부모님일 수도 있으며, 시끄러운 이웃이나 당신을 얕보고 비웃는 친구이거나 지나치게 수동적인 직원일 수도 있다.

당신의 목표는 오랫동안 지속되어 온 문제 상황에서 서로에게 반응하는 방식을 바꾸는 것이며, 그렇게 해서 두 사람 모두 만족스러운 결과를 갖는 것이다.

자기주장적 행동양식의 여러 형태

자기주장적인 해결방식이 어떤 것인지 좀 더 분명하게 설명하기 위한 비교가 있다. 그것은 문제 해결에 실패를 가져올 수밖에 없는 두 가지 상반되는 행동양식을 살펴보는 것이다. 바로 억압되어 있는 수동적 행동과 과도하게 공격적인 행동이다.

수동적 행동양식이나 공격적 행동양식과 비교할 때 자기주장적 행동양식은 특정 문제를 처리하는 방식에서 차별성을 지닌다. 이 차별성을 설명하기 위해 각 행동양식의 특징을 나타내는 '각본'을 사용하겠다.

단순한 문제로 시작해 보자. 한 여성이 룸메이트에게 일주일에 한 번 정도 아파트 청소를 함께 해주기를 바란다고 하자. 그녀에게 이 문제는 중요한 사안이지만 룸메이트 남자에게는 그렇지 않다. 상황을 좀 더 그럴 듯하게 만들기 위해 상대 룸메이트는 음악을 듣고 있는 중이라고 가정해 보겠다.

수동적 행동양식의 연출 장면

그녀 : 어…… 혹시 집안 청소 하는 문제를 의논하기 위해 시간을 좀 내
줄 수 있어?

상대 : [음악을 들으면서] 지금은 안 돼, 바빠.

그녀 : 오, 그래. 알았어.

매우 짤막한 각본이지만 몇 가지 중요한 점을 보여주고 있다. 여
기 등장한 수동적인 여성은 화제를 끄집어내는 일조차도 상대의 허
락을 구했다. 이것은 문제 상대가 이런 문제로 시간을 낭비하고 싶
어하지 않을 것이라는 전제를 둔 것으로, 결국 자신의 소심함을 상
대에게 노출하고 말았다. 문제 상대는 문제를 회피하고 행동을 미루
기 위한 전형적인 지연작전으로 대답했다. "바빠"라는 변명은 실로
공허한 것이다. 다시 말해 이 말은 "네 부탁 따위에 신경 쓰느라 하

당신은 어떤 스타일?

던 일을 멈추고 싶지 않아."라는 말과 같다. 사람들은 어떤 일을 하느라 바쁠 때가 있기 마련이지만, 이 경우의 바쁘다는 대답은 "난 아파트를 청소하는 일보다는 음악이 더 좋아."라는 분명한 메시지다.

게다가 이러한 문제 상대의 지연작전에 대한 응답은 고작 "오, 그래. 알았어."가 전부다. 이제 이 수동적인 사람이 하게 될 행동은 다른 공간에 숨어서 속상해하는 일이다. "아까 이렇게 말했어야 했는데……."하면서 자책할 것이다. 하지만 다음에 또 이와 같은 상황에 닥쳐도 그녀는 그렇게 말하거나 행동하지 못할 것이며, 또한 그녀가 바라는 대로 상대 남자가 행동하지 않으리라는 것도 쉽게 예상할 수 있다.

수동적인 사람들은 이와 유사한 장면을 수백 번도 넘게 연출한다. 가랑비에 옷 젖듯 이런 경험들이 쌓이면 조금씩 자신감과 자긍심이 줄어든다. 자기주장을 분명히 해야 하는 순간에 수동적으로 대응할 때마다 자아존중감을 잃어가는 것이다.

이런 수동적인 사람들은 자신의 불행에 대해 남의 탓을 하곤 한다. 자신의 행동이나 자신의 삶에 책임을 지지 않으며 그저 스스로를 말없는 순교자로 만들어간다. 하지만 이러한 자세는 자기기만이고 커다란 착각이다. 문제 상황에 대해서는 문제 상대 못지않게 본인에게도 책임이 있는 것이다.

수동적인 사람들은 자기만의 수동적인 방식으로 문제 상대를 응징한다. 수동적인 아내는 장을 볼 때 남편이 좋아하는 음식을 사오지 않는 실수를 하고, 수동적인 남편은 잠자리에 들 시간에 독서에 빠짐으로써 성적 태업을 자행한다. 그 중에서도 가장 빈번하게 나타나는 응징의 방법은, 문제 상대 앞에서 뿌루퉁해 있거나 울음을 터트리는 것이다. 이것은 상처 입은 수동적인 사람들이 상대에게 동정심과 죄의식을 불러일으키기 위해 쓰는 전통적인 술수다. 그렇게 해서 결국은 '바라던 바'를 얻어낼 수는 있다. 하지만 이러한 기만적인 행동('수동적인 공격'이나 '간접적인 공격')은 무능의 상징이고, 속수무책의 심정에 몰린 사람만이 선택하는 공격적인 행동에 지나지 않는다.

공격적 행동양식의 연출 장면

그녀 : 이봐, 이 빌어먹을 아파트를 청소하는 일에 대해 한마디도 않는 너에게 이제 진저리가 나. 이젠 좀 도와주겠어?

상대 : [음악을 들으면서] 지금은 안 돼. 바빠.

그녀 : 거절을 하려면 얼굴은 쳐다보고 해야잖아? 나나 집안일에는 조금도 관심 없다 이거지! 자기 자신만 중요하다 이거구나!

상대 : 그렇지 않아.

그녀 : 그 동안 집안일 문제나 나한테 한 번도 주의를 기울인 적이 없잖아. 집안일은 항상 다 내가 해야 했다구!

상대 : 세상에, 또 그 소리야? 제발 단 일 초만이라도 날 좀 내버려둬! 그렇게 항상 잔소리로 들볶지 말라구!

그녀 : 그 허접한 윙윙거리는 소리 따위를 듣는 것 말고는 안중에 없잖아. 게다가…….

상대 : 그만해! 너야말로 항상 그놈의 청소 때문에 노이로제에 걸려 있잖아. 네가 뭔데 난리야, 우리 엄마라도 된 줄 알아? 이놈의 집에선 들볶는 잔소리 없이 단 몇 분 동안도 음악을 들으면서 쉴 수 없는 거냐? 이 아파트를 먼저 산 건 나였다구!

위의 상황이 실제였다면 이처럼 급격히 공격적인 양상으로 발전하지는 않겠지만, 어찌됐든 중요한 문제점은 모두 살펴볼 수 있다. 룸메이트와의 대화에서 어떤 일들이 일어나고 있는가? 우선, 처음부터 말이 공격적이다. 여자는 단지 아파트 청소를 계획하는 데 도움을 구했을 뿐이라고 생각할 수 있다. 하지만 목소리는 지나치게 크고 억양은 귀에 거슬렸으며 태도 역시 고압적이었다. 당연히 문제 상대가 거부감을 나타내었고, 그녀는 그의 거부감을 거절로 받아들인다. 그러고는 과거 그가 적당히 얼버무리면서 문제를 회피했던 기억을 떠올려 짜증스럽게 비난을 퍼부어댄다. 그는 그러한 비난을 부인했지만 그녀는 비난의 강도를 높여만 갔다. 제발 좀 내버려두라는 말에 그녀는 모욕감을 느끼고, 그가 즐기는 취미생활을 게으른 행동으로 비하한다. 그러자 마침내 상대는 대단원의 막을 장식하는 일제 사격을 발포한다. 대개 이런 정도의 강한 발언 뒤에는 자리를 박차고 일어나 문을 쿵 닫고 나가는 행동이 이어진다.

이런 상황에서 승자는 없다. 양쪽 다 비참한 기분을 느끼고 자리를 떠나버리는 식으로 문제를 회피하려고 한다. 상대는 더욱 게으르고 무관심하게 되며, 더욱 머뭇거릴 것이다. 그럴수록 그녀는 잔소리가 늘어나 이래라 저래라 지시를 하게 된다. 공격적인 행동으로 룸메이트에게 죄책감을 안겨주려 했으나 결국은 상대를 방어적으로 만들고 말았다. 그가 수동적인 공격성을 갖고 있다면 그녀를 외면하거나 전화 메시지를 받지 않는 행동을 할 것이고 이러한 회피는 관계를 악화시킨다. 남자는 여자의 말에 귀 기울이지 않는 사람으로, 여자는 늘 요구와 모욕적인 언사를 늘어놓는 사람으로 규정되는 것이다.

이 두 룸메이트는 아파트를 청소하는 문제는 제쳐놓고 서로 비난하기에 정신이 팔려 결국 둘 다 상처를 입게 된다. 이런 식의 언쟁이 계속된다면 둘 중 한 사람은 불편함을 견디지 못해 같이 사는 것을 포기할 수 있고, 둘 사이가 폭력적으로 변할 수도 있다. 물론 가사 문제에 관한 다툼이 육탄전으로 악화되는 경우는 드물고 대개는 심리적인 주도권 쟁탈전이 된다. 그러다가 가끔씩은 그로테스크한 국면으로 발전하기도 한다.

그 어떤 형태를 취하건 간에 공격적인 행동은 육체적으로나 감정적으로 상대를 상처 입게 하려는 의도를 갖고 있다. 즉 공격적인 행동은 다른 사람의 자아존중감을 짓밟고 그 대가로 자신을 높이려는 양상을 띠게 된다. 한 사람이 다른 사람을 전적으로 눌러서 지배적인 상태가 되는 것을 목적으로 하는 것이다.

공격적인 상호 작용은 양쪽 모두 패자가 되는 불행한 결과만을 낳게 된다. 물론 유년시절에 친구를 때려눕힘으로써 아이들은 작은 보물들(구슬이나 풍선껌, 축구공 또는 줄의 맨 앞자리와 같은 것들)을 얻을 수 있었다. 하지만 사회적 의식이 성장함에 따라 우리는 좀 더 이타적인 목적의식을 갖게 된다. 주변 사람들에게 친근하게 대하거나 다 같이 행복해지는 일에 즐거움을 느낄 수 있게 된다. 그러나 위에서 언급한 공격적인 사람들은 어린 시절 유치원 수준에서 발달 단계가 멈춘 것이다. 즉 "같이 갖고 놀자."라고 말하는 대신 "모두 내 꺼야."라고 말하는 것이다. 하지만 이렇게 다른 사람을 괴롭히는 행동은 동시에 스스로 죄책감을 느끼게 하고 실의에 빠지게 한다는 사실을 명심해야 할 것이다. 공격적인 사람들은 가끔씩 양심의 가책을 받으며, 수동적인 사람들과 마찬가지로 대인관계가 원만하지 못하다.

자기주장적 행동양식의 연출 장면

공격적인 행동은 이기기 위해 상대에게 상처를 주지만, 자기주장적인 행동은 이기는 것보다는 양편 모두에게 합리적인 변화를 유도하여 균형적인 힘의 관계를 이루는 것을 중요시한다. 자기주장을 하는 목적은 대인관계에서의 문제를 해결하는 것이며, 자기주장적인 행동은 단순히 자신의 감정을 드러내거나 누군가에게 규칙을 정해주고 유유히 상황을 빠져나가는 것이 아니다. 일반적으로 문제를 해결하기 위해서는 감정을 표현하거나 말대꾸하는 것 이상의 행동이 필요한 법이다.

우선 자신의 주장으로써 원하는 것이 무엇인지 분명하게 설정해야 한다. 그리고 자신의 감정을 주의 깊게 살펴 파악하고 자신이 원하는 변화를 이끌어내기 위해 구체적으로 어떤 방법을 사용할지 결정해야 한다. 자기주장적인 문제 해결은 설교조의 연설이나 잔소리 또는 으스대는 독재자적인 말투를 버리고 자신과 상대방 사이에 지킬 수 있는 계약과 실천을 포함한다. 자기주장적인 사람은 사회적으로 용인될 수 있는 효과적인 방법으로 개인적인 차원에서도 자신의 감정을 표현할 수 있다.

그럼 자기주장적인 협상을 준비한 사람이 가사 문제에 얽힌 갈등 관계를 어떻게 풀어나가는지 보도록 하자.

그녀 : 가사일에 관한 이야기가 재미 없는 화제라는 건 알지만, 그래도 꼭 이야기해야겠어. 언제 일을 할 건지 계획을 세우자.

상대 : 어…… 지금은 안 돼! 바빠.

그녀 : 잠깐이면 돼. 시간표를 짜놓으면 집안일 하기가 더 간편해질 거야.

상대 : 그런 일 할 시간이 없을 거야.

그녀 : 내가 늘 반복되는 집안일에 대해서 시간표 두 개를 만들어봤어. 매주 우리 둘이 돌아가면서 같은 정도의 일을 하도록 말이야. 한번 볼래? 네 생각을 꼭 듣고 싶어. 오늘밤 저녁 먹고는 어때?

상대 : [성난 음성으로] 지금 당장 봐야만 해?

그녀 : 그럼 다른 때 언제가 좋겠니?

상대 : 글쎄, 모르겠어.

그녀 : 그럼 저녁 먹고 십오 분 동안만 시간을 내서 상의해 보자. 좋지?

상대 : 뭐 괜찮을 것 같네.

그녀 : 좋아! 정말 잠깐이면 될 거야. 가사일에 대해 합리적인 시간표를 갖게 되면 나는 정말 안심이 될 것 같아.

이 경우의 여성은 협상이란 것에 대해 잘 알고 있다. 먼저 그녀는 작은 것을 요구했다. 사실 그녀가 진정으로 원하는 것은 룸메이트가 청소에 관심을 가져주는 것이었다. 하지만 그녀는 현실적으로 그것이 힘들다는 것을 알고 있고, 하나씩 작은 성과를 내다 보면 관심을 이끌어낼 수 있다고 생각한 것이다. 그래서 요구를 최소화하여, 집 안일에 대해 계획표 두 개 중에서 어떤 것을 결정할지만 도와달라고 했다. 작은 요구들은 상대에게 쉽게 받아들여지는 경향이 있다. 그리고 두 번째, 그녀는 두 개의 구체적이고 공평한 시간표를 준비하는 것으로 최선을 다해 사전 준비를 했다. 세 번째, 상대가 결정을 미루거나 회피하려고 하자 이야기의 핵심을 고수하면서 결정을 회피하지 못하게 했다. 네 번째, 룸메이트가 계획표를 살펴보겠다고 동의하자 자신이 얼마나 만족스러운지를 언급함으로써 상대방에게 보상을 주었다.

공격적이거나 수동적인 행동양식에 비해 자기주장적인 행동양식의 가장 두드러진 점은 이렇듯 의도했던 대로 문제를 해결했다는 것이다. 특히 자기주장적인 행동양식이 연출한 장면에서 보듯 두 룸메이트는 자기 자신과 상대에 대해 더 좋은 감정을 갖게 될 것이다. 이러한 것이 바로 앞으로 우리가 함께 이뤄낼 목표다.

자기점검하기 –실전 연습문제1

자기주장 훈련을 시작하기에 앞서, 현재 자신이 자기주장을 어느 정도 할 수 있으며 중간 정도의 위협 상황에서 어떻게 반응하는지 알아볼 필요가 있다. 이제 제시할 실전 연습문제를 활용하면 자신의 약점을 알아내는 동시에 강점을 키울 수 있다. 또한 앞으로 시행할 자기주장 훈련 프로그램을 위해 해야 할 일의 우선순위를 정하고, 주 과업을 설정하는 것에도 도움을 받을 수 있을 것이다.

실전 연습문제 1은 다른 사람과 상호작용하는 모습에 대해 검토해 보도록 요구하고 있다. 대략적이기는 하나 자신의 행동을 평가하는 데 유용한 지침을 마련해줄 것이다.

실전 연습문제 01

자기주장 행동 질문서

아래의 질문을 답할 때, 지난 몇 주 또는 몇 달 이내에 다른 사람과 불편했던 상황이나 불만사항들을 생각해라. 주어진 빈도 표시 문장 중 당신 자신의 행동을 잘 드러내는 것을 결정하고 아래의 빈칸을 채워라.

5 거의 항상 그렇다.(90~100%)

4 4번 중 3번은 그렇다.(60~90%)

3 절반은 그렇다.(40~60%)

2 4번 중에 1번만 그렇다.(10~40%)

1 거의 그렇지 않다.(0~10%)

＊어떤 불만이 있을 때, 나는:

___ 불만을 말한다.

___ 순간 참았다가 가장 생산적인 결과를 낳을 수 있는 과정을 생각하고 결정한다.

___ 말을 하기 전에 내 행동의 결과에 대해 생각해 본다.

___ 오해를 피하기 위해 그 문제에 대해 다른 사람에게 물어본다.

___ 화가 나는 상황이나 대상에 대해 객관적으로 설명해 준다.

___ 지나치게 감정적이지 않도록 자제하면서 내 기분을 표현한다.

___ 다른 사람을 비난하거나 혹평하지 않는다.

___ 다른 사람의 태도나 행동 동기에 대해서 함부로 추측하지 않는다.

___ 필요하면 문제 해결을 위해 구체적인 방안을 만들어낸다.

___ 상대의 입장을 고려하며 이야기한다.

___ 전하고자 하는 바를 짧고 분명하게 말한다.

___ 단호한 목소리로 내 의사를 표현한다.

___ 상대를 똑바로 쳐다본다.

___ 적절하고 설득력 있는 제스처를 사용한다.

___ 총점 :

자, 이제 모든 점수를 더하자. 14~70 사이의 점수가 나올 것이다. 14에 가까운 점수를 얻었다면 전혀 자기주장 행동록 하지 못한다고 볼 수 있다. 반대로 70에 가까운 점수를 얻었다면 일관되게 자기주장 행동을 하고 있다는 뜻이다. 적어도 위에서 조사한 14가지 행동 유형에 대해서는 그렇다. 샤론의 자기주장 훈련 수업을 받은 성인들은 이 테스트에서 대개 25~50 사이의 점수를 얻었다. 1번을 적는 경우는 적었고 대부분 2, 3, 4번을 적당히 섞어 적었다. 자, 그럼 당신의 대답을 다시 살펴보자. 1, 2, 3번의 비율을 확인해 보자. 그러면 이 프로그램을 진행하면서 강화시켜야 할 약점이 되는 행동양식들이 드러날 것이다.

자기주장적 행동을 배우는 4단계
–실전 연습문제 2 · 3 · 4

이 책에서 제시되는 실전 연습문제는 좀 더 단호한 자기주장적인 행동을 개발하는 4가지 단계에 맞춰 설계되어 있다.

1단계 : 투사

이 단계에서는 자기주장에 실패했던 과거의 갈등 상황을 떠올려 기억하고, 그 속에서 자신의 모습을 객관적으로 살펴봄으로써 각 상황들의 공통적인 특징을 알아본다.

2단계 : 분석

각 문제 상황이 자신을 위축시키고 위협했던 정도에 대해 분석하고, 자기 개선 훈련의 계획을 세우기 위해 초점을 맞출 구체적인 상황으로 '중간 정도의 위협감'을 주었던 특정 사안을 선택한다.

3단계 : 살펴보기

구체적인 문제 상황에서 자기주장적이지 못한 행동과 부정적인 말들 또는 감정이 무엇이었는지 비판적으로 살펴본다.

4단계 : 소리내어 말하기

마지막으로 협상을 위한 각본을 준비하거나 문제 상황을 교정하기 위한 메시지를 준비해서 단호한 태도로 자신의 의견을 표현하는 방법을 배운다.

이제 이 네 가지 단계 중 앞의 세 가지 단계에 대해 살펴볼 것이다. 그리고 마지막 단계는 이후 내용에서 다루겠다.

투사 : 누가, 언제, 무엇을 했는지 확인하기

우선 과거에 자기주장에 실패했거나 무력감을 느꼈던 경험을 떠올려보자. 각각 기억나는 장면 속 자신의 모습을 투사해 보자. 그리고 그때의 감정을 다시 느껴보자. 사건과 배경 그리고 사람들에 관한 세부사항들을 자세하게 설명해 보라. 누가 당신의 문제 상대였는가? 상황이나 공간적 배경은 어땠는가? 당신을 괴롭힌 주제나 대화는 무엇이었는가? 언제 그런 장면이 발생했는가? 초조해하거나 기분이 가라앉는 것은 언제였는가?

실전 연습문제 2에서는 언제 누가 무엇으로 인해 곤란을 겪게 만들었는지에 대해 확인해 본다. 왜 그런 상황에서 유독 무력하게 느껴지는지에 관해서는 생각하지 말라. 그저 단순하게 떠오른 생각대로 표시해야 한다.

투사 : 누가, 언제, 무엇을 했는지 확인하기

당신에게 해당되는 질문이 있으면 맨 왼쪽 밑줄 친 칸에 체크(∨) 표시를 하라. 두 번째 칸은 분석 단계에서 사용하게 될 것이다.

A. 아래 중 함께 있으면 자신이 무력해지거나 자기주장적이지 못한 행동을 하게 만드는 사람은 누구인가?

___ ___ 권위 있는 인물(선생님, 의사 등)

___ ___ 자녀 혹은 자녀들?

___ ___ 동료?

___ ___ 직원?

___ ___ 직장 상사나 사주?

___ ___ 친구 또는 친구들?

___ ___ 클럽이나 단체의 회원 또는 중역회의의 구성원?

___ ___ 이웃 또는 안면이 있는 다른 사람?

___ ___ 친척?

___ ___ 수선공, 정원사 또는 다른 종류의 직업적 도우미들?

___ ___ 판매원? 음식점 종업원?

___ ___ 선거 운동원? 수금원? 방문판매원?

___ ___ 배우자? 또는 데이트 상대?

___ ___ 낯선 사람?

___ ___ 그 외 다른 사람? ______________

B. 언제 자기주장적이지 못하거나 무력하게 행동하게 되는가?

___ ___ 칭찬을 하거나 받을 때?

___ ___ 남과 다른 의견을 표현해야 할 때?

___ ___ 면접 볼 때?

___ ___ 자신의 생각을 설명해야 할 때?

___ ___ 막무가내인 사람을 상대해야 할 때?

___ ___ 긍정적인 감정을 말로 표현해야 할 때?

___ ___ 그룹 토의에 참여할 때?

___ ___ 자신이 생각한 문제 해결 방법이나 자신의 주장을 제안할 때?

___ ___ '바가지'에 대해 항의해야 할 때?

___ ___ 상대의 감정적 폭발에 대응해야 할 때?

___ ___ 언짢은 타인의 습관에 대해 지적해야 할 때?

___ ___ 과도하고 불공평한 비판에 대해 항의해야 할 때?

___ ___ 자신에게 죄책감을 들게 하려는 시도에 맞서야 할 때?

___ ___ 부당한 폭력에 대해 저항할 때?

___ ___ 구입한 물건을 환불받을 때?

___ ___ 자신의 시간이나 돈 또는 노력에 대한 요구에 거절해야 할 때?

___ ___ 이외에 다른 경우? 그렇다면 구체적으로

          : ______________________________________

*아래 중 어떤 요구를 받았을 때 그런가?

___ ___ 권위 있는 인물(선생님, 의사 등등)로부터 요청받은 행동이 있을 때?

___ ___ 환불 요구를 받았을 때? 또는 물건의 계산을 다시 해달라고 요구받았을 때?

___ ___ 뭔가 허락해달라고 요구받았을 때?

___ ___ 승급을 요구받았을 때?

___ ___ 자신의 지시나 생각에 대해 좀 더 명확히 설명해 달라는 요구를 받았을 때?

___ ___ 협조를 요청받았을 때?

___ ___ 데이트나 약속을 요청받았을 때?

___ ___ 애정을 원한다는 요구를 받았을 때?

___ ___ 도움(시간이나 돈 또는 노동력을 지원하는 것)을 요청받았을 때?

___ ___ 정보를 달라는 요구를 받았을 때?

___ ___ 자신에 대한 부정적인 비판을 들었을 때?

___ ___ 어떤 일에 참여해줄 것을 부탁받았을 때?

___ ___ 화해하자는 말을 들었을 때?

___ ___ 봉사를 부탁받았을 때?

___ ___ 그 외 다른 부탁을 받았을 때? 그렇다면 구체적으로

    : ____

*얼굴 표정이나 몸짓 또는 음성으로 감정을 나타내게 될 때는 언제인가?

___ ___ 긍정적인 느낌이 들 때 : 승인, 기쁨, 호의가 느껴질 때?

___ ___ 부정적인 느낌이 들 때 : 분노, 혐오, 짜증, 적개심이 생길 때?

___ ___ 육체적으로 사랑을 표현할 때 : 육체적 친근감이 생길 때?

C. 어떤 주제들이 무력하거나 자기주장적이지 못한 행동을 하게 하는가?

___ ___ 자신의 일의 성취에 관한 이야기?

___ ___ 타인의 일의 성취에 관한 이야기?

___ ___ 대상을 분석하고 각각의 기능에 관한 이야기를 하는 것?

___ ___ 영화나 연극 또는 예술에 관한 논평?

___ ___ 아이 양육에 관한 이야기?

___ ___ 직업의 선택이나 직장에서의 경력에 관한 이야기?

___ ___ 죽음? 다른 이의 질병에 관한 이야기?

___ ___ 음식이나 건축 양식 또는 음악 등에 관한 기호에 관한 논쟁?

___ ___ 이혼? 별거?

___ ___ 교육 문제?

___ ___ 재정에 관한 이야기? 돈 씀씀이에 관한 것과 같은 것들?

___ ___ 세대간의 가치관의 차이에 관한 이야기?

___ ___ 취미?

___ ___ 가정 경영에 관해 생기는 문제들?

___ ___ 결혼? 라이프스타일?

___ ___ 의료 문제?

___ ___ 자신이 한 실수에 관한 이야기?

___ ___ 타인이 한 실수에 관한 이야기?

___ ___ 외모(자신이나 타인 모두에 관한)에 대한 이야기?

___ ___ 정치?

___ ___ 편견과 인종차별에 관한 문제들?

___ ___ 오락 활동에 관한 이야기?(여가 시간의 활용에 관한 이야기)

___ ___ 종교? 철학적 관점?

___ ___ 성?

___ ___ 사회적 문제들 : 범죄, 마약, 주거문제, 토지의 이용, 인구
증가, 빈곤, 세금, 실업, 복지?

___ ___ 여성 인권? 남성 인권?

___ ___ 그 외 다른 것들? 그렇다면 구체적으로
: ____

D. 당신을 주목하는 사람들의 수효는 행동에 어떤 영향을 미치는
가? 당신을 포함하여 주변 사람들이 어느 정도 규모였을 때 행
동에 변화가 오는가?

___ ___ 잘 알고 있는 한 명의 사람?

___ ___ 한 명의 낯선 사람?

___ ___ 잘 알고 있는 한 무리의 사람?

___ ___ 낯선 한 무리의 사람?

당신의 강점과 약점을 대략적으로 가늠해 보기 위해서 실전 연습 문제 2에 적어놓은 자신 대답의 패턴을 살펴보자. 아래와 같은 분석을 하는 데 매우 유용한 자료가 된다.

● 자아상

자기주장 훈련을 시작하는 사람들은 "난 항상 수동적이야." 또는 "난 제대로 말을 할 수 없어."라는 식으로 스스로에 대해 지나치게 부정적이거나 낮추어 생각한다. 그러나 자신의 행동을 구체적인 사람들과 상황에 비추어 생각해 보면, 새로운 사실을 발견하게 될 것이다. 특히 자신이 몇몇 사람들이나 몇몇 상황에서만 수동적이거나 공격적이라는 사실을 알게 될 것이다. 과도하게 평가절하된 자아상 때문에 그 동안의 성공 경험보다는 실패 경험에 더 집착하고 있었던 까닭이다. 당신도 몇몇 특정한 상황에 연관되어 있을 수 있음을 깨닫는 것이 수동성을 극복하는 첫걸음이 된다.

● 어떤 주제나 화제가 당신을 괴롭히는가

어떤 종류의 화제가 당신을 악순환 속으로 밀어넣는지 확인해 보라. 상대가 당신의 생각과 어떻게 다르고 자신의 생각을 옹호해야 할 때는 언제인가? 어떤 종류의 화제일 때 어려움을 겪는가? 예를 들면 한 여성은 인공낙태를 합법화하는 문제에 대해서만큼은 극도의 분노를 느낀다. 더욱이 모든 사람들이 자신의 의견에 반대하고 있다고까지 믿는다. 그래서 상대의 관점에 대해 격한 공격을 하게 된다.

● 어떤 상황이 당신을 위협하는가

당신을 괴롭히는 상황에 어떤 공통점이 있는가? 좋아하는 사람과 명확한 갈등관계에 처하게 되었을 때인가? 또는 낯선 사람과 갈등하게 될 때인가? 권위 있는 사람에게 '대놓고 말하는 것'을 두려워하는가? 누군가에게 도움을 요청해야 할 때 곤혹스러운가? 자신이 다른 이에게 '강요'하고 있는 게 아닐까 하는 걱정 때문인가?

● 사람이 얼마나 모여 있을 때 긴장하는가

대부분 사람들은 여러 낯선 사람들 앞에서 연설해야 할 때 긴장한다. 특히 청중들이 자신에 대한 평가를 내릴 비호의적인 '전문가' 집단이라면 긴장의 정도는 더욱 심할 것이다. 이런 극단적인 상황에서 위협적인 요소들을 하나씩 제거해 보자. 즉 앞에 있는 사람들이 전문가가 아니거나, 당신에게 호의적이라거나, 아무도 당신에게 전문가 수준을 기대하지 않는다거나, 수많은 사람이 아니라 단 두 명만 있다고 생각해 보자. 이렇게 하나씩 조건들을 바꿔나가면 상황은 훨씬 덜 자극적이고 덜 근심스러울 것이다. 이런 방법으로 자신이 편안하게 느껴지는 순간이 어느 정도의 규모인지 알아보도록 하자. 어느 수준의 상황에서 불편한지 그리고 또 완전히 절망적인 느낌이 드는 순간이 어느 때인지 찾아보자.

수동적인 유형의 사람들은 대중 앞에서 말해야 하는 상황을 두려워한다. 당신에게도 이와 같은 문제가 있다면, 자기주장 훈련이 그 공포심을 덜어주거나 아니면 덜 위협적인 상황을 연출할 수 있도록 도울 것이다. 그러나 대중적으로 훌륭한 언변을 구사하기 위해서는 많은 훈련과 연습이 필요하다. 자기주장 훈련이 이러한 대중연설 훈련을 대신할 수는 없다. 사람들 앞에 서는 일에 극도의 불안증을 겪고 있다면 증세를 완화시키기 위한 특별한 종류의 기술을 익혀야 한다.

분석 : 위협적인 상황에서 불안 정도 측정하기

지금까지는 자기주장을 하고자 할 때 어떠한 상황에서 불안을 느끼는지 알아보았다. 다음 단계는 이러한 상황을 분석하는 일이다. 이것은 자기주장적으로 행동하기 위해 어떤 노력을 더 기울여야 하는지 알아보는 과정이다. 우선 각 상황에서 느끼는 불안의 종류나 정도에 대해 판단해야 한다. 그러면 아래 실전 연습문제 3의 문항을 보자.

실전 연습문제 03

분석 : 위협적인 상황에서 불안 정도를 측정하기

A. 먼저 전체 등급에 관해 주의 깊게 읽어보라. 각 등급이 설명하는 것은 각 특정 상황에서 위협의 정도를 결정하는 요인들을 설명하고 있다는 데 유의하자.

위협의 단계

⑤

매우 위협적인 장면

거의 매일 일어나거나 혹은 그렇다고 느끼면서
완전히 어찌할 바를 모른 채 적개심만 일어나는 경우

③

중간 정도의 위협적인 장면

불안, 초조 또는 짜증스러움이 치미는 상황으로,
적어도 일주일에 한 번 꼴로 발생하거나
그렇게 느끼는 상황

①

경미한 위협적인 장면

적어도 한 달에 한 번 정도 또는
2주에 한 번 정도 발생한다고
생각되는 상황으로
약간의 불편함을 느낀다.

B. 실전 연습문제 2에서 확인했던 상황들을 다시 살펴보고 각 상황에서 느껴지는 위협과 불안의 정도를 측정해 보자. 가장 정도가 약하고 발생빈도가 뜸한 단계를 1, 비교적 자주 일어나고 감정이 격해지는 상황을 3, 매우 위협적이면서 빈번히 당신의 자아존중감에 상처 입히는 것을 5라고 정하자.

C. 실전 연습문제 2에서 불안과 걱정을 일으킨다고 체크했던 항목의 두 번째 공란에 위에서 정한 숫자들로 정도를 표시하자.
실전 연습문제 2의 항목을 평가하는 것을 마친 후에는 아래 질문들에 대답하면서 위협적인 장면들을 분석해 보자.

D. 당신에게 가장 큰 근심거리를 안겨주는 것은 어떤 것인가? 사

람? 사건? 아니면 시간?

E. 5로 표시한 (가장 위협적인) 항목을 정하는 데 가장 중요하게 여긴
요인은 무엇인가? (아래 문항 중 해당되는 것은 모두 체크 표시하라.)
_____ 당시 감정의 정도였는가? (당시 장면이 생생하게 회상되었는가?)
_____ 감정적인 앙금이 남아 있는 기간이었는가? ('하루 종일' 기분을
우울하게 만드는 일이었는가?)
_____ 감정적으로 반응하는 빈도가 높은 일이었는가? (매일 또는 매주
한 번씩 기분을 상하게 만드는 일이었는가?)
_____ 다른 요인이 있었는가? (당신에게 중요한 사람과의 일이었기 때문인
가? 문제 상황에서 많은 사람들이 있었기 때문인가?)

F. 매우 위협적이고 괴로운 상황으로 (5)의 점수를 받은 상황을 생
각해 보자. 이러한 극도의 위협적인 상황에서 당신의 육체적인
반응은 어떠하였는가? (해당되는 항목은 모두 체크 표시하라.)
_____ 얼굴을 붉혔다.   _____ 입이 바짝 말랐다.
_____ 맥박이 빨라졌다.   _____ 몸이 떨렸다.
_____ 안절부절했다.   _____ 땀이 났다.
_____ 흥분으로 속이 울렁거렸다.   _____ 피로감이 몰려 왔다.
_____ 심장이 곤두박질쳤다.   _____ 얼굴이 달아올랐다.
_____ 무기력해졌다.
_____ 그 외 다른 증상 (아래에 구체적으로 기록하시오.)

____

____

G. 이런 위협적인 상황에서 당신이 취했던 행동은? (해당되는 것을
모두 표시하시오.)
_____ 낮은 목소리
_____ 더듬거리는 말투

_____ 눈을 맞추지 못함

_____ 앞으로 몸을 수그린 구부정한 자세

_____ 종잡을 수 없게 이야기함

_____ 턱이나 안면근육을 긴장시키거나 주먹을 꼭 쥐는 행위

_____ 침묵

_____ 악담에 외설스런 언사

_____ 울음

_____ 그 외 다른 증상 (아래에 구체적으로 기록하시오.)

____

____

H. 이러한 극도의 위협적인 상황에서 당신이 했던 특정한 생각들은 무엇인가? (해당되는 것은 모두 체크 표시하시오.)

_____ 자의식이 강해졌다. (내 모든 행동과 내 자신에 대해 극도로 민감해졌다.)

_____ 상황이 불쾌하다는 것에 대해 생각했다. (정말 끔찍하군. 어서 여기서 벗어나고 싶어.)

_____ 상황과 상관없는 다른 생각을 했다. (이 시간에 다른 일을 해야만 하는데. 혹은 다른 일을 할 수 있을 텐데.)

_____ 자신에 대해 부정적으로 생각했다. (난 무능력하고 열등하고 불안정한 데다 멍청하기까지 해.)

_____ 다른 사람들이 나에 대해 어떻게 평가할지 생각했다. (다들 나에 대해 어떻게 생각하고 있을지 궁금해.)

_____ 어떻게 행동해야 할지 생각했다. (내가 지금 어떤 인상을 주고 있으며 스스로를 어떻게 조절할 수 있을지 궁금해.)

_____ 이 경험이 장기적으로 어떤 결과를 낳게 될지 생각했다.

I. 실전 연습문제 2에서 중간 정도의 위협적인 상황(③의 단계) 4~5개를 선정한다. 이 상황들 중 중요한 문제라고 생각되는 것들을

자기주장 훈련을 하는 처음에는 이 중간 정도의 위협 상황에 모든 노력의 초점을 맞추어야 한다. 지나치게 위협적인 상황으로 시작하면 실패하기 쉽고, 너무 사소한 것으로 시작하면 제대로 된 도전이 되지 못하기 때문이다. 일단 위에서 당장 변화를 이끌어내야 하는 중요한 항목을 선택해라. 약간의 훈련을 거치고 나면 성공적으로 자기주장을 할 기회를 가지게 될 것이다. 지금부터는 이러한 중간 정도의 위협 상황을 '문제 장면' 이라고 부르겠다.

분석 : 문제 장면 묘사하기

사람들은 대체로 문제 상황에 대해 묘사하는 데 서투르다. 다음의 예와 같이 모호하게 설명하는 경향이 있다.

직장에서 상사들에게 의사를 분명하게 표현하지 못하고 있어요. 분명하게 말하는 것이 더 좋다고 생각되지만 꾹 참기만 하죠. 사람들은 나에게 이래라 저래라 하는 명령을 많이 하는 것 같아요.

이런 장면 묘사의 문제점은 특정 상사(누가)를 지칭하지 않았다는 것뿐만 아니라 특정한 시간과 장소(언제, 어디서), 그 상사가 당사자에게 구체적으로 어떤 괴로움을 주는지(무엇을), 그 문제 상황에서 자신은 어떤 행동을 보이는지(문제 행동), 문제 상황에서 실천하고 싶은 새로운 행동은 어떤 것인지(자기주장 목표)를 명확하게 표현하지 못한다는 것이다. 이 여성의 문제를 좀 더 잘 설명해 보면 다음과 같다.

상사인 브라운 씨는(누가) 회사에서(어디서) 종종 저에게 모닝커피를 갖다 달라고 합니다.(언제, 무엇을) 그런 부탁에 화가 나고 공적 업무에서 벗어나는 부당한 일이라고 생각합니다. 하지만 이런 생각을 그대로 말하면 함께 직장 생활을 하는 데 문제가 생길까 봐 염려됩니다(문제 행동). 브라운 씨가 이런 부탁을 하지 않기를 바랍니다(자기주장 목표).

여기 잘못된 장면 설명의 또 다른 예가 있다.

다른 사람들에게 존경받고 싶지만 그런 만큼 내 위치와 권위를 주장할 수가 없어요. 또한 주변 사람들은 항상 나를 놀려대거나 무기력하게 만드는 일만 고민하는 것 같아요.

다시 한 번 말하지만, 이런 식의 묘사는 구체적인 사안을 전할 수 없다. 누가 자신을 좌절시켰는지 구체적으로 이름을 대지 않았고, 정확히 언제 발생되었는지도 말하지 않았다. 또한 어떤 문제가 그녀를 무기력하게 만드는지, 자신의 행동은 어떠했는지도 구체적으로 설명하지 않았다. 바라는 바에 대해서는 살짝 말하고 있지만("존경심을 얻고 싶다") 모호한 자기주장 목표일 뿐이다. 질문을 해보니 이 여성은 여러 가지 문제 상황을 한꺼번에 뭉뚱그려 설명하고 있었다. 그래서 각각의 문제들을 분리하고 구체적으로 접근해 특정 상황을 좀 더 객관적이고도 구체적으로 기술해 보았다.

이렇게 자신을 괴롭히는 특정한 행동(상대와 자신의 행동을 모두 포함)과 장면에 대한 구체적인 사항을 살펴보지 않고서는 불만족스러운 상황을 성공적으로 대응할 수 없다.

다시 한 번 문제 장면을 기술하는 규칙을 정리해 보도록 하겠다. 첫째, 상황을 묘사할 때 누가, 무엇을, 언제, 어디서 했는지 구체적으로 진술하라. 둘째, 문제 상황에서 자신의 문제 행동이 무엇인지 구체화하고 앞으로의 자기주장 목표를 설정하라.

자, 그럼 이제는 여러분의 문제 장면을 분석해 보도록 하자. 먼저 선택한 문제 상황으로 돌아가 자신의 모습을 객관적으로 투사해 보면서 자세한 사항들을 기록해 보자.

분석 : 당신의 문제 장면을 설명하기

J. 당신의 문제 장면에 대해 다음의 질문에 답하라.

누구와 함께 있을 때 일어난 일인가?

____

언제 일어났는가?

____

어떤 화제로 이야기를 나누는 중이었는가?

____

그 상황이 어디서 일어났는가?

____

상대방은 구체적으로 어떤 말이나 행동을 했는가? (상대의 문제 행동)

____

당신은 어떤 말이나 행동을 했는가? 아니면 어떤 말이나 행동을 하지 못했는가? (자신의 문제 행동)

____

이 장면에서 당신에게 필요한 것은 구체적으로 무엇인가? (자기주장 목표)

____

이제 위의 정보들을 바탕으로 당신의 문제 장면에 대해 간략하게 서술해 보도록 하라.

____

____

____

____

____

____

살펴보기 : 감정 알아보기

일단 구체적인 문제 장면을 살펴본 뒤에는 자신의 감정적인 반응에 주의를 기울여야 한다. 자신의 감정을 정확하게 알고 있어야 자신의 주장을 전한 뒤에 얻을 현실적인 결과가 무엇이며 진정 원하는 게 무엇인지 이성적으로 생각할 수 있다.

자기주장을 못하는 사람들은 너무 화가 나거나 무서워서 이성적으로 행동할 수 없다고 하는데, 감정은 흥분이라는 심리적인 신호로 표현되기도 하고 위협적인 상황에서는 부정적인 자아상으로 표현되기도 한다. 이러한 정서적인 신호를 살펴보기 위해서 문제 상황을 회상해 보자. 장소와 당시 입고 있었던 옷, 정확한 시간과 주변의 소리 그리고 당시에 느꼈던 감정들까지 모두 마음속에 떠올려보자. 자, 그럼 당시의 감정적인 신호들을 생각하면서 실전 연습문제 4의 문항을 채워보자.

실전 연습문제 04

살펴보기 : 감정 알아보기

A. 문제 상황 당시 본인이 경험했던 긴장이나 흥분을 나타내는 육체적인 표시는 어떤 것이었나? 해당되는 모든 감정에 표시하라.

___ 무기력해진다.　　　　　___ 얼굴이 달아오른다.

___ 몸이 떨린다.　　　　　___ 심장이 심하게 뛴다.

___ 흥분으로 울렁거린다.　　　　　___ 입이 마른다.

___ 땀이 난다.　　　　　　　　　 ___ 호흡이 가빠진다.

___ 얼굴을 붉힌다.　　　　　　　 ___ 맥박수가 증가한다.

___ 피로감이 느껴진다.　　　　　 ___ 그 외 경우

___ 안절부절 못한다　　　　　　　 __________________

＊이런 부정적인 생각들이 자기주장에 장애가 되었는가?

네 _____　　　아니오 _____　　　어쩌면 _____

B. 위협적인 장면이 펼쳐지는 동안(또는 그 후에라도) 자신의 행동에
대해 어떤 부정적인 생각들을 했나? 스스로에게 했던 부정적인
말들을 기록해 보자.

1. ____

2. ____

3. ____

＊이런 부정적인 생각들이 자기주장에 장애가 되었는가?

네 _____　　　아니오 _____　　　어쩌면 _____

C. 문제 상황이 진행되는 동안 또는 나중에 자신에 대한 부정적인
이미지를 '발견' 했는가? 스스로의 행동에 대해 어떻게 느꼈는지
기록하라.

1. ____

2. ____

3. ____

＊이러한 자의식이 자기주장을 하는 데 장애가 되는가?

네 _____　　　아니오 _____　　　어쩌면 _____

살펴보기 : 자기주장의 결과를 객관적으로 판단하기

지금까지 문제 장면에서 감정적으로 어떻게 반응했는지 살펴보았다면, 이번에는 다시 한 번 그 장면으로 돌아가 다음의 질문들에 답해 보자. 그런데 이렇게 상황을 분석하다가 보면 자기주장을 하지 못하는 사람들은 실패의 가능성에 대해 과대평가하는 경향이 있다는 것을 기억하기 바란다. 그러니 제발 객관적이 되도록 노력해라.

　이번 실전 연습문제는 '이 상황에서 자기주장을 해야만 할까?' 라는 질문에 답을 하는 데 사용할 수도 있다.

실전 연습문제 04

살펴보기 : 자기주장의 결과를 객관적으로 판단하기

1. 이 상황에서 자기주장을 하는 것이 얼마나 중요한 문제인가? 중요한 순서대로 1~10(죽고 사는 것이 걸린 문제)까지 정도를 정하고 상황을 구분해 보자.

   중요성 순위 : _____

2. 문제 상황에서 자기주장을 한다면, 문제 상대에게서 어떤 반응이 나올 것이라 예상되는가?

   ____

   ____

   ____

3. 자기주장을 하게 된다면 얻게 되는 긍정적인 이득은 무엇일까?

이런 이득을 얻을 가능성이 얼마나 될까? 결과적으로 얻게 될 이
득을 적어보고 가능성을 0%에서(절대 불가능)에서 100%(확신할 수
있음)까지 나누어 정도를 평가해 보자.

_______________________________ 가능성 :______%

_______________________________ 가능성 :______%

_______________________________ 가능성 :______%

4. 자기주장을 했을 때 부정적인 결과를 맞았다면 어떤 대가를 치러
   야 하는가? 부정적인 결과를 맞게 될 확률은 얼마나 될까? 대가
   로 치를 만한 일들을 적어놓고 각 가능성을 0%(절대 불가능)에서
   100%(확신할 수 있음)으로 나누어 정도를 평가해 보자.

_______________________________ 가능성 :______%

_______________________________ 가능성 :______%

_______________________________ 가능성 :______%

5. 문제 상황에서 자기주장을 하지 않는다면 무엇을 할 수 있을까?
   성공적인 결과를 얻을 수 있는 다른 방법을 생각해낼 수 있는가?

____

6. 이제는 특정한 상황에서 자기주장을 할 것인지 말 것인지 결정할
   수 있을 것이다. 충분히 중요한 문제인가? 어느 정도 성공할 가
   능성이 있는가? 자기주장의 치러야 할 대가에 비해 얻는 이득이
   충분한가? 혹 다른 대안은 있는가? 이 모든 요소들을 견주어보
   고 나서도 문제 상대에게 자기주장을 할 것인가?

   네 _____   아니오 _____   어쩌면 _____

위의 질문에 답이 '아니오' 라면 실전연습 3의 질문 1로 되돌아가서
좀 덜 위협적인 문제 장면을 선택하여 다시 시작해 보자. 위 질문의

답이 '어쩌면'이었다면 실전연습 4에서 했던 대답들을 다시 곰곰이 되짚어보고, '네'와 '아니오' 중에서 하나를 골라보라. '네'라고 대답했다면 그때는 아래의 마지막 단계로 들어가면 된다.

마지막 단계 : 단호한 자기주장을 위한 계약

지금까지 여러분은 성공적인 자기주장을 위해 노력해 볼 수 있는 상황을 구체적으로 확인해 보았다. 이제는 긍정적인 행동을 하기 위한 자신과의 계약을 맺을 시간이다.

1. 자기주장을 위한 행동 기간을 선택하라. 당신이 선택한 문제 상황에서 문제 상대에게 자신의 주장을 말하기까지 시간이 얼마나 걸리겠는가? 효과적으로 일을 진행하기 위해 행동에 옮길 수 있는 기간은 어느 정도인가?

   __2주 이내 __4주 이내 __6주 이내 __다음번에 즉시 __언젠가

2. 이제 계약서에 서명하고 앞으로 자기주장을 위한 방법을 배우겠다고 다짐하라.

   서명: ________________________________

축하한다! 당신은 이제 막 자기주장을 위한 성공적인 첫 걸음을 내딛었다. 이제 이 책의 후반부에서 다시 한 번 당신의 문제 장면으로 돌아가 자기주장을 위한 각본을 작성하여 당신이 약속한 행동을 실천하도록 도움을 줄 것이다. 하지만 지금은 일단 여기까지 온 스스로에게 상을 주고 다음 장으로 넘어가도록 하자. 다음 장에서는 당신의 자아존중감을 높이는 것에 대해 집중적으로 다룰 것이다.

2

자아존중감이 높아야 뚜렷한 존재감도 생긴다

당신의 도움 없이는 그 누구도 당신을 바보로 만들지 못합니다 _엘레노어 루스벨트

자기주장이라는 목표에 도달하기까지는 세 가지 장애물이 있다. 자신에 대한 부정적인 이미지, 그 동안 축적된 갈등상황에 대한 두려움, 형편없는 의사소통 기술이다. 이번 장에서는 당신의 자아존중감을 높일 수 있는 방법에 대해 이야기하고자 한다. 그 다음에는 스트레스 상황을 극복하는 데 도움이 될 정보를 제공하고, 또 그 다음에는 자신의 기분을 정확하고 효과적으로 표현하는 의사소통의 기술에 대해 집중적으로 다루겠다.

자아개념이 중요한 이유

당신이 자기주장적인 사람인지 아닌지 결정짓는 중요한 요소가 '자아개념'이다. 자아개념이란 스스로의 성격이나 강점 또는 약점에 대해 말할 때 떠오르는 그림, 즉 청사진과 같은 것이다. 어떤 행동을 할 때 머릿속으로 그 행동을 성공적으로 이끌 수 있을지를 가늠해 보는 것이기도 하다. 이것은 희망사항이나 포부 그리고 기분 상태나 행동 양상에 영향을 미친다.

이 자아개념을 획득하는 방법은 모든 사람이 같다. 즉 다른 사람들이 말해주는 나에 대한 평가, 또한 나의 행동과 그 결과에 대한 스스로의 관찰에 의해서 획득된다. 사람들은 성장하면서 부모나 선생님 또는 다른 어른들로부터 사회문화에 적합한 행동 규범과 가치를 교육받음으로써 자아개념을 획득해 나간다. 규범은 어떤 행동이 적절한 것인지 알려준다. 예를 들면 식사시간에 음식을 조심스럽게 먹는 일은 필요한 일이지만 하루 종일 음식을 먹는 행위는 좋지 않다. 하루 일과를 마치고 쉬는 것은 마땅한 보상이지만 온종일 자는 것은 게으름의 소치일 뿐이다. 매체에서는 아이와 부모, 아내와 남편, 선생님과 학생, 어른과 아이, 여자와 남자 사이에 지켜야 하는 엄청난

양의 행동 규범을 가르쳐준다.

사회는 관련 규범에 얼마나 잘 따르느냐에 따라 사람을 판단하는 경향이 있다. 어른들은 아이들의 모든 행동, 즉 지적 능력이나 외모, 예의범절이나 학습 습관, 교우관계 등 모든 면을 끊임없이 비교한다. 게다가 아이들에게 이기적이거나 이성적이라는 둥, 다정하다거나 심술궂다는 둥, 아니면 협동적이라거나 독단적이라는 둥, 활달하다거나 수줍음이 많다는 둥의 평가를 내리곤 한다. 이러한 비교와 평가들을 받으며 자라온 우리는 평가 내용을 그대로 자신의 모습에 투영시킨다. 처음에는 어른들에 의해, 그리고 점차 동료들에 의해, 마지막에는 자기 스스로 그 모든 것을 인정해 버리는 것이다.

우리를 판단하는 사람들의 신념과 기준을 내면화한 뒤부터는 서서히 그러한 규범에서 얼마나 벗어나 있는지를 통해 자신을 묘사하기 시작한다. 이러한 자신에 대한 판단은 학문적 재능이나 예술적 재능 또는 운동적 재능에 대해서만이 아니라 사회적인 문제나 대인관계의 문제를 조정하는 능력에 대해서도 마찬가지다.

이러한 사회적인 비교는 즉시 사회적인 보상관계와 연결된다는 점에서 중요하다. 긍정적인 규범에 가깝거나 그것을 초과하는 사람들은 선물이나 승진을 하고, 돈이나 칭찬 또는 동경의 대상이 되어 보상을 받는다. 아마도 이들은 '성공'한 사람이라 불릴 것이다. 그러나 평균치에 미치지 못하는 사람들은 비난을 받거나 권한이 줄어들고, 좌천되거나 벌금을 물거나 하는 형태의 징벌을 받게 된다. 그리하여 이런 사람들은 자신의 행동에 대한 평가를 두려워하게 된다. 평가에 실패할 가능성을 높게 보기 때문이다.

자기성장을 막는 부정적 자아개념

　　　　　당신의 자아개념은 일련의 묘사와 이미지로 둘러싸여 있다. 그것은 당신이 경험해 왔던 지독한 실패의 장면과 훌륭한 성공의 장면들이다. 이런 경험의 이미지들은 자신을 다른 이에게 설명하거나 스스로에게 설명할 때 사용하는 성격적 특성이기도 하다. 자기 평가는 스스로의 행동이나 시도하고자 하는 일의 범위를 제한하는 데 많은 영향을 미치기 때문에 무척 중요하다. 자아개념이 "이번 일은 분명 실패할 거야. 결국 망신살이 뻗칠 거야."라고 한다면 그 일은 절대로 하지 않을 것이다. 예를 들면 당신의 자아개념 속에 아이스 스케이트에 소질이 없다는 사항이 입력되어 있다면 절대 도전하지 않을 것이고, 결국 아이스 스케이트는 배울 수 없게 된다. 때때로 사람들은 스스로에 대해 "이렇게 생겨먹은 걸 어떻게 해."라는 변명으로써 스스로의 성장 기회를 부인하는 것이다.

　주위를 둘러보면 자기주장에 서투른 사람들은 스스로에 대해 이런저런 부정적 발언을 자주 한다. 그들은 자신에 대한 비판만을 선택적으로 기억하고 그것을 노래하듯 되풀이한다. 점점 늘어나는 뱃살과 씨름하는 남자는 다음과 같이 말한다. "난 못생기고 뚱뚱하니까. 남들도 봐주기 힘들겠지." 파티에서 구석을 지키고 있는 수줍음 많은 소년은 다음과 같이 말한다. "저 여자애들이 내 얘기를 하고 있겠지. 내 여드름은 정말 최악이야. 괜히 여자애들에게 말걸었다가는 무안이나 당하고 놀림을 받겠지. 그리고 말을 어떻게 걸어야 하는지도 모르잖아."

우리에게 최대의 적군은 자기 자신인 경우가 많다. 사람들은 스스로에게 이렇게 말하곤 한다. "난 정말 분별력도 없고, 감정적이고, 멍청하고, 둔하고, 못생겼고, 수줍음도 많고, 냉정하고, 너무 순종적이고, 뚱뚱한데다 무기력해. 그러면서도 거만하게 잘난 척하고, 성질도 고약하고, 유치하고, 형편없는 아빠(엄마)에, 말솜씨도 없고, 하는 일마다 다 실패이고, 나이도 많아 한물간 지경이야." 우리 모두에게는 각자 이런 목록들이 있다. 이처럼 사람들은 자신에 대해 놀랄 만큼 불친절하고 퉁명스럽다. 동물의 세계를 통틀어 이렇게 스스로에 대해 냉정하고 잔인하게 구는 종족은 인간밖에 없다. 애완용 고양이나 강아지가 자신에게 이렇게 혹독하게 구는 장면을 상상할 수 있겠는가?

더욱 문제인 것은, 스스로에 대한 이러한 부정적인 시각이 처음 만난 사람에게도 전달된다는 사실이다. 상대가 당신의 인상을 파악하기도 전에 이미 스스로 발산하는 부정적 이미지가 전해지는 것이다. 자신을 부족한 사람이라고 말하고 다니면 사람들은 그 말을 받아들이게 되고 결국 실제로 부족한 사람이 되어버린다.

부정적인 자아개념은 당신이 하고 싶은 일을 선택하는 데 한계를 만들고, 성장과 즐거움을 맛볼 기회들을 빼앗는다. 사회활동에서 실

자아상을 살펴보자

패할 것이라는 최후의 예언은 자기실현적 경향이 있다. 예언의 옳고 그름과 상관없이 실제 예언대로 상황이 변해버리기 때문이다.

이처럼 많은 사람들은 사회적인 관계를 맺을 때 자신이 경험해왔던 실패의 이미지에 의해 끊임없이 고통을 당한다. 예를 들어 사람들 앞에 나아가 연설하기를 두려워하는 사람은 과거에 많은 사람들 앞에서 더듬거렸거나 말문이 막혀버려 무대를 내려와야 했던 굴욕스러운 기억 때문에 제대로 연설을 해내지 못하는 것이다.

사람들은 자신들의 수동적인 모습이나 무력함 또는 약한 모습을 상징화하는 묘하고 기괴한 은유를 상상하기도 한다. 어떤 내성적인 사람은 자신을 괴롭히는 문제 상대에게 자기주장을 펼쳤을 때 되돌아올 냉혹한 대답을 생각하면 "스르르 녹아내려 바닥에 웅덩이로 고이는" 자신이 떠오른다고 했다.

생각해 보라! 우리로 하여금 단호하게 자기주장을 하지 못하게 하는 장애물은 바로 특정한 상황에서 느끼는 당황스러움이나 이전의 실패에 대한 기억들 그리고 자신 스스로의 약한 모습인 것이다. 또한 자기주장을 펴게 되면 어떤 형태로든 징벌을 당하게 될 것이라고 생각한다. 배우자가 폭력을 휘두르거나 집을 떠날지도 모르고, 친구들이 외면하거나 바보 취급할 것이라고 생각한다.

다시 한 번 종합해서 말하면, 부정적인 말과 생각은 끊임없이 자기주장을 방해한다. 스스로에 대한 부정적인 평가에 매몰된 사람들은 즐거움과 자기 성장이라는 가치 있는 기회를 놓치는 것이다.

나의 대인관계 확인하기

우리의 자아개념은 주변에 있는 중요한 누군가와 자신을 비교하면서 형성되기도 한다. 당신 삶에서 가장 중요한 사람은 누구인가? 가장 중요하지 않은 사람은 누구인가? 주변 사람과의 관계에서 당신의 '파워'는 어느 정도인가?

다음에 제시될 실전연습을 통해 이러한 질문에 대해 생각하고 탐구할 기회를 얻을 것이다. 또한 배우자나 친척 또는 직장동료나 친구 등과의 주요한 인간관계에서 당신이 차지하는 중요성과 역관계를 분명하게 정리할 수 있을 것이다. 연습문제의 질문을 모호하게 해놓았는데, 그것은 당신 스스로가 각각의 관계를 어떻게 보는지에 초점을 맞추어놓았기 때문이다. 정답이 있는 질문들은 아니다. 바로 지금 다른 사람과의 관계에 대해 당신이 느끼고 인식하고 있는 바를 그대로 서술하면 된다. 대부분의 사람들은 이 실전연습을 통해 새로운 사실을 알아내고는 흥미로워했다.

첫 번째 해야 할 일은, 다음의 특정 표현들에 대해 어떻게 생각하고 있는지 알아보는 것이다.

● 당신 자신과 마찬가지로 중요한 사람이 있다면, 그 '마찬가지로 중요한' 정도를 어떻게 표현할 수 있는가? 누군가가 당신보다 훨씬 더 중요하다고 생각된다면, 그 '훨씬 더 중요한' 정도는 어떻게 설명할 수 있는가? 그리고 당신보다 덜 중요한 사람이 있다면 그 '덜 중요한' 정도는 또 어떻게 설명하겠는가?

____

____

____

● 두 사람 사이의 관계에서 동등한 위치에 있다고 생각되는 사람이 있다면 '동등한 위치'라는 말은 어떤 의미가 되겠는가? 또 당신과의 관계에서 주도적인 지위를 가진 사람이 있다면 '주도적'이라는 말의 의미를 어떻게 설명할 수 있는가? 당신과의 관계에서 부차적인 위치에 있는 사람이 있다면 이때의 '부차적'이라는 말의 의미는 무엇인가?

____

____

____

● 다른 사람과 '친근한 관계'를 갖는다는 것은 무엇을 의미하는가?

____

____

____

이제 위의 질문에 대한 답으로 적은 정의를 마음에 새기고, 중요하다고 생각한 사람들과의 관계에서 당신이 어떤 위치에 있는지를 동그라미 그림으로 표시해 보자. 어머니, 아버지, 형제, 자매, 직장동료, 직장상사, 친구, 연인, (혹 있다면) 자녀 등의 사람들을 떠올려보자. 아래의 규칙에 따라 여러분의 동그라미를 그려보자.

크기
- 나보다 큰 동그라미 = 당신보다 중요하다고 생각되는 사람
- 나보다 작은 동그라미 = 당신보다 덜 중요하다고 생각되는 사람
- 같은 크기의 동그라미 = 당신과 비슷한 정도의 중요성을 가졌다고 생각되는 사람

위치
- 나의 위에 놓인 동그라미 = 당신과의 관계에서 주도적인 위치를 차지한 사람
- 나의 아래에 놓인 동그라미 = 당신과의 관계에서 부차적인 위치를 차지한 사람
- 같은 선상에 놓인 동그라미 = 당신과 동등한 위치에 있다고 생각되는 사람

거리
- 나로부터 멀리 떨어져 있는 동그라미 = 두 사람의 관계가 소원하다고 생각되는 경우(즉, 친하다고 말할 수 없는 사이)
- 나의 근처에 있는 동그라미 = 친한 사이라고 생각되는 경우
- 나의 동그라미와 겹쳐지는 경우 = 매우 친하고 가까운 사이로 생각되는 경우

가운데 당신이라는 동그라미를 그려 넣고 나머지 대인관계를 맺는 사람들의 동그라미를 그려보자.

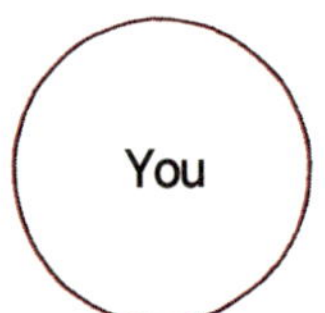

이제, 아래의 지시에 따라 당신의 사회적 관계를 나타낸 동그라미 그림을 좀 더 다듬어보자.

일단 당신이 항상 수동적으로 대하는 사람들(즉, 반응이 늦고도 미약하게 나타나는 경우)에 대해서는 뱀이 똬리를 튼 것과 같은 곡선으로 동그라미 안을 채워보자.

다음으로 대개 당신이 공격적으로 대하는 사람들(반응이 빠르고도 넘치게 나타나는 경우)에 대해서는 아래와 같은 호전적인 모양으로 원 안을 채우자.

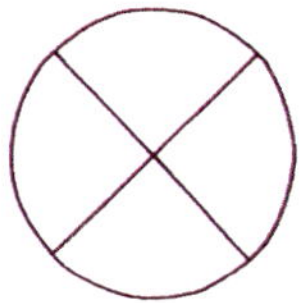

세 번째로, 둘 사이에 문제가 생기는 경우 자기주장을 내세우게 되는 상대에 대해서는(나쁜 감정을 갖지 않고도 문제가 생기면 해결할 수 있는 경우) 아래처럼 꽃과 같은 모습으로 동그라미를 만들자.

혹시 수동적이면서도 공격적인 대응방식을 취하는 등의 두 가지 이상의 반응을 나타내는 존재가 있는가? 그렇다면 아래와 같이 한 꺼번에 두 가지 그림을 그려 넣으면 된다.

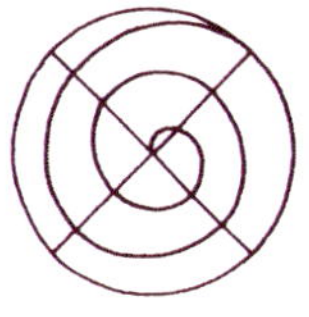

친구를 대할 때 복잡한 태도를 보이는 경우가 또 있는가? 아래의 그림들은 대인관계의 패턴이 복합적인 경우의 여러 예를 보여주고 있다.

 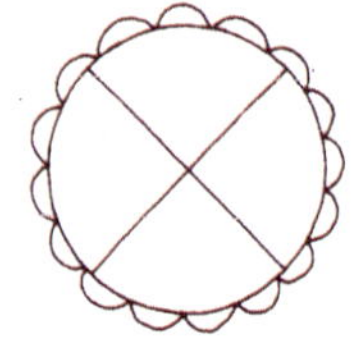

이제 당신의 동그라미 배열로 돌아와서 각각의 사람들과 만들어 가는 상호작용에서 보이는 행동 패턴들을 나타내 보자.

다 되었다면, 그것이 바로 당신의 현재 대인관계의 모습이다. 이제 아래의 질문에 답해 보자.

- 사회적인 영향력에서 동등한 위치에 있다고 느끼는 사람은 누구인가? 이 경우, 서로 간에 만족스러운 결과를 내리면서 문제를 해결할 수 있다. 그들과 함께 있으면 억울하다거나 이용당했다고 느껴지지 않는다. 상호간에 신뢰와 존경심이 존재하고 평등한 관계다. 이런 사람들의 원을 살펴보자. 그런 관계가 잘 나타나게 그려졌는가?

- 이런 사람들과 균형 잡힌 감정을 유지하도록 도와주는 자기주장적인 행동은 어떤 것이 있는가? 이런 사람들과의 긍정적인 관계를 맺었던 일을 떠올리며 자기주장 정도를 확인하는 설문(36쪽)에 응한다면 몇 점을 얻었을까?

- 당신이 누군가에 대해 6개월 전에 동그라미 배열을 했다면 지금의 것과 같았을까? 같지 않았다면 그런 변화가 우연히 생긴 일이겠는가, 아니면 당신이나 상대방이 달라져서 생긴 일일까?

- 동그라미의 크기에서 변화를 만들고 싶은 대상은 누구인가? 위치를 바꾸고 싶은 사람은 누구인가? 또 거리를 변하게 하고 싶은 대상은

누구인가? '완벽한' 그림이 되게 하려면 어떻게 해야 할까? 이런 것들을 생각해 보고 아래에 그려보자. 당신의 동그라미들을 완벽하게 배열해 보자!

자, 이것이 바로 '완벽한 대인관계 양상' 이다. (당신에게 중요한 사람들의 이상적인 동그라미 크기와 위치 그리고 거리를 생각해서 그려보자.)

You

자아개념 바꾸기

자기주장적인 사람이 되기 위해서는 먼저 긍정적인 자아개념을 가져야 한다. 이 긍정적인 자아개념을 향상시키는 일에는 두 가지 방법이 있다. 먼저 자신의 특성을 긍정적으로 평가하는 이야기를 스스로에게 자주 들려주어야 한다. 두 번째로, 자신의 약점에 대해 부정적으로 말하는 것을 줄여야 한다.

놀라운 사실은, 스스로에 대한 이미지 중에서 성공적이었던 것만을 간추리는 것만으로도 자아개념을 바꿀 수 있다는 것이다. 자기 자신에게 힘을 주는 독백과 자신을 부추기는 이미지를 머릿속에 떠올리는 방식으로 새로운 정보들을 자신에게 일깨운다면 극적인 변화를 얻을 수 있다. 아래의 실전연습은 여러분의 자아개념을 수정하는 것에 초점을 두고 있다.

나의 장점 극대화시키기

먼저 당신이 잘하는 것들을 생각해 보라. 잠시 생각해 보고 4~5개의 좋은 특성들 또는 살면서 자랑스러웠던 것들을 나열해 보자. 외모 중 자신 있는 부분, 지적인 능력 중 자랑할 만한 것, 관심을 가지고 있거나 잘 알고 있는 분야, 살아오면서 이뤄낸 것들에 대한 일들을 적어보자. 단, 정말 솔직하고 구체적으로 적어야 한다. 예를 들어 "난 미소가 예쁘다." "시사에 관한 상식은 꽉 잡고 있다." "네 명의 아이들을 잘 길러냈다."와 같이 구체적이어야 한다. 아래 빈 칸에 이러한 문장들을 적어보자.

· 내가 잘하는 것들 ·

1. ____
2. ____
3. ____
4. ____
5. ____

이제 우리의 목표는 자신에게 힘을 주는 이러한 생각들을 자주 떠올릴 수 있게 하는 것이다. 즉각적인 보상으로 이런 긍정적인 생각들을 강화시켜 줄 수 있는데, 수많은 일상의 일들이 모두 보상이 될 수 있다. 식사, 음주, 꽃꽂이, 게임, 친구와의 전화 수다, 목욕, 휴식, 신문 읽기, 텔레비전 보기, 성관계 등 셀 수 없이 많다. 이제 스스로에 대한 칭찬 횟수를 증가시키기 위해, 자신을 북돋울 만한 말을 하고 난 뒤 바로 보상이 될 일들을 해보자. 이런 식으로 자신에 대한 긍정적인 생각에 보상을 해주면 이어 따라오는 즐거운 일들에 의해 긍정적인 생각들은 더욱 강화되게 마련이다.

멍하니 있어야 하는 순간(차를 운전하는 동안이라든지 줄을 서서 기다리는 동안)을 활용하는 것은 보상 없이도 자기 칭찬 빈도를 늘릴 수 있는 좋은 방법이다. 자신에 대한 긍정적인 말하기를 잊어버린다면 주기적인 '메시지'를 정해서 칭찬할 때라는 신호를 주면 된다. 한 여성은 자기 긍정적인 말들을 적은 종이를 잔돈 지갑에 넣어 가지고 다닌다. 지갑을 열 때마다 칭찬의 말을 하기 위해서다. 한 회사의 간부는 하루 일정표의 빈 공간에 '지금'이라는 말을 적어놓고 그때가 되면 몇 분간이라도 시간을 내어 자신의 좋은 점을 말하도록 했다.

한 중년여성은 설계 부서의 팀장으로 일하면서도 설계 능력에 자신이 없었다. 그녀는 "난 설계를 무척 잘해."라는 긍정적인 글을 적어놓고 며칠 동안 읽어본 다음 그 종이쪽지를 부서의 게시판에 붙여놓았다. 동료들은 놀라서 그녀에게 물었다. "설계 실력이라면 원래 뛰어나시잖아요. 그래서 우리 부서의 팀장을 맡고 계시구요. 그런데 왜 저런 메시지를 붙여놓으신 거예요?" 그녀는 대답했다. "나 자신에게 확신을 주기 위해 일부러 그랬어요." 긍정적인 문장을 게시판에 붙여놓은 행동으로 인해 그녀는 주변 사람들에게 칭찬과 확신에 찬 격려를 듣게 되었다. 그 문장은 진실이었다.

자신에 대한 글을 남들 앞에 공개하는 행동은 잘난 척하는 것도 아니고 '은연중에 찬사를 이끌어내려는' 것도 아니다. 그저 자신의 어떤 점을 좋아하는지를 다른 사람들에게 말하는 것일 뿐이다. 동의하든 하지 않든 그건 그들의 자유다. 다음의 지시에 따라보자.

첫째 날 자신에 대한 긍정적인 말을 적어보자. 하루에 몇 번씩 꺼내 읽어볼 수 있는 곳에 놓자.

둘째 날 자신을 칭찬하는 글이 적힌 종이를 가족들이 볼 수 있도록 냉장고 같은 곳에 붙여보자. 직장에서는 책상 위나 사무실 게시판에 붙여보자.

셋째 날 가족 구성원 중 한 명 또는 직장 동료 중 한 명의 좋은 점을 적어서 붙여주자. 가족이라면 칭찬 종이를 그의 베개에 붙여주고, 동료라면 그의 노트 등에 적어줄 수도 있다.

여기 한 여성의 예를 보도록 하자.

첫째 날 나의 좋은 점 : 난 밝은 미소의 소유자야!

둘째 날 부착한 장소 : 포스트잇 종이에 적어서 매일 아침 볼 수 있도록 화장실 거울에 붙여놓았다.

셋째 날 다른 사람의 좋은 점 : 친구의 자동차 계기판에 다음과 같이 써서 붙여주었다. "난 너의 밝은 웃음소리가 좋아. 사랑해, 로리!"

자, 그럼 이제는 당신이 적어볼 차례다.

• 긍정적인 자기진술을 늘리자 •

첫째 날 긍정적인 자기 진술을 아래에 적어보도록 하라.

___

둘째 날 긍정적인 자기 진술문을 어디에 붙였나?

____

긍정적인 자기 진술에 대한 주변의 반응

1. ____

2. ____

당신의 자기주장적인 응대

____

____

셋째 날 다른 사람에 대해 쓴 긍정적인 진술문은 무엇이었나?

상대의 반응은?

____

부정적인 자기진술 바꾸기

이제 당신의 부정적인 자기 진술을 바꾸는 시도를 할 것이다. 위기의 상황에서 스스로 '난 안 돼'라고 말해왔던 패배적인 습관들을 바꾸어보자. 먼저 실전 연습문제 4의 질문 B에서 당신이 했던 답을 살펴보자.

흔히 광고나 선전, 캠페인 등에서 사용하는 원리를 이용해 자아개념을 바꿀 수 있다. 한 메시지를 되풀이함으로써 의식하지 못하는 사이에 자신의 신념체계가 되어 진실이라고 생각하게 하는 것이다. 당신의 부정적인 언어습관을 바꾸기 위해서는 단지 부정적인 내용의 반대말들을 되풀이해서 말하면 되는 것이다. "난 의지가 약해."라고 말하는 대신 "난 끈질기고 한번 한다면 꼭 하는 사람이야."라고 생각하는 것이다. 이러한 긍정적인 문장을 계속 되뇌면서 문제 상황에 대처하는 스스로를 상상해 보자.

아래는 부정적인 문장에서 긍정적인 문장으로 습관을 변화시킨 예다.

부정적인 자기 진술	긍정적인 자기 진술
난 약골이야.	난 튼튼해질 수 있어.
난 너무 수동적이야.	난 활발해질 수 있어.
난 겁쟁이야.	난 대담해질 수 있어.
난 제대로 말하지 못해.	난 자기주장을 할 수 있어.
난 나 자신도 어쩌지 못해.	난 스트레스도 잘 다룰 수 있어.
난 비참하고 괴로워.	난 행복할 수 있어.

이제 실전 연습문제 4의 질문 B에 적은 당신의 답을 확인한 후 각각 반대되는 문장을 아래에 적어보자. 이러한 작업은 자아존중감을 향상시키기 위해 반드시 필요한 과정이다. 적어도 2~5개의 긍정적인 진술문을 만들어보도록 하라.

1. ____

2. ____

3. ____

4. ____

5. ____

위의 문장들은 본인도 의식하지 못하는 사이에 신념체계에 침투해 자리 잡게 될 '선전 선동의 메시지'들이다. 꼭 기억할 것은, 자기 고양의 말을 한 다음에는 바로 자신에게 보상을 주어야 한다는 것이다. 쉬는 시간에 음료를 한잔 마시려는 순간, 재빨리 마음속으로 문제 상황을 떠올리면서 단호한 어조로 긍정적인 한마디를 하고 나서 음료를 시원하게 넘기는 것이다. 이런 행동을 반복하면 어느새 자신도 진심으로 그 말들을 받아들이게 되고, 실제 상황에서 자신의 긍정적인 모습들을 그대로 믿게 된다. 이런 연습은 또한 문제 상황에서 자신을 통제하도록 도와줄 것이다. 그래서 준비했던 자기주장적인 각본대로 지혜롭게 상황을 헤쳐 나가게 될 것이다.

부정적인 자기진술 습관 고치기

지금까지 우리는 긍정적인 자기 진술에 대해 보상을 주는 테크닉을 강조해 왔다. 그러나 그 반대 테크닉 역시 매우 유용하게 쓸 수 있다. 당신의 무능력과 부족함에 대한 쓸데없는 걱정을 할 때마다 벌을 주는 것이다. "난 바보, 겁보, 약골이야."와 같은 부정적인 진술의 결과가 자멸적이라는 사실은 분명하다. 그러니 다시는 그런 말들을 떠올리지 못하도록 해라. 어떻게 해야 할지 방법을 알려주겠다.

1. 당신이 해야 할 집안일이나 직장에서 처리할 일의 목록을 만들어라. 그 일들은 진행하지 말고 내버려둬야 한다. 이 일들의 제목을 "부정적인 자기 진술을 멈추게 할 지겨운 일들"이라고 적고, 각각의 일에 소요될 시간을 계산해라. 그 다음 언제든지 볼 수 있는 곳에 목록을 붙여놓자.

2. 강박증처럼 자신을 따라다니는 부정적인 생각들이 떠오를 때면 붙여둔 목록으로 가서 적당한 일거리를 선택한다. 절대 자신을 편안하게 해서는 안 된다. 반대로 긍정적인 생각을 했을 때는 텔레비전을 보거나 좋은 책을 읽거나 맛있는 음식을 먹는 것으로 보상을 주어라. 부정적인 생각을 했을 때 하기 싫은 일거리를 해치워야 하는 것과 대조를 이루게 하는 것이다. 그리고 자신이 했던 부정적인 생각을 취소하기 위해 지겨운 일을 끝내기 직전에 긍정적인 생각을 하라. 지겨운 일거리를 하게 만들었던 부정적인 생각을 중화시켜야 한다. 이에 따라 불쾌한 상황에서 벗어나기 직전에 했던 생각은 보상받고 강화된다. 부정적인 한마디는 일을 해야 하는 벌칙을 받지만 긍정적인 한마디를 함으로써 집안일로부터 벗어나게 되는 것이다. 이러한 테크닉을

사용한 예가 있다.

- 옷장 정리(2개, 소요시간 1시간)

- 부엌 싱크대 서랍 정리(각 서랍 당 10분의 시간 소유; 10개의 서랍 있음 = 소요시간 100분)

- 각종 공과금 청구서 정리해서 납부하기(소요시간 30분)

- 깡통 모아 놓은 것 재활용 센터에 갖다 주기(1시간 소요)

- 가계부 정리하기(30분)

- 매주 오는 서신들에 답변하기(1시간)

〈나의 부정적인 자기진술〉

날짜	내가 한 말	벌칙 과제와 긍정적인 말
1/1	"돈을 어떻게 썼는지 기억도 못하는 바보."	가계부 정리하고 나서 "이젠 매달 돈을 어디에 썼는지 알 수 있어."
1/2	"도무지 일을 종잡을 수가 없게 벌여만 놓는다구."	매주 오는 편지에 답장을 쓰고 나서 "와, 이젠 잘 정리하고 능률적으로 일할 수 있어."
1/4	"잠을잘 수가 없어." (불면증도 부정적인 자기 암시 때문에 오는 경우가 있다.)	30분간 서랍 정리를 하고 나서 "이젠 누가 업어가도 모를 만큼 잘 잘 수 있겠어."

　1, 2주 동안 이러한 징벌 테크닉을 사용해 보도록 하라. 자신을 부정적으로 평가하는 횟수가 몇 번 정도였는지, 또 이러한 징벌과정이 그 횟수를 얼마나 줄였는지 살펴보면서 아래의 질문에 답하도록 해라.

〈부정적인 자기진술을 멈추게 할 지겨운 일들〉

일   **예상 소요 시간**

_______________________ _______________________

_______________________ _______________________

_______________________ _______________________

_______________________ _______________________

〈부정적인 자기진술의 기록〉

부정적인 자기진술   **벌칙 과제와 긍정적인 말**

_______________________ _______________________

_______________________ _______________________

_______________________ _______________________

_______________________ _______________________

_______________________ _______________________

이런 식의 벌칙으로써 당신의 부정적인 언어습관이 줄었으면 한다. 이렇게 하면 불쾌한 생각을 막을 수 있을 뿐만 아니라, 꼭 처리해야 할 번거로운 일거리들을 많이 해치울 수 있게 되니 일석이조가 아닐 수 없다.

그 외에 자기 비난의 습관을 다루는 다른 방법으로는, 자신을 '독방'에 감금하는 것이다. 이 방법으로는 일거리를 처리할 순 없겠지만 매우 효과적인 징벌이 될 수 있다. 집에 '감옥' 또는 '걱정의 의자'를 하나 정한다(어떤 여자는 창고 구석을 사용하기도 하였다). 자신의 무능에 대한 고민을 말릴 수 있는 장소라면 어디든 가능하다. 단, '걱정의 의자'는 앉기에 불편한 것이어야 한다. 구경할 거리가 아무것도 없는 '벽면' 앞에 의자를 두어야 하고, 음악이나 읽을거리 또는 다른 사람과의 대화도 금지되는 지루한 장소여야 한다. 자신이 얼마나 비참하고 형편없는지에 대해 고민을 시작하려는 순간 바로 그 의자로 가서 지루함을 느낌으로써 일종의 벌을 내리는 것이다. 물론 앞에서 보았던 것처럼 이 불편한 상황에서 완전히 벗어나려 할 때는, 긍정적인 생각 떠올리기를 잊지 말자.

이미지 바꾸기

그 동안 당신은 문제 상대를 생각할 때, 순진한 당신을 마음대로 주무르는 강력한 힘의 소유자라는 이미지로 떠올렸을 것이다. 이런 식의 고정된 이미지나 심상은 자기주장을 펼치려는 당신의 시도를 방해한다. 따라서 지금까지 마음속에 그리던 이미지를 획기적으로 바꿀 필요가 있으며, 그래야만 자기주장을 마음껏 펼칠 수 있다. 그러기 위해서는 일단 문제 상대를 좀 더 다루기 쉽고 덜 위협적인 인물로 배역을 조정해 주어야 한다. 그러면 문제 상대에 의해 놀라거나 두려워하는 정도가 미약해질 것이다. 그 다음, 스스로에 대해 좀 더 강력하게 자기주장을 할 수 있는 인물로 다시 설정하는 것이다. 그래야 평상시에 강력한 자기주장 메시지를 표현할 수 있게 된다.

구체적으로, 문제 상대가 당신에게 특별히 다정하게 대했던 일이나 당신을 도와주었던 일을 떠올려본다. 그 당시 문제 상대의 표정이 어떠했고, 행동과 음성은 어땠는지를 마음속에 그려보라. 당신과의 문제 장면에서 보여주었던 모습보다 훨씬 긍정적이고 침착한 모습을 발견할 수 있을 것이다. 이것이 불가능하다면 상대가 평화로운 상황에서 어떤 모습인지 상상해 보자. 친근함을 느낄 수 있거나 칭찬하고 싶어지는 그런 모습(이것도 불가능하다면 그냥 참아줄 정도의 모습도 좋겠다)을 생각해 보자. 당신의 상상 속에서 당신의 문제 상대의 위협적인 모습을 깨끗이 지우고 부드러운 이미지만을 기억하자.

당신의 문제 상대에게서 칭찬할 만한 구체적인 행동이나 매력적인 특징은 무엇인가?

이제부터는 문제 상대를 이렇게 두렵지 않은 이미지로 인식하도록 한다. 20초간 '친근한 문제 상대'의 이미지를 마음속에 그려보다 멈춰라. 이 장면을 하루에 몇 번씩 떠올리는 식으로 5일간 계속하라.

그 다음에는 문제 상대의 친절하고 다정한 모습을 상상해 보라. 상대가 큰 목소리로 악다구니를 쓰는 타입이라면 깽깽거리고 짖으면서 장난치기 좋아하는 강아지나 찍찍거리며 방정을 떠는 쥐를 떠올려라. 실험을 해보라! 당신의 마음속에서 문제 상대의 모습을 완전히 변화시켜라. 마치 무서운 영화를 보다가 가벼운 코미디물로 텔레비전 채널을 돌리듯이 간단히 해버리는 것이다.

당신의 상상 속에서 문제 상대는 어떤 귀여운 동물로 변할 수 있는가?

이외에도 3장에서 설명할 감각을 줄이는 테크닉으로도 상대방에 대한 두려움을 공략할 수 있다. 이제 여러분의 마음속에 있는 스스로에 대한 이미지를 바꾸는 일을 해보자.

자기주장을 분명하게 표현하는 이미지 연습

이제 해야 할 일들은 자신의 이미지를 긍정적으로 변화시킴으로써 스트레스 상황에서도 유연하고 강력하게 행동하도록 돕는 방법이다. 실전 연습문제 4(55쪽)에 있는 질문 C로 되돌아가 보자. 문제 장면에서 자신의 부정정적인 이미지를 서술했던 부분이다. 이러한 과거의 모습과 반대되는 이미지를 마음속으로 그려보는 것으로써 자신의 실제 이미지를 바꿀 수 있다. 부정적인 자기 이미지 대신 긍정적이면서 자신감 넘치는 이미지로 바꾸는 것이다.

예를 들어 자신과 문제 상대의 관계를 생각할 때 대형견 그레이트 데인 앞에 서 있는 조그만 치와와로 자신을 느꼈다면, 그 역할을 반대로 바꾸는 것이다. 즉 자신이 그레이트 데인이 되어 조그만 치와와를 내려다보는 것이다. 문제 상대가 당신을 비난하는 장면이 떠오를 때면, 그가 당신의 귀에 대고 부드러운 격려의 말을 속삭이는 장면으로 바꾸어버리는 것이다. 속절없이 두려움에 떨고 있는 자신의 모습이 떠오를 때면, 용기 있는 표정과 강한 의지로 대항하는 스스로를 생각해 보는 것이다.

아래에 당신이 바꾸기를 원하는 부정적인 자기 이미지의 반대 모습을 적어보도록 하자. 55쪽에 있는 실전 연습문제 4의 질문 C를 참고하고, 바꾸기를 원하는 새로운 이미지에 대해서는 자세하게 기술하도록 하라.

· 긍정적인 나의 이미지 ·

이러한 것이 여러분이 연습할 수 있는 단호한 자기 이미지로서, 문제의 괴로운 상황에서 사용해야 할 무기가 된다. 일주일 이상 하루에 몇 번씩 위의 이미지를 떠올리는 연습을 하도록 해라. 그렇게 함으로써 실제 상황으로 문제 장면을 맞닥뜨려야 할 때, 자신의 감정을 조절하면서 준비해 두었던 자기주장의 표현들을 온전하게 말할 수 있게 될 것이다.

이제 새로운 역할을 맡은 자신이 자기주장을 펼치는 새로운 장면을 상상해 보도록 하자. 여기 구체적인 방법이 있다.

- 당신이 알고 있는 어떤 사람 또는 텔레비전이나 영화에서 보았던 자기주장이 확실한 인물에 대한 묘사를 몇 문장으로 적어보자. 그런 사람의 모습을 마음속에 그려보고, 그의 걸음걸이나 앉은 매무새 또는 몸짓들을 생각해 보라. 자기주장을 확실히 하는 그는 어떤 얼굴 표정을 짓고 있었나?
- 두 눈을 감고서 당신의 모델이 의견을 표현하거나 의지를 관철시키는 모습을 떠올려보자.
- 이제는 당신의 모델이 아닌 자신이 하는 모습을 그려보자. 마치 자신이 그 자기주장의 모델인 양 말하고 행동하는 것처럼 생각해 보자.

한 여성은 취직 면접을 위해 위의 과정을 다음과 같이 이행했다.

- 나의 자기주장 모델은 매우 훌륭하고 곧은 자세를 갖고 있다. 그녀는 과장됨 없는 편안한 모습으로 움직인다. 당황해하는 법이 없다. 양옆에 편안하게 두 손을 내려놓고 있다. 가고자 하는 곳을 향해 자연스럽고 유연한 동작으로 걸어간다. 가만히 앉아 있을 때도 차분한

표정을 잃지 않는다. 언제나 즐거운 표정이며 열정적이다. 사람들의 얼굴을 똑바로 보고 질문도 많이 하는 등 자연스런 자신감이 배어 있다. 영화 속에 나오는 캐서린 햅번이나 나의 할머니를 많이 닮아 있다.

- 그녀가 면접실로 들어서는 모습을 생생하게 상상할 수 있다. 자신감 넘치는 태도로 면접관들에게 인사를 건넬 것이다. 미소 지으며 단정하게 악수를 건넬 것이고, 정면을 응시할 것이다. 그리고 그녀는 말할 것이다. "안녕하세요, 굿맨 씨. 만나뵙게 되어 반갑습니다."

- 이제는 그녀와 같이 행동하는 나의 모습을 그려보았다. 그녀처럼 면접을 보는 나의 모습을 여러 번 그려보고 나니 다음 주에는 면접에서 상사가 될 사람에게 인사를 건네는 내 목소리가 실제로 들리는 듯할 정도다.

새로운 자기 모습 그려보기

이제 여러분도 자신의 자기주장 모델을 정하고 여러분의 문제 장면에서 모델이 자기주장적으로 행동하는 모습을 그려보도록 하자.

1. 자기주장 '모델' 을 묘사해 보도록 하자. 주의 깊게 관찰하여 세세한 부분까지 설명하도록 하자.

____

____

____

____

____

2. 당신이 두려워하거나 주저해왔던 행동을 하는 자기주장 모델의 모
   습을 구체적으로 그려보자. 문제의 행동을 어떤 방식으로 하고 있
   는지 자세하게 기술하도록 하라.

____

____

____

____

3. 이제는 당신이 하는 모습을 생각해 보자. 당신의 자기주장 모델이
   말하고 행동했던 것과 같이 해내는 자신의 모습을 상상해 보자. 무
   슨 말을 어떤 태도로 하고 있는가?

____

____

____

____

이 활동의 핵심은 당신이 모범으로 삼은 인물의 자기주장적인 행
동을 상상으로 모방해 보는 것이다. 자기주장적인 행동을 하는 자
신을 그려봄으로써 자기 이미지를 변화시키는 것이다. 하루에 여러

번씩 일주일 이상 자기주장적인 모습을 그려보아야 한다. 그 동안 당신을 어렵게 했던 위협적인 상황에서 당신의 자기주장 모델이 어떻게 행동할지를 상상해 보고 그 행동을 그대로 모방하는 자신을 생각해 보자. 이런 활동은 자기주장적인 이미지를 갖도록 도와줄 것이다.

즐거운 활동 만끽하기

자기주장에 실패하는 경우 짜증스럽거나
절망감을 느끼게 된다. 소심한 은둔자는 의기소침해서 삶의 즐거움
을 찾지 못하고 우울해한다. 이를 극복하기 위해 각자 삶에서 더 많
은 즐거움을 발견하고 그것을 극대화하는 방법을 소개하려 한다. 즐
거운 활동을 하고 있는 자신을 그려보고 계획을 세워보라. 상상 속
에서라도 즐거움을 자주 경험하면 일상에서도 작은 즐거움을 발견
할 수 있다. 아래의 단계에 따라 실천해 보자.

1. 즐거울 것이라고 생각되는 일 또는 실제로 즐거웠던 일, 그러나
   당장은 뒤로 미뤄둘 수밖에 없는 작은 일 하나를 선택하자. 그
   활동은 당신 혼자서도 충분히 즐길 수 있는 것이어야 하고, 일
   상 속에서 쉽게 할 수 있는 일이어야 한다. 언제 어떻게 할 것인
   지 기록해 두자.
2. 선택한 경험에 대해 세 문장으로 설명해 보자. 예를 들면 그 활
   동을 하기 전에 느끼는 기쁨, 활동을 하는 동안에 느낄 행복감,
   활동이 끝날 때의 좋은 느낌을 적어보는 것이다.

3. 이번에는 이 즐거운 상상의 시간을 하루에 세 번 정도 할애하
   자. 약 2분 정도 혼자 조용히 있을 때를 골라, 자신의 모든 감각
   을 동원하여 즐거운 장면을 그려보자. 실제로 보고 만지고 듣고
   냄새를 맡는 듯 생생하게 떠올려야 한다.

4. 자신이 계획한 이 활동을 주변 사람에게 말해 두자. 그때는 남
   의 잡다한 일이나 부탁을 들어주지 않을 거라고 말하고, 이번이
   마지막이라는 호소에 넘어가 자신의 즐거운 계획을 미루지 않
   을 것이라고 분명히 전하자.

5. 계획대로 자신이 즐거워하는 일을 실행에 옮기자. 매주 하나 또
   는 그 이상의 즐거운 일들을 생각해 보고 실행에 옮기도록 하
   자. 다음의 예를 보자.

1. 주말에 해야 할 활동 토요일에 수영하러 갈 것이다.

2. 예상되는 감정과 경험을 세 문장으로 묘사하기
   - 나는 물속으로 뛰어들기 전, 수영장 가장자리에 서서 행복한
     기분을 누릴 것이다.
   - 나는 차가운 물을 가르면서 헤엄치는 기쁨을 느낄 것이다.
   - 나는 수건을 펴고 그 위에 드러누워 태양에 몸을 말리면서 즐
     거움을 느낄 것이다.

3. 언제 이러한 모습을 상상할 것인가?
   - 아침에는 일어나자마자 잠자리에서.
   - 오후에는 점심을 다 마치고 잠시 짬을 내어서,
   - 저녁에는 모든 정리를 마치고 잠자리에 누워서.

4. 언제 다른 사람들에게 이 계획에 대해 말할 것인가? 수영가기 일주일 전.

5. 다음에 할 활동은? 두 시간 정도 도서관에서 책들을 살펴볼 것이다.

당신은 취향과 스타일에 따라 다양한 활동들을 선택할 수 있다. 중요한 것은, 이런 일들을 하기 위해서는 다른 기술을 연습하는 것과 같이 연습이 필요하다는 것이다. 이런 '임무'는 당신이 일상에서 좀 더 많은 즐거움을 누리도록 도와줄 것이다. 그리고 자기주장의 실패에서 받을 억압감이나 좌절감을 덜어줄 것이다. 이 장에서 소개한 여러 테크닉들은 여러분의 자신감을 돋우고, 자신의 개인적인 목표가 중요하고 가치 있는 것임을 인식하도록 돕는 것이다. 또한 이런 활동들을 통해서 자신에 대한 통제 권리가 자신에게 있다는 것, 일상의 즐거움을 누릴 권리에 대해 더욱 확실하게 느끼게 될 것이다.

ASSERTING YOURSELF

3

자기주장을 막는 스트레스 극복하기

용기란 두려움에 대항하여 싸우고 두려움을 정복하는 것이지 두려움이 없다는 뜻이 아니다
_마크 트웨인

자기주장적이지 못한 사람들은 흔히 스트레스 받는 사회적인 상황에서 감정에 휘둘린다고 말한다. 하지만 스트레스를 완전히 피하고 살 수는 없는 일이며, 이러한 갈등상황에 훌륭하게 처신하는 법을 배워야만 한다. 이 장에서는 불안감을 줄이고 긴장을 풀기 위한 특별한 기술 몇 가지를 설명할 것이다. 여기서 제공하는 정보와 실전연습들을 실행에 옮겨보면 긴장된 상황을 다루는 능력이 향상될 것이다.

학습된 감정 극복하기

학습된 감정적인 반응(대인관계의 불안감과 같은 것들)은 네 가지 측면으로 볼 수 있다. 환경적인 상황, 신체적인 반응, 외적인(겉으로 드러나 보이는) 행동, 내적인(침묵의) 행동. 문제 상대가 당신에게 모욕을 주는 상황을 가정해 보자. 육체적 반응으로는 호흡이 가빠지고 심장이 두근거릴 테고, 외적인 행동으로는 주눅이 들었을 테고, 내적인 행동으로는 '정말 못 참겠어.' 또는 '난 겁쟁이야.' 등의 생각을 하거나 강력한 문제 상대에게 휘둘리는 희생양이라고 생각하고 있을 것이다. 이러한 요소들 간의 관계를 차트로 도표화해 보면 다음과 같다.

반드시 기억해야 할 것은 당신의 감정적인 반응은 학습된 것이라는 사실이다. 현재의 상황이 기존에 학습되어 있던 반응을 유발시킨 것일 뿐이다. 말하자면 거의 감정적인 반응 일부분이 되살아나 현재 벌어진 상황에 대한 '해석'에 심리적인 영향을 미치게 된 것이다. 뿐만 아니라 앞으로 일어날 일과 그에 대한 자신의 태도에도 영향을 미친다. 육체적으로 긴장감을 느끼게 하거나 몸을 잔뜩 움츠리게 만들기도 한다. "난 안 돼. 구제불능인 데다 약해 빠진 멍청이야." 하고

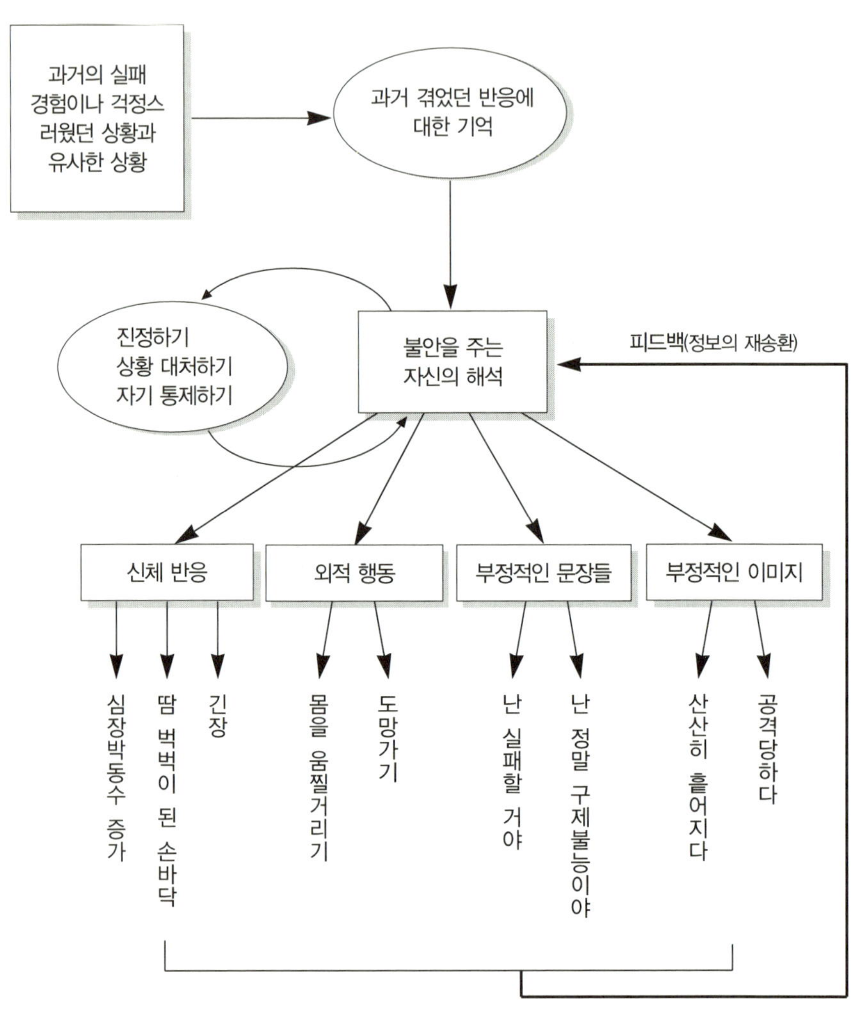

학습된 감정적 반응의 전개 양태

은연중에 부정적인 말을 내뱉게 한다. 또는 현재의 장면을 은유하는 부정적인 이미지들에 휩싸일 것이다. ("커다란 불독에게 대항하려 깽깽거리는 강아지 꼴이야.") 현재 장면의 결과나 결론에 대한 두려움의 은유로 나타나기도 한다.("그가 나에게 소리를 지르고 영원히 떠나버릴 것 같아.") 또는 당신 자신의 모습이 보일 수도 있고("난 약골이야.") 문제의 상대가 될 수도 있다. ("그는 고래힘줄처럼 강한 신경의 소유자야.") 이러한 감정적인 반응은 다시 해석에 악영향을 미치게 된다는 사실을 알아야 한다. 자신의 긴장을 나타내는 신호를 알아차리는 것만으로도 악순환을 가속화하여 불안이 증폭된다는 것이다.

그렇다면 당신의 감정적인 반응들을 어떻게 변화시킬 수 있을까? 몇 가지 대처 기술을 연습하면 된다. 침착하게 말하는 법을 배우고, 두려움을 느낄 때 스스로를 안정시키는 기술을 익히는 것이다. 또한 상황을 다시 해석하는 법을 배워 별로 두려운 상황이 아니라고 인식하는 것이다. 이런 식으로 하면, 위협적인 장면에서 자신의 행동이나 감정을 변화시킬 수 있다.

긴장을 조절하는 테크닉을 서술하기에 앞서, 이런 감정을 경험할 때 당신에게 어떤 일들이 일어나고 있는지 좀 더 자세하게 살펴보도록 하자. 앞에서 작성했던 연습문제 4의 질문 A에서 당신이 문제 장면을 떠올릴 때 어떤 육체적인 흥분 반응을 나타내는지 알아보았다. 얼굴이 붉어지거나 심장이 두근거리거나 식은땀을 흘리거나 무력감이 드는 등의 실제적인 신호들을 다시 한 번 살펴보자.

다소 덜 위협적인 장면에서의 자신을 기억하고 있기 때문에 약한 긴장감을 나타내는 몇 가지 신호나 일반적인 긴장의 반응들은 간과

할 수도 있다. 이러한 신호들에 대해서는 지나치게 과대 해석하거나 심각하게 받아들일 필요가 없다. 얼굴을 붉혔다고 해서 당신이 구제 불능의 소심한 사람이라는 뜻은 아니며, 입이 좀 말랐다고 해서 자기 의사를 분명히 전하지 못하는 것도 아니다. 감정 그 자체로 사람이 약해지지는 않는다. 이러한 육체적 신호들은 기쁨이 극할 때도 나타나며, 황홀감에 빠져 있을 때도 자기 의사를 전달하는 데는 문제가 없다.

사람들은 균형감각을 잃었을 때 흔히 상황을 부풀려 말하는 경우가 있다. 당신의 육체적인 반응과 부정적인 언술이 만나 상승작용을 하고 악순환의 고리를 만들면 이와 같은 일이 일어난다. 각각 서로의 불에 기름을 부어주는 것이다. 아래 예를 살펴보자.

그는 어떤 사람들 앞에서 연설을 하기 위해 대기 중이었다. 자신의 순서가 되어 소개되는 동안 그는 숨이 가빠오고 머리가 살짝 몽롱해지는 것을 느꼈다. 그는 혼잣말을 중얼거렸다. "겁이 나는 모양이군. 정말 잘 해낼 수 있을지 걱정돼. 할 말을 잊어버리거나 저 위에서 기절이라도 한다면 어떻게 하지!" 이런 생각을 떠올리기 시작하자 그의 심장은 더 두근거리고 맥박은 빨라져갔다. 귀에서 공명이 일었다. 그는 이런 신호들을 다음과 같이 해석했다. "정신이 하나도 없어. 너무 두려워서 집중이 안 돼. 온 신경이 곤두서 있어. 이래서는 제대로 말을 할 수 없을 거야. 분명 더듬거리거나 할 말을 잊어버리겠지. 몸이 안 좋은 척하고 빨리 이 자리를 벗어나야겠어."

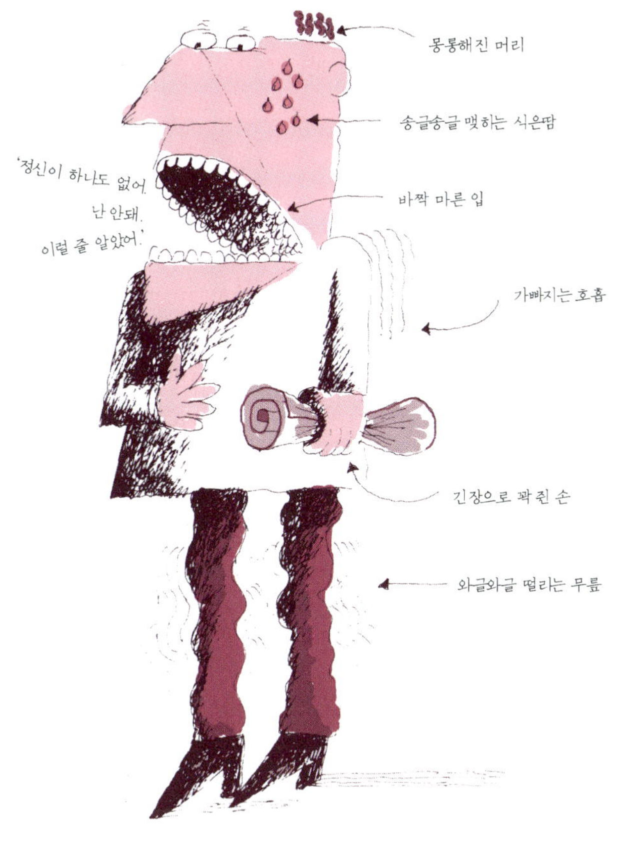

스트레스

이 인물은 대중 앞에 나서기 전의 일반적인 긴장감과 그에 따르는 증상들에 대해 지나치게 민감한 반응을 보이고 있다. 유능한 사람이라면 약간의 스트레스를 당연한 것으로 여기고 끝까지 잘 해낼 수 있다는 믿음으로 맡은 일을 해낸다. 하지만 이 인물은 자신의 무능력이나 실패 가능성과 같은 최악의 경우만을 스스로에게 속삭였다.

결국 긴장감을 가중시키고 흥분으로 인한 신체 반응들을 과도하게 받아들였다. 신체적인 신호들이 증가하는 것에 따라 자기 평가는 더욱 끔찍한 쪽으로 강화되었고, 결국 상황에서 벗어나야 한다는 강력한 욕구로 마무리되고 말았다. 그 욕구를 실행에 옮기는 일까지 해 버렸다면 조지는 이번의 끔찍한 경험으로 인해 "나는 대중 앞에서 말하지 못하는 사람"이라는 인식을 얻게 될 것이다.

그는 자신이 만들어낸 거짓말의 희생양이 되었다. 일반적인 긴장감으로 인한 일반적인 증상들을 지나치게 확대해석했으며, 분명한 증거도 없이 자기 비난에 급급해 스스로를 기만했다. 제대로 일을 해 보기도 전에 좌절해 버린 것이다.

긴장 푸는 법 배우기

감정에 치우지지 않고 긴장감을 해소할 좋은 방법으로 '점진적 이완기법progressive relaxation' 이란 것이 있다.

긴장된 신경을 안정시키는 방법에 대해서는 의사와 과학자뿐만 아니라 일반인들도 탐구해왔다. 사람들에게 긴장을 이완시키는 방법을 물으면 나름대로 다양한 방법을 들려준다. 뜨거운 목욕, 마사지, 식이요법, 따뜻한 우유 한 잔, 운동, 독서, 명상, 텔레비전, 최면 암시, 의사의 처방을 받아 약을 복용하는 등 그 종류는 천차만별이다.

1908~1960년까지 에드먼드 제이콥슨 박사는 긴장된 신경과 관련된 근육의 이완법에 관한 연구를 했다. 그리고 근육 긴장이 불안감에 사로잡힌 사람들에게 나타난다는 사실을 발견했다. 제이콥슨은 이러한 긴장된 근육을 점진적으로 이완시켜주는 간단한 기술들로 긴장을 해소할 수 있다고 결론짓고, 이러한 기술을 개발했다. 근육을 이완시킴으로써 감정까지 조절할 수 있다는 것을 확인한 것이다. 그의 방법을 경험한 수천 명의 사람들은 근육 이완법을 배움으로써 '통제 불가능' 하다고 생각했던 긴장감을 조절하는 기술을 익혔다.

긴장을 이완시키는 법을 배우려면 꾸준한 연습이 필요하다. 하지만 매일 30분간 한 달 정도 연습하고 나면 대부분의 사람들은 자신의 근육을 점진적으로 이완시키는 방법을 터득할 수 있다. 중요한 피아노 발표회를 앞두고 걱정과 근심에 싸여 있던 한 여성은 석 달 동안 긴장을 이완하는 훈련을 통해 다음과 같이 말했다. "지금까지 했던 그 어떤 공연보다 최고의 공연이었어요. 나 스스로도 정말 즐거운 마음으로 임했어요." 또 다른 사람은 다음과 같은 말로 긴장이완 방법의 효능을 증언했다. 이 방법은 내일에 대한 걱정에 휩싸이는 것을 막고 현재의 순간을 즐길 수 있도록 도와주었어요."

불안에 담담해지기

그 동안 열심히 배운 자기주장의 표현들을 문제 상대에게 써먹지 못하는 경우가 있다. 실제 상황에서 갈등 상대를 만나면 머리가 막막해지고 어떻게 말해야 할지 다 잊어버릴 것이라고 생각하기 때문이다. 이런 생각을 갖고 있으면 실제로도 절대 자기주장을 하지 못한다. 그들은 다음과 같이 자문한다. "불안감으로 속이 울렁거리고 입이 바짝 마르고 온 몸이 와들와들 떨리는 것을 어떻게 멈추지?" 이런 상황은 대사를 모두 기억하고 있지만 데뷔 무대라는 공포에 떨고 있는 풋내기 배우와 같다.

체계적 둔감법systemic desensitization은 스트레스가 많이 생기는 상황에서 불안감을 덜어주기 위해 사용되는 테크닉이다. 자신의 권리를

주장해야 하거나 많은 사람 앞에서 연설해야 하는 상황에서 사용될
수 있다.

샤워를 하거나 목욕을 할 때 뜨거운 물을 사용하는 것과 비교하면
둔감법을 이해하기 쉬울 것이다. 뜨거운 물에 갑자기 뛰어드는 사람
은 없을 것이다. 그보다는 따뜻한 물에서 샤워를 한 후 뜨거운 물에
서서히 들어가는 것이 안전하다. 이와 같이 극도의 긴장과 스트레스
를 견뎌낼 수 있으려면 일단 약한 스트레스에 자신을 노출시키는 것
부터 시작해야 한다. 어느 정도 스트레스에 익숙해지면 조심스럽게
좀 더 강도가 있는 스트레스로 옮겨가는 것이다. 좀 더 뜨거운 물로
목욕을 하는 것과 같은 이치다.

이것은 강도가 점점 강해지는 스트레스 상황을 상상으로 간접 경
험하면서 몸을 이완시키는 훈련이다. 먼저 '불안 위계표'를 만들어놓
고, 단계적으로 가장 두려운 상황부터 두렵지 않은 상황들로 나열해
보자. 당신의 문제 장면(자기주장을 해야만 하는 상황)을 최고점으로 하
는 불안 위계표를 만들기 위해서, 문제 장면을 '공포'의 최고 온도로
정의해 놓고 각 상황을 보는 것이 필요하다. 최고 불안 정도를 100도
로 정해 놓자. 그러고 나서 100도의 공포 상황에서 시작하여 점차 덜
공포스러운 장면을 상상해 보자. 기준으로 정한 공포 온도계에서 한
단계 낮은 장면이 90도, 다음 장면을 80, 그 다음을 70으로 정하는 식
으로 계속해서 0도까지 내려가보자. 낮은 등급을 매길 장면으로는 문
제 장면과 닮아 있으나 스트레스에 의한 불안감의 정도가 덜한 것이
거나 문제 장면과 시간적으로 동떨어져 있는 사건이다.

구체적인 둔감법 과정은 다음과 같다. 우선 긴장을 완전히 푼 상

태에서 시작한다. 앞에서 떠올렸던 불안감의 정도가 가장 위협적이
지 않은 장면을 10~20초쯤 상상해 본다. 이제 상상을 멈추고 잠시
온 몸을 이완시킨 후 다시 다음 등급의 장면을 떠올린다. 마찬가지
로 10~20초 정도 상상한다. 가능한 한 자세하게 당시 장면을 모두
떠올리되 몸은 이완시켜 놓는다. 점차적으로 상위 등급으로 옮겨가
면서 온 몸의 긴장 정도를 감시한다. 어떤 장면에서 긴장도가 올라
간다고 느껴지면 그 장면을 반복적으로 떠올리면서 몸을 이완시키
는 식으로 하여, 완전히 긴장감이 풀렸다고 생각되는 때에 다음 등
급의 장면으로 옮겨간다. 단계별 장면에 대한 생각과 이완 훈련을
매일 하다 보면 이전에는 생각하는 것만으로도 두려웠던 장면을 담
담하게 맞이할 수 있게 된다. 그 어떤 두려움도 느끼지 않게 되는 시
점에서는 극도의 불안감을 유발했던 문제 장면이 떠올라도 이완 상
태가 유지될 것이다. 이것이 바로 체계적인 둔감법이다.

　두려움의 위계표를 설명하기 위해서는 샤론이 불안을 통제하기
위해 개발한 코스에서 사용되었던 장면을 예로 들겠다. 연설할 때의
불안감을 없애기 위해 수업 중에 녹화했던 장면들이다. 덧붙여 말하
자면 각각의 장면들이 상상된 후 두려움의 정도가 매겨졌다.

　0. 집에 앉아 책을 읽고 있다.(0도)

　1. 카탈로그에 있는 강좌 소개 글을 읽고 있다.(10도)

　2. 처음으로 발표 불안 수업을 들으러 가고 있다.(20도)

　3. 앞에 나가서 2분 정도 발표하고 그것을 녹화하여 볼 것이라는 소식을
　　받았다.(30도)

4. 아침식사 중에 연설할 주제에 대해 생각하고 있다. (40도)

5. 책상에 앉아서 연설할 내용을 준비하고 있다. (50도)

6. 집의 거울 앞에 서서 혼자서 연설문을 큰 소리로 연습하고 있다. (60도)

7. 드디어 연설을 하기로 한 날, 연설할 것에 대해 생각하고 있다. (70도)

8. 저녁에 수업을 받는 곳에 도착해서 제일 먼저 발표할까 생각해 보고 있다. (80도)

9. 의자에서 일어나 강단으로 걸어가 사람들 앞에 섰다. (90도)

10. 연설을 하고 있다. (100도)

이러한 단계는 발표 불안증을 겪는 사람이 발표 상황을 단계적으로 생각하는 것만으로도 긴장 정도가 높아진다는 것을 보여준다. 샤론의 학생들은 이와 같은 불안감의 정도를 파악한 후 모든 장면을 연기해 보고, 수업 장소 이외의 특정한 곳에서 특정한 연설을 하면서 불안감의 위계표를 작성하였다.

불안감의 정도를 강도에 따라 정할 때 아래 제시한 근거를 마음에 새겨놓도록 하라.

- 장면을 현실적으로 구성하라. 즉 당신의 실제 경험을 그대로 투영시킨 것이나 아예 똑같은 것이어야 한다는 것이다. 또는 앞으로 닥칠 수 있는 위협적인 상황이라 해도 진짜인 듯 사실적으로 설정해야 한다는 것이다.

- 장면을 쉽게 떠올릴 수 있도록 구체적인 사항을 넣어야 한다. 예를 들면 "아침식사 자리에서"라는 식의 구체적인 장소를 적어 넣고 "연설

에 대해 고민하다" 라는 표현으로 자신의 모습을 그릴 수 있어야 한다. 그렇게 해야 상상 속에서 자신의 모습을 제대로 떠올릴 수 있다.

- 공포감이 작동할 수 있는 상황에 맞는 다양한 샘플을 찾아내어 다양한 불안감의 정도를 경험하도록 노력해라. 자신의 수행에 대해 긴장하는 대부분의 사람들에게는 8~15개의 항목이 적절하다.

- 모든 장면 사이에는 쉬는 시간을 가져야 한다. (즉 열 개의 장면이라면 열 번의 간격을 두어야 한다.) 그래야 점차적으로 둔감해지는 과정에서 갑작스런 변화가 없다.

불안감을 해소해 주는 위계표 만들기

이러한 둔감법은 문제 상대와 대면할 계획을 세우기 전의 몇 시간 또는 며칠 동안 느끼게 될 불안감을 통제하는 데 효과적이다. 예를 들어, 래리는 최근에 아무런 경고도 없이 자신을 해고하고 마지막 봉급도 계산해 주지 않은 상사를 찾아가 자기주장을 펴기 위해서 각본을 준비했다. 그는 마지막 2주간의 업무에 대한 임금과 해약금을 요구할 계획이다. 하지만 그의 상사는 교묘한 속임수를 쓰는 사람이며 신뢰할 수 없고 까다로운 사람으로, 그를 생각하기만 해도 화가 나고 스트레스를 받는 상황이었다. 문제의 상사를 만나기 전 래리는 앞으로 전개될 순서를 적어보았다.

0. 시계가 8시를 가리키는 것을 본다.(0도)

1. 샤워를 한다.(10도)

2. 제일 좋은 옷인 ‘파워 수트’를 입는다.(20도)

3. 아침을 잘 챙겨먹는다.(30도)

4. 직원의 권리에 관해 정리해 놓은 자료를 다시 읽어본다.(40도)

5. 차를 몰고 사무실로 간다.(50도)

6. 차를 주차시키고 정신집중을 위해 열 번의 심호흡을 한다.(60도)

7. 사무실 안으로 걸어 들어가 자신감 넘치는 태도로 접수원 자네트에게 인사를 건넨다.(70도)

8. 숨을 크게 들이마신 채 아담스 씨의 사무실 문을 노크한다.(80도)

9. 안에서 대답하는 소리가 들리면 숨을 내쉰다.(90도)

10. 다시 숨을 크게 들이마셨다가 내뿜으면서 말한다. “안녕하세요, 아담스 씨. 미지급된 임금과 해약금을 받으러 왔습니다.”(100도)

래리의 자기주장 각본은 이 목록의 마지막 항목에서 시작된다. 수많은 연습과 계획을 통해 준비한 각본이기 때문에 일단 제대로 시작하기만 하면 문제 상대 앞에서도 흐트러짐 없이 잘해낼 것이라 그는 믿었다. 또한 전체 계획을 정확하게 이해하고 기억하고 있기 때문에 중간에 예상치 못했던 일이 생기더라도 과정을 잘 이끌어나갈 자신이 있었다.

자, 이제 여러분이 자기주장을 펼쳐야 하는 문제 장면 또는 그와 유사한 장면들의 위협 정도를 위계표로 만들어보자. 아래 열 개의 빈칸이 있다. 먼저 열 번째에 당신의 문제 상대와 관련하여 가장 높은 위협감을 느끼는 상황을 짧게 기술해 보자. 그리고 두려움의 정도를 100으로 표시하자. 그 다음에는 그보다 좀 덜 두려운 상황 또는 그 상황으로 가기 직전의 장면을 적어보자. 열 번째에 문제 장면을 적은 경우에는 9번째에서 8번째로 점차 낮은 숫자의 장면을 적어서 결국 편안한 두려움의 단계까지 내려오도록 적어보자. 가능하면 15개 정도로 늘려서 적어도 좋다.

• 위협적인 장면의 위계표 •

가장 덜 →   0. _________________________________ (0도)
위협적인
장면   1. _________________________________ (　　)

                2. _________________________________ (　　)

                3. _________________________________ (　　)

                4. _________________________________ (　　)

                5. _________________________________ (　　)

                6. _________________________________ (　　)

                7. _________________________________ (　　)

                8. _________________________________ (　　)

가장   9. _________________________________ (　　)
위협적인
장면 →   10. _________________________________ (10도)

당신의 불안감 위계표를 완성했다면, 각 장면과 그 순서를 기억해 두었다가 그 정도가 정확한지 확인해 본다. 두 눈을 감고 각각의 장면을 생생하고 세밀하게 머릿속에 떠올려보자. 다른 사람과 만나기로 한 장소로 차를 몰고 갈 계획이라면, 운전하는 동안의 일들을 가능한 한 세세하게 생각해 내는 것이다. 정말 당장 차를 갖고 떠나고 싶어질 정도로 말이다. 가야 할 거리의 모습을 생각하고 주요한 도로 표지판을 생각해 내라. 주변 건물들을 떠올리고 그 색깔과 구조들도 기억해 내라. 차 안의 모습도 상상해 보라. 약속 장소로 가기 전에 편안하게 앉아 있는 그곳의 냄새나 온도가 어떠한지 생각하라. 세세한 것까지 생각해 낼수록 상상하는 장면은 생생하고 실감이 나기 때문에 실제로 경험하는 듯한 효과를 얻을 수 있다.

세세한 것까지 기억하는 능력은 연습을 통해서 신장시킬 수 있다. 사물의 형태나 색채, 무게감이나 질감, 소리, 냄새, 맛 등을 주의 깊게 기억하는 연습을 하라. 두 눈을 감고 세세한 사항들을 기억해 나가면서 빠진 부분이 없는지 훈련하다 보면 감각을 예민하게 만들 수 있다. 이런 연습은 주변의 특징을 감지하고 집중하는 능력을 키워주며 둔감법에도 매우 유용하다.

둔감법 활용하기

점진적인 이완법의 훈련을 위해 녹음테이프를 활용하여 둔감법을 시작하라. 이완법 훈련이 충분히 되어 있다면 굳이 30분 정도의 녹음테이프를 다 들을 필요는 없다. 일단 모든 근육을 이완시키고 긴장을 풀었다면 곧바로 첫 번째 장면을 상상하라. 중요한 것은 두려움 위계표에 있는 첫 번째 장면을 머릿속에 그리기 시작할 때 온 몸이 충분히 이완되어 있어야 한다는 것이다.

둔감법 실습의 목표는 점차 두려움의 정도가 높은 장면을 머릿속에 떠올려도 긴장하지 않게 되는 것이다. 자, 그럼 모든 긴장을 풀고 완전히 이완된 상태에서 두 눈을 감은 채 아래의 과정을 따라가보자.

1. 온 몸을 이완한 상태에서 첫 번째 장면을 10~20초 정도 머릿속에 그려보자. 머릿속의 장면으로 완전히 빠져들어야 한다. 생생하게 장면을 떠올려 자신이 현재 그 안에서 활동한다고 생각될 정도로 모습이나 소리, 냄새, 느낌 모두에 반응해야 한다. 처음 시작했을 때 잘 되지 않는다고 해서 조바심 낼 필요는 없다. 10~20초간 장면을 떠올리는 동안 완벽하게 온 몸을 이완시키고 편안히 있어야 한다.

2. 이제 첫 번째 장면을 머릿속에서 지우고 매우 친숙하고 안정감을 느낄 수 있는 곳, 당신에게 평화와 안정을 의미하는 장소를 생각해 보자. 이곳은 여러분의 '안전지대'로서, 해변이 될 수도 있고 조용한 숲속이나 안락의자, 또는 꽃이 만발한 정원일 수도 있다. 두려움의 위계표에 적어놓은 각각의 장면을 상상한 후에는 반드시 이 편안하고 즐거운 장면으로 돌아오도록 하자. 이렇게 해야 하는 이유는 다소 불편한 장면을 상상한 뒤의 근육을 다시 완벽하게 이완시켜주기 위함이다.

3. 자, 이제는 다시 두 번째 장면으로 들어가보자. 10~20초간 머릿속에 그림을 떠올리면서 긴장을 풀도록 하자.

4. 이제 두 번째 장면도 지우고 머릿속을 깨끗하게 비워보자.(아니

면 앞에서 설정한 안전지대인 해변이나 다른 조용한 장소를 그려본다.)

5. 두 번째 장면을 생각하는 동안 약간의 긴장이라도 느꼈다면 즉시 생각을 멈추고 20초간 안전지대로 돌아갔다가 다시 시작하도록 한다. 다시 돌아가서 긴장감을 전혀 느끼지 않아야만 다음 단계로 넘어갈 수 있기 때문이다.

첫 번째 날은 3~5개 정도의 장면만을 떠올려보고, 전체 활동에 사용되는 시간이 10분을 넘지 않게 한다. 너무 지루해지거나 피곤하거나 긴장감이 느껴지기 전에 그만두어야 하기 때문이다.

둔감법은 상상 속의 모습을 관망하는 것이 아니라 그 안에 '들어가' 직접 말하고 움직이는 자신을 느끼는 것이다. 물론 이렇게 장면을 떠올리는 것은 쉬운 일이 아니다. 잡다한 생각으로 방해받고 집중이 흐트러지기 십상이다. 머릿속에 그리려는 장면에 집중하고 생생하게 떠올리려면, 그 장면에 연출된 모든 구체적인 사항들을 녹음기에 대고 설명해 놓는 것이 필요하다.

과거에는 생각만 해도 끔찍했던 장면을 아무런 두려움이나 불안감 없이 생각할 수 있게 되면 성공이라고 볼 수 있다. 분명한 것은, 상상 속에서 위협적인 장면에 담담해질 수 있다면 실제 생활에서 같은 장면에 맞닥뜨리게 되어도 침착하게 일을 처리할 수 있다는 사실이다.

또 다른 문제 상황에서 둔감법 활용하기

일상에서 벌어지는 다양한 문제 상황에도 둔감법을 사용할 수 있다. 이 경우에는 하나의 문제 장면 위계표를 만들기보다 여러 상황에서 당신이 느꼈던 위협의 말이나 행동을 적어 목록을 만들 수도 있다. 당신을 불편하게 하는 정도에 따라 이런 것들의 위계표를 만들면 되는 것이다. 예는 아래와 같다.

불편한 생각을 떠올리게 하는 다양한 문제 상황에서 당신이 들었던 말들을 적어보고 각각의 두려움의 정도를 가늠해 나열해 보자.

그러고 나서 위계표에 따라 가장 낮은 단계에서부터 시작하여 둔감법 과정을 시행해 보자.

둔감법을 시행할 때 중요한 다섯 가지의 핵심사항을 항상 기억하도록 하자.

1. 점차적으로 두려운 장면을 생각해 나가면서도 항상 완전하게 이완된 상태를 유지하도록 하자.
2. 각 장면은 10~20초 정도 생각하고 지워버리도록 하자.(물론 문제 장면을 떠올렸을 때 몸이 긴장되는 느낌을 받는다면 즉시 상상을 멈추어야 한다.)
3. 현재 단계의 장면에서 긴장감을 느끼지 않고 상상할 수 있어야만 다음 단계의 장면으로 넘어갈 수 있다.
4. 한 장면에서 지속적으로 불안감이 느껴진다면 일단 위협도가 좀 더 낮은 장면을 몇 가지 생각해 내서 천천히 과정을 밟는다.
5. 각 과정을 진행할 때 정신적으로 온전하게 집중할 수 있을 정도만 하자. 주의가 흐트러지면 과감하게 그만두어야 한다.

스트레스를 극복하는 다른 방법

둔감법은 미래지향적인 방법으로서 앞으로 닥칠 특정한 상황에서의 두려움을 통제할 수 있게 한다. 그렇다면 실제 상황에서 느낄 불안감은 어떻게 통제할 것인가? 이에 대해서는 기본적으로 스스로 스트레스를 조절할 수 있다는 믿음을 가져야 하며 두려움을 극복하고 상황을 잘 처리해 낼 수 있다고 자신해야 한다.

앞장에서 상황을 의식적으로 '해석' 하는 식으로 감정을 부분적으로 통제할 수 있다고 설명했다. 그렇다면 이 해석의 과정에서 스스로에게 말을 걸어 새로운 '정보'를 입력시키는 것은 어떨까. 마음속으로 두려움을 감소시킬 이야기를 끊임없이 속삭이는 것이다. 예를 들어 "긴장 풀어. 심호흡을 해봐. 침착해. 크게 보면 이런 건 작은 문제야. 금방 끝날 거야. 냉정을 유지하자. 이 사람은 너에게 해를 끼칠 수 없어. 긴장을 풀어. 곧 끝날 거라구." 등의 말을 하는 것이다. 이렇게 하려면 평소 스트레스를 진정시킬 수 있는 나만의 말들을 생각해 두어야 한다. 문제 상대와 부딪힐 때 온 신경을 상대에 집중할 필요는 없다. 6대 4의 비율로 나누어, 60퍼센트는 문제 상대에게 집중시키고 나머지 40퍼센트는 스트레스를 진정시킬 말들을 떠올리는 데 사용하는 것이다.

두려움을 감소시키는 데 자기 진술의 효과가 높다는 연구결과가 있다. 마이켄바움Meichenbaum과 카메론Cameron은 특정한 위협에 대항할 '면역'을 키우기 위해 스트레스를 다루는 진술과 이완방법을 함께 사용했다. 살아 있는 뱀을 보는 것에 두려움을 지닌 사람들을 대상으로 실험한 결과, 점진적 둔감법을 사용했던 사람들만큼이나 자기 진술을 사용했던 사람들은 좋은 결과를 보여주었다. 중요한 것은 자기 진술을 사용했던 사람들은 다른 종류의 두려움들까지 극복할 수 있었다는 것이다. 예를 들어, 예전에 두려워했던 쥐를 집어 들어 다룰 수 있었다. 반면 뱀에 관해 점진적 둔감법만을 경험했던 사람들은 쥐를 집는 일에 대해서는 여전히 두려워했다.

다음의 표에서 보여주는 상황 대처용 진술들이 일반적인 스트레스 예방책으로도 사용될 수 있음을 몇몇 실험이 입증해 주었다. 자기 통제적인 진술법의 이점의 하나가 바로 이러한 일반성과 보편성이다. 특정한 문제 상황에 대비하기 위해서는 둔감법을 사용할 수도 있지만 상황 대처의 진술은 다른 수많은 스트레스 상황에서 일반적으로 사용될 수 있는 것이다. 특히 예상치 못했거나 새로운 스트레스 상황에서 자기를 진정시키기 위한 도구로 사용할 수도 있다.

표에서 보여주고 있는 자기 진술의 네 단계를 살펴보도록 하라. 첫 번째 단계는 스트레스 상황을 준비하는 것으로, 자신에게 건네는 독백들(의미심장한 강조와 진정한 느낌을 담은 말)이며, 앞으로 닥칠 스트레스의 구체적인 상황을 대비한 것이다. 두 번째 단계는 스트레스

스트레스 상황에 대처하는 자기진술

상황 1. 스트레스 상황에 대한 준비

- 내가 해야 하는 일이 무엇이지?
- 나는 이 일을 해결하기 위한 계획을 세울 수 있어.
- 내가 할 수 있는 일이 무엇인지 생각해 보자. 그러는 게 불안해하고 있는 것보다는 나아.
- 부정적인 자기 진술은 금지야. 이성적으로 차분하게 생각하자. 걱정하지 마. 걱정한다고 해서 될 일은 아무것도 없어.
- 지금 걱정되는 건 어쩌면 일이 어서 닥쳐왔으면 하는 기대감과 같은 것일지도 몰라.

상황 2. 스트레스 상황에서 헤쳐 나가기

- 이 도전을 받아들이겠어.
- 한 번에 하나씩 헤쳐 나가자. 이 상황을 잘 처리해 나갈 수 있어.
- 두렵다는 생각은 하지 말자. 내가 해야 하는 일에만 집중하자. 현재에 충실하자.
- 지금 느끼는 이 불안감은 충분히 예상했던 거잖아. 이 불안감은 그 동안 준비해온 것을 시작할 때라는 신호야.
- 이 긴장감은 일을 처리해야 할 때임을 알려주는 도우미야.
- 긴장을 풀어. 집중하자. 천천히 심호흡을 하자. 그래, 좋아.

상황 3. 당황스러운 감정에 대처하기

- 두려움이 밀려오면 잠시 멈추도록 하자.
- 현재에 집중하자. 내가 해야 하는 일이 뭐지?
- 두려움의 정도를 0에서 10까지 점수를 주고 내 두려움이 변하는 과정을 가늠해 보자.

- 겁이 나고 두려움이 생길 거라 알고 있었잖아.
- 두려움을 완전히 없애려고 하지 말자. 그저 내가 관리할 수 있는 정도로만 만들자.
- 내가 할 수 있다는 것을 믿자. 내 두려움에 대해 논리적으로 설명할 수 있다.
- 곧 끝날 것이다.
- 최악의 상황은 아니다.
- 다른 것에 대해 생각해 보자.
- 두려움에 대한 생각을 하지 않도록 뭔가 다른 일을 하자.
- 주변을 둘러보고 자세히 살펴보자. 그러면 더 이상 불안하지 않을 거야.

상황 4. 자기 진술 강화하기

- 됐다. 해낼 수 있었다.
- 친구에게 이야기하자.
- 생각보다 괜찮았어.
- 불안감을 이기고 일을 잘 처리했어.
- 문제는 내 생각이었어. 내 생각을 통제하기 시작하니까 두려움이나 불안감도 통제가 되었어.
- 앞으로도 이런 과정을 몇 번 더 겪고 나면 더욱 좋아질 거야.
- 오늘 해낸 성과로도 정말 기분이 좋아.
- 내가 해냈어!

상황을 헤쳐 나가는 것으로, 상황이 실제로 벌어지는 가운데 사용하는 진술들이다. 이러한 자기 진술들은 자신의 무능력 등에 대한 관심보다는 해결할 과제에 신경을 집중시키는 내용이다. 세 번째 단계는 실천을 도와주는 자기 진술들이 포함되어 있다. 마음속으로 이러한 이야기들을 되풀이하는 것은 문제 상황에 직면했을 때 불안감을 통제하는 데도 도움이 된다. 네 번째 단계는 강화 진술로서, 스트레스 상황을 성공적으로 처리한 스스로에게 주는 보상의 말들이다. 과거 같았으면 자포자기하고 말았을 상황을 잘 처리한 자신을 격려해주는 것은 중요하다. 현재의 성공에 적절한 보상을 준다면 앞으로 포기하거나 힘들어할 확률은 점차 줄어들 것이다.

표에서 보여준 자기 진술들은 예문일 뿐이다. 이제 당장 여러분의 각자 경우에 따른 자기 진술을 써보기로 한다. 당면한 일에 정신을 집중하려면 어떤 말을 해줘야 도움이 될지는 본인이 가장 잘 알고 있다. 아래와 같이 네 가지 상황으로 묶고, 각각 네 문장 이상의 진술을 써보도록 하자.

• 스트레스를 줄이기 위한 나의 자기 진술 •

상황 1. 스트레스 상황에 대한 준비

상황 2. 스트레스 상황에서 헤쳐 나가기

상황 3. 당황스러운 감정에 대해 대처하기

상황 4. 자기 진술 강화하기

자, 이제는 각 범주의 자기 진술을 완전히 외울 때까지 읽어보도록 하자. 위의 자기 진술을 일주일 동안 암기한 다음 각 문장의 감정적인 의미에 대해 느껴보는 것이다. 목표는 위 문장들을 완전히 암기해서 이후에 생기는 어떤 상황에서도 40퍼센트의 주의력을 할애해 마음속으로 암송하는 것이다.

일단 모두 암기하고 나면 그 어떤 스트레스 상황에 처해도 자동적으로 위 문장들을 떠올릴 수 있을 것이다. 문제 상대에게 자기주장을 할 계획이라면 상황 1의 자기 진술(준비)을 연습하는 것으로 대면을 준비하자. 그리고 실제로 문제 상대를 만나는 상황에서는 마음속으로 상황 2의 자기 진술을(대면) 읊조려보자. 상황 3의 자기진술(대처)은 말을 하기 직전과 하는 도중에 사용해 보자. 자기주장이 완전히 끝난 다음에는 상황 4(강화)에서 자기 보상 진술을 사용하도록 하자.

주기적으로 자기 진술 목록을 새롭게 손보는 것도 좋은 생각이다. 새로운 진술들을 더하거나 낡은 것은 빼는 것이다. 자주 사용하려면 자기 진술을 조그만 카드에 적어 지갑이나 핸드백 등에 넣어가지고 다니기를 권한다. 목록을 사용할 때는 융통성을 발휘하는 것을 잊어서는 안 된다. 경우에 맞지 않는 문장은 과감하게 빼야 하고, 특별한 의미가 있거나 강조해야 할 게 아니라면 실제 입 밖으로 꺼내지 않게 주의해야 한다. 또 훌륭한 배우들처럼 수백 번 같은 대사를 암송하더라도 매번 깊은 감정을 유지하는 데 신경 써야 한다.

긴장 이완을 위한 명상

하버드 대학의 허버트 벤슨에 의해 개발된 '호흡을 위한 1자 명상 Respiratory One Meditation(ROM)'은 마음속에 원하지 않는 생각들을 없앨 수 있는 또 다른 쉬운 방법이다. 호흡을 할 때마다 숫자 '1'을 생각하기만 하면 되는 것이다. '1'이라는 것 외에는 다른 어떤 것도 생각하지 않는 것이다. 우선 1분에 8~10번 정도 천천히 호흡하는 연습을 하면 점차 마음이 안정되고 긴장이 풀리는 것을 느낄 것이다. 매일 하루 20분간 ROM 명상을 하면 몸의 긴장을 풀 수 있다.

천천히 호흡을 해야 하는 이유는 무엇일까? 가슴을 이용해서 너무 빨리 호흡을 하게 되면 몸 안으로 드나드는 공기의 양을 증가시킨다. '오버브리딩(공기공급 속도의 부족)'은 혈액 내에 이산화탄소를 증가시켜 몸속에 화학작용을 일으켜 뇌로 이어진 혈액 경로를 차단하기도 한다. 급격히 정신이 아득해지고 비정상적인 사고를 일으킬 수 있으며, 급기야 공황증을 일으키거나 자기 통제력을 잃게 되는 결과를 낳게 된다.

ASSERTING YOURSELF

4

나만의 캐릭터를
살리기 위한 실전연습

용기는 지난 행위에서 나오는 것이다 _에머슨

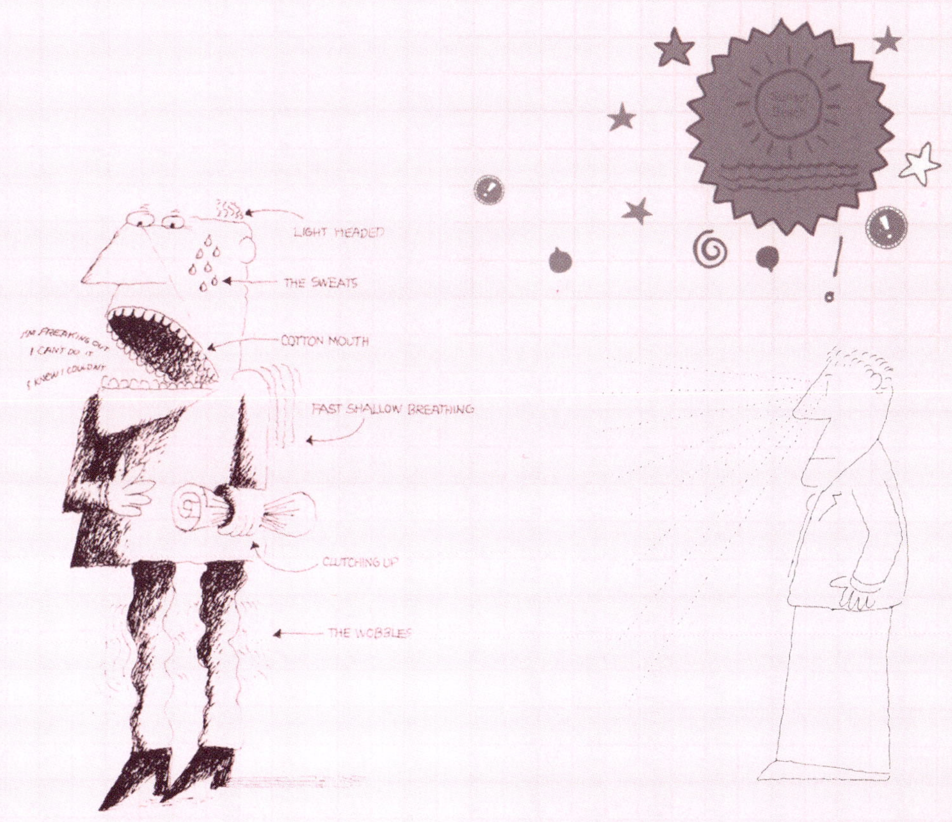

이번 장에서는 작은 문제를 다뤄보면서 자기주장의 성공을 경험해볼 것이다. 이런 간단한 연습은 재미있고 즐거우며, 기본적인 자기주장을 돕는다. 각각의 연습을 소개한 뒤 여러분의 경험을 기록할 공간을 마련했다. 또한 다른 사람들이 이 연습을 어떻게 해냈는지 보여줄 실제 예들도 포함되어 있다. 하루에 한 가지씩 연습해 보도록 하라. 이 새롭고 긍정적인 행동이 스스로를 어떻게 변화시켜주는지 곧 깨닫게 될 것이다. 그리고 점차적으로 강도 높게 자기주장적인 행동을 키워가는 자신을 발견할 수 있을 것이다.

자기주장의 행동 기록하기

매일의 발달 상황을 확인해 보기 위해서는 업무일지와 같은 기록이 도움이 된다. 하루 종일 자기주장 연습을 했던 시간, 실제 상황에서 자기주장을 폈던 것, 자기주장을 펴야 할 때를 놓치고 당혹해했던 순간에 대해서도 기록해 두면 유용하다. 이러한 일지를 기록하기에 가장 적당한 때는 하루 일과를 마치고 난 마지막 시간이 좋겠다. 다음과 같은 주간 메모지나 일일 메모지를 사용하면 된다.

· 자기주장 작업 일지 ·

날짜(또는 주) ________________________________

배경(때와 장소)	문제 상황(누가, 무엇을, 누구에게 말했나?)	나의 반응 (말과 행동)	무슨 일이 있었나? (내 행동에 대해 어떻게 느꼈나?)

반드시 위의 형태와 똑같지 않아도 상관없다. 중요한 건 문제 상황에 대한 간략한 설명과 배경 그리고 본인이 노력했던 내용과 결과, 즉 다른 사람과의 관계에서 무슨 일이 벌어졌고 자신은 무슨 감정을 느꼈는지를 기록할 공간만 확보되면 된다. 자기주장을 하는 데 실패했다면 가장 적절하고 효과적인 자기주장 표현은 어떤 것이었을지를 스스로 생각해 보고 그 모범답안을 실제 반응 밑에 적어두어야 한다.

이러한 일지는 몇 가지 기능을 할 수 있다. 첫째, 매일 자기주장 연습을 해야 한다는 사실을 스스로에게 주지시킨다(매일의 실천을 기록해야 한다는 것을 기억하라). 일지를 적으면서 다시 한 번 자기주장 행동을 되살려볼 수도 있고, 자기주장 연습이나 실천한 일에 대해 스스로를 칭찬할 수도 있다. 둘째, 자기주장에 실패한 기록은 다음 기회 상황에 적절히 대처하기 위한 준비가 된다. 마지막으로, 일지는 여러분의 자기주장적인 행동 발달의 역사를 보여줄 것이다.

지금부터 시작될 실전연습은 간단한 것부터 조금 어려운 것까지 다양한 범위를 아우르고 있다. 첫단계는 대부분의 사람들에게 불편함을 일으키지 않는 유형이다. 각각의 실전연습은 여러분에게 작은 규모의 자기주장 행동을 지시하는데, 이미 이 정도의 자기주장 행동을 어려움 없이 할 수 있다면 다음 단계로 넘어가도 좋다. 여기에서의 실전연습들은 기본 체력훈련과 같다고 생각하면 된다. 오늘 시작할 수도 있고, 혼자 또는 친구들과 함께 해도 좋다. 다른 사람과 함께 하는 것은 자기주장 훈련의 긴 여정에 동기 부여가 될 수 있다. 연습의 순서는 아래와 같다.

실전연습 1: 문제 문장의 목록 작성하기

언어는 사람을 괴롭히는 데 다목적으로 사용할 수 있는 무기다. 모욕적인 언사를 직접 사용할 수도 있고, 넌지시 암시하는 말을 하거나 빈정거리는 경우도 있다. 누군가 당신에게 부당한 압력을 행사하거나 사생활을 침해하거나 무례한 행동을 할 경우, 건방진 말투나 판에 박은 문구 또는 관용구로 시작되는 언사들을 사용하여 예고편을 보낸다. 자기주장을 시작할 때 여러분은 이러한 문제 상황의 신호들을 알아차리고 자신을 방어하기 위한 자기주장적인 대구를 배워야 한다. 그러나 이러한 자기주장적인 대답은 화를 내거나 공격적

으로 하는 것이 아니다. 오히려 차분한 반응을 보임으로써 더 이상
의 문제 상황을 용납하지 않겠다는 의지를 보이는 것이다.

제안 많은 문제 상황에 많은 말들이 있겠지만, 다음은 그 중에서 가
장 일반적이고 평범한 문제 상황에 대한 말들이다. 오른쪽 란에 여
러분이 생각하는 가장 좋은 자기주장의 대꾸를 적어보도록 하라. 앞
으로 이와 같은 말을 듣게 된다면 어떻게 말할 것인지 적어보는 것
이다. 그 아래에 제시해 놓은 예상 답안은 우리가 제안하는 일반적
인 접근방법을 총괄한 것이다. 책에서 제시하고 있는 예상 답안과
여러분 자신의 답안을 비교해 보면서 어떤 것이 더욱 자기주장적인
표현인지 판단해 보라. 이 실전 연습은 여러분이 직접 겪었던 문제
상황에서 사용되는 말들을 더 적어 넣고 그 대답을 써보는 것으로
확장해볼 수 있다.

사례

문제 상대의 행동	문제 문장	나의 자기주장 응답
소소한 일로 잔소리를 퍼붓고 있다.	"아직 이것도 안 했니?"	
동정을 탐색하고 있다.	"이런 말 물어보면 안 될 지도 모르지만 말이야."	
일장연설을 늘어놓고 있다. 극단적인 낙천주의자 스타일이다.	"좀 더 협조적으로 나가야 해. 긴장할 일이 없어지게 말이지."	

사회적으로 매장하기로 결심하고 있다.	"화요일에 바쁘니?"
나의 선택이 무가치하다는 투의 의문을 제기한다.	"이 코스가 네 일과 관련이 있다고 생각하니?"
원하지도 않은 충고를 하고 있다.	"내가 너라면 말이야."
나의 의견을 묵살한다.	"저 여자야말로 너하고 딱이다."
나의 행동에 대해 무례한 표현으로 비판한다.	"바보같이 그게 뭐니?"
아마추어적 분석으로 예상하고, 그것을 바탕으로 이야기한다.	"너한테는 너무 어려운 일일 거야. 넌 수줍음이 많잖아."

문제 상대의 행동	문제 문장	모범 자기주장 응답
소소한 일로 잔소리를 퍼붓고 있다.	"아직 이것도 안 했니?"	"네. 언제 이 일을 하라고 했나요?" (변명의 여지 없는 분명한 태도로 대답하고, 다시 질문으로 응대한다.)
동정을 탐색하고 있다.	"이런 말 물어보면 안 될지도 모르지만 말이야."	"물어보면 안 되는 거냐고 묻는 거라면, 그렇다고 말해줄게." (상대를 기쁘게 해주기 위해 스스로를 불편한 상황에 둘 생각이 없음을 정확하게 알려주는 것이다.)
일장연설을 늘어놓고	"좀 더 협조적으로 나가	"어떻게 더 협조적일 수 있

있다. 극단적인 낙천주의자 스타일이다.	야 해. 그래야 긴장하지 않을 거야.”	죠?”(강요된 행동에 대한 구체적인 예를 되묻는다.)
사회적으로 매장하기로 결심하고 있다.	“화요일에 바쁘니?”	“무슨 뜻이지?”(질문에는 질문으로 응대한다.)
나의 선택이 무가치하다는 투의 의문을 제기한다.	“이 코스가 네 일과 관련이 있다고 생각하니?”	“나한테 상관 있는 일이니까 일에도 관계가 있지.” (개인적인 결정을 내릴 권리가 본인에게 있다는 것을 강조한다.)
원하지도 않은 충고를 하고 있다.	“내가 너라면 말이야.”	“하지만 넌 내가 아니잖아!’ (‘~라면’으로 시작되는 충고는 단호한 거부로 잘라낸다.)
나의 의견을 묵살한다.	“저 여자야말로 너하고 딱이다.”	“여자가 저 여자 한 명뿐이겠어?”(동의하지 않으면서 자기주장을 펼친다.)
나의 행동에 대해 무례한 표현으로 비판한다.	“바보같이 그게 뭐니?”	“내 행동이 어떤지에 대해서는 내가 알아서 판단할게.”(상대의 평가를 거부한다.)
아마추어적 분석으로 예상하고, 그것을 바탕으로 이야기한다.	“너한테는 너무 어려운 일일 거야. 넌 수줍음이 많잖아.”	“내가 수줍음이 많다는 건 어떤 모습을 보고 내린 결론이지?”(분석에 대한 구체적인 설명을 요구한다.) “뭐 너 나름대로 의견을 낼 수도 있겠지. 하지만 이 일은 해낼 수 있어.”(스스로의 능력에 대해 자신감이 있다는 것을 분명하게 지적한다.)

문제 문장   **자기주장적인 대답**

______________________   ______________________

______________________   ______________________

______________________   ______________________

______________________   ______________________

______________________   ______________________

______________________   ______________________

주머니나 손가방에 넣고 다닐 수 있도록 조그만 카드 묶음을 이용해서 스스로에게 또는 남에게 해줄 문제 문장을 기록해 놓아도 좋다. 일주일 동안 몇몇 문제 상황을 만나게 될 것이다. 각 상황에 어울리는 자기주장적인 응답(절대로 공격적인 것이 아님)을 생각해 내지 못하겠거든, 다른 사람에게 도움을 구하라. 이런 방법은 아이들이 긍정적인 방법으로 자기주장을 하도록 지도하려는 부모들에게 효과가 있을 것이다.

실전연습 2 : 적극적으로 관찰하기

우리는 흔히 사람들을 정확히 보고 있다고 생각하지만 사실은 거의 그렇지 않다. 예를 들면, 사람이 많은 장소에 들어설 때 한 사람에게 눈길이 간다. ('내가 아는 사람인가? 말을 건네야 하는 걸까?') 그러고 나서 대화를 해야 할 분명한 이유가 없는 상대라면 제대로 보지 않게 된다. 물론 모르는 사람을 괜히 뚫어져라 쳐다볼 필요는 없다. 그런 일은 대부분 사람들을 언짢게 만든다. 하지만 두 극단의 중간지대가 있다. 이번 실전연습인 '적극적으로 관찰하기'를 할 때 여러분은 눈으로 3~5초간의 스냅사진을 연속 촬영하되 기분 좋은 표정으로 상대방 얼굴의 한 부분에 초점을 맞추어야 한다.

제안 실전연습의 결과에 대해 이야기를 나눌 수 있는 친구와 함께 식당으로 가보자. 좌석을 안내받기 위해 기다리는 동안 또는 앉을 자리를 찾아 걸어가는 동안 의도적으로 즐거운 표정을 지어 보이면서 한두 사람에게 시선을 주었을 때 나타난 현상과 느낌에 주목하자. 그리고 관찰한 것을 친구와 함께 이야기해 보자. 원한다면 다른 장소(동물원이나 공원)도 가능하다. 또는 혼자서 해볼 수도 있겠다.

위의 방법에 조금 변화를 주어 활용할 수 있는 것은, 쾌활한 표정과 미소를 짓도록 노력하는 것이다. 이런 연습은 자신의 얼굴 표정이 다른 사람들에게 어떤 영향을 주는지 알 수 있게 해준다. 즐거워 보이는 표정을 짓는 것이 어색할까 걱정하지는 말라. 이것은 여러분의 외모나 미소 짓는 행동이 스스로에게 어떤 느낌이 들게 하는지 그리고 다른 사람에게 어떤 반응을 이끌어내는지 관찰하기 위한 실험이기 때문이다. 실험을 해본 사람들은 대개 이 간단한 연습만으로도 기분이 좋아지곤 한다.

사례 여기 해티라는 한 여성이 점심시간에 적극적인 관찰하기를 하고 기록한 자료가 있다.

1. 상대의 외모는?

   단정한 갈색 고수머리. 서른 살쯤 된 것 같고, 183센티미터 키에 84 킬로그램 정도로 보인다.

2. 입고 있는 옷은?

   옅은 갈색의 격자무늬 스포츠 코트에 노란색 스포츠 셔츠 그리고 넥타이는 매지 않고 있다. 진한 갈색 바지에 광택 없는 구두를 신었다.

3. 상대를 바라볼 때 또는 반대로 상대의 시선을 받을 때 느꼈던 감정과 연관된 육체적인 반응은 무엇이었는가? 아래 예 중에서 골라보자.

   ____ 긴장하여 "속이 울렁거리다."   √ 얼굴을 붉히다

   ____ 현기증   ____ 입 마름

   ____ 피로감   ____ 심장 박동 증가

   ____ 땀   √ 얼얼한 감각

   ____ 주눅   ____ 힘이 빠진 무릎

   ____ 그 외 다른 증상(아래에 적으시오.)

   ____

   ____

4. 시선을 받고 있다는 것을 알아차린 상대는 어떤 행동을 했는가?

   순간 시선을 돌렸지만 곧 다시 나에게 시선을 주고 미소를 지어 주었다.

5. 상대가 시선을 되받아주었을 때 어떤 행동을 했는가?

   계속 시선을 주면서 나도 역시 미소를 지었다. 그리고 몸을 돌려 자리를 떠났다. 기분이 좋았고, 상대 역시 마찬가지 기분이었을 거라 생각한다.

1. 상대의 외모는?

____

2. 입고 있는 옷은?

____

3. 상대를 바라볼 때 또는 반대로 상대의 시선을 받을 때 느꼈던 감정과
   연관된 육체적인 반응은 무엇이었는가? 아래 예 중에서 골라보자.

　　___ 긴장하여 "속이 울렁거리다."　　　___ 얼굴을 붉히다

　　___ 현기증　　　　　　　　　　　　___ 입 마름

　　___ 피로감　　　　　　　　　　　　___ 심장 박동 증가

　　___ 땀　　　　　　　　　　　　　　___ 얼얼한 감각

　　___ 주눅　　　　　　　　　　　　　___ 힘이 빠진 무릎

　　___ 그 외 다른 증상(아래에 적으시오.)

____

4. 시선을 받고 있다는 것을 알아차린 상대는 어떤 행동을 했는가?

____

5. 상대가 시선을 되받아주었을 때 어떤 행동을 했는가?

____

6. 사람들의 시선을 피하거나 앞으로 나서기를 피한 적이 있는가? 사람
   들과 눈 마주치는 것을 피하는 편인지 아닌지 스스로를 돌아보자.

____

7. 즐거운 모습으로 행동하는 게 어떤 변화를 일으켰는가?

____

실전연습 3. 인사말 건네기

우리는 대개 친절하고 친근한 모습을 좋아하면서도 사람들에게 아는 척하기를 피하곤 한다. 그 이유는 공연히 간섭꾼으로 인식되어 거절당할까 하는 마음 때문이다. 사람들이 모인 곳에서 적절한 인사말을 건네며 아는 척을 하면 어떤 일이 일어나는지 알아보자. 물론 이때도 대화를 건네기 전에 환한 미소 짓기를 잊어서는 안 된다.

제안 버스정류장이나 슈퍼마켓 또는 영화관에서 줄서는 동안 옆에 있는 사람에게 대화를 시도해 본다. 아래 제시하고 있는 대화의 서두 중 하나를 골라 사용하자.

- 질문을 할 만한 물건을 찾아보자.

  "그 물건은 써본 적이 없는데. 써보시니깐 어때요? 추천할 만한가요?" 아니면 "아티초크(솜엉겅퀴)를 사셨네요. 그건 어떻게 요리하는 건가요?"

- 일반적인 경험에 대한 이야기를 한다.

  "이 물건은 지난달보다 10센트나 가격이 올랐네요. 지금의 인플레이션이 언제까지 계속될까요?" 아니면 "정말 줄이 길기도 하네요. 다음에 올 때는 베개를 갖고 와야겠어요."

- 주변 사람들이나 장소의 독특함이나 청결함 또는 실력 등에 대한 긍정적인 기분을 표현하자.

  "정말 아름다운 가게네요!" "쇼핑하기 참 좋은 곳이죠? 점원들이 정

말 친절하거든요." "오늘 날씨 정말 멋지네요. 등산이라도 하고 싶

은 날이에요."

사례 피터는 평소 자주 가는 식료품점에 가서 인사말 실전연습을 해

보았다.

　1. 어디서 인사말을 했는가?

　　청과코너에서.

　2. 누구와?

　　뒤에 있던 여자와.

　3. 뭐라고 말했는가?

　　"장바구니에 꽃상추가 있네요. 어떻게 요리하는지 궁금했어요. 특

　　별히 요리하시는 방법이 있나요?"

　4. 상대는 뭐라고 말했나?

　　전채요리인 차가운 새우를 담는 '배' 모양의 그릇으로 사용한다고

　　기분 좋은 얼굴로 대답해 주었다.

　5. 인사말을 하기 위해 어떤 행동을 했나? 이런 자신의 행동에 대해 어

　　떻게 생각하는가?

　　살짝 부끄러웠다. 하지만 나중에는 정말로 궁금해졌다. 처음에는 긴장했

　　지만 상대 여자가 나의 질문에 따뜻하게 응대해 주자 매우 안심되었다.

1. 어디서 인사말을 했는가?

____

2. 누구와?

____

3. 뭐라고 말했는가?

____

____

4. 상대는 뭐라고 말했는가?

____

____

____

5. 인사말을 하기 위해 어떤 행동을 했나? 이런 자신의 행동에 대해 어
   떻게 생각하는가?

____

____

실전연습 4 : 진정한 칭찬의 말 주고받기

누군가를 기쁘게 해주고 싶다면, 당신과의 관계를 매우 소중하게 생
각하고 있으며 좋은 관계가 계속되기를 바란다는 사실을 전해 주어
야 한다. 보상으로 가장 좋은 방법 중의 하나가 바로 칭찬이기 때문

이다. 그런데 불행하게도 이런 진심어린 칭찬을 해준 상대를 무안하게 만들어 다시는 칭찬할 마음이 생기지 않게 하는 경우가 있다. 잘못된 겸손은 칭찬을 부인하는 것으로, 결국 자기도 모르게 칭찬한 상대를 형편없는 사람으로 만들고 그의 판단을 무시하는 결과를 낳게 된다.

이번 연습을 통해 진심어린 칭찬을 기꺼이 받아들이고 칭찬해준 상대에게 감사의 마음으로 보답하는 방법을 익힐 수 있을 것이다. 자기가 생각해도 맞는 말이라고 생각되는 칭찬에는 서슴없이 "알아주시니 참 고맙습니다."라고 말하고, 혹 칭찬이 과하다고 생각되는 경우에는 대답을 조금 순화시키면 된다. 하지만 이 경우에도 중요한 것은 상대에게 감사를 전하는 것이다.

때로 칭찬에 서툰 사람들은 무심히 '양날의 칭찬'을 한다. 이것은 칭찬을 하는 사람이나 듣는 사람 모두를 무색하게 만드는 말들이다. 예를 들어 "케이크 맛있네요. 제과점에서 사신 거죠?" "속눈썹이 아름답네요. 인조눈썹이죠?" "머리가 근사하네요. 가발이죠?"와 같은 말일 것이다. 칭찬 뒤에 덧붙인 질문들이 당신의 칭찬을 모두 망쳐버렸다. 이런 양날을 지닌 칭찬은 피하도록 하라. 진심어린 칭찬을 주고받는 법을 배우게 되면 주변 사람들에게 자신의 따뜻한 마음을 보여줄 수 있다.

제안 자주 만나는 사람 중에 한 명을 골라 칭찬하도록 하자. 진지하고 정성어린 말투로 진심에서 우러나온 칭찬을 하도록 하자. 말 속에 '양날의 칼'을 담지 않도록 하자.

 알은 긍정적인 감정을 표현하는 법을 배우기를 원했다. 그래서 연습할 기회를 찾고 있었다.

나의 칭찬

"그 따뜻한 느낌의 황토색이 정말 잘 어울리네요."

즉석요리 코너의 요리사에게 "근방에서 먹어본 타코 중 제일 맛있어요."

상대의 대답

"고마워요. 제가 이런 색을 너무 좋아해요."

"열심히 노력하고 있습니다." (나의 대꾸 "그러신 줄 알고 있어요.")

상대의 칭찬

"정말 근사하네요."

"일을 많이 했네요."

나의 대답

"고마워요. 나도 그렇게 생각해요."

평소라면 "아직 멀었어요."라고 대답했겠지만 대신 이렇게 말했다. "고맙습니다! 일하는 게 즐거워요!"

• 나의 칭찬 주고받기 기록 •

나의 칭찬

____

____

____

____

____

상대의 대답

____

____

____

____

____

<table>
<tr><td style="color:#a33">**상대의 칭찬**</td><td style="color:#a33">**나의 대답**</td></tr>
</table>

상대의 칭찬	나의 대답

실전연습 5 : 분명한 해명 요구하기

때때로 나에 대한 누군가의 말을 어떻게 받아들여야 할지 애매한 경우가 있다. 무슨 의미인지 정확치 않으며 언짢은 느낌을 주는 상황을 의미한다. 이번 연습을 통해서는 그런 애매모호한 표현들에 대해 분명히 설명해 달라고 요구하는 것을 익힌다. 놀랍게도 많은 문제 상대들은 공격적인 말을 넌지시 암시로 던지곤 하지만 무슨 의미로 한 말인지 말해달라는 요구를 받으면 당황해하곤 한다.

신뢰 있는 비판을 받아들이는 것은 당사자에게 도움이 되지만 상대에 대해 잘 알지 못하거나 충분한 근거도 없이 비판하는 경우가 의외로 많다. 분명하게 설명해 달라고 요청하는 것은 상대가 어떤 의미로 말한 것인지를 알기 위해서지만 그 말이 가치 있는 의견인지 아닌지 결정하는 것을 도와주기도 한다. 자기주장적인 사람들은 적절한 비판인 경우 기꺼이 그 비판을 수용하여 스스로의 행동을 바꿀 수 있다.

 기분을 상하게 하는 애매모호하고 부정적인 말들의 목록을 작성하라. 그리고 상대에게 분명하게 설명해 달라고 요구하는 말을 구체적으로 적어보자. 그 다음 요구하는 말을 소리 내어 연습해 보자. 자신이 말하는 목소리를 잘 들어보라. 마음속으로만 생각하면 실제 상황에서 말하지 못할 수도 있으므로 반드시 소리 내어 연습하라.

 헬렌은 수많은 트집과 비난에 대해 분명한 의도를 알지 못한 채 늘 꾹 참아왔다. 이런 불안감을 없애고 중요한 정보를 얻기 위해 이제 그녀는 분명한 설명을 요구하는 기술을 익히려 한다.

상대의 부정적인 말들	설명을 요구하는 나의 말들
"지나치게 자기방어적이군요."	"무슨 뜻으로 '자기 방어적이다' 라고 말했는지 잘 모르겠어요. 내가 어떤 '자기방어적인' 행동을 했다는 말인가요?"
"간이 콩알 만한 게 분명해요."	"간이 콩알 만하다니, 무슨 뜻으로 하신 말씀이죠?"
"바늘을 몽둥이로 쓸 사람이군요."	"어려운 말은 아니지만 무슨 뜻으로 하신 말씀인지요? 제가 어떻게 '바늘을 몽둥이로' 사용한다는 말씀이시죠?"

· 해명을 요구하는 말들 ·

상대의 부정적인 말들	설명을 요구하는 나의 말들

_______________________   _______________________

_______________________   _______________________

_______________________   _______________________

_______________________   _______________________

_______________________   _______________________

실전연습 6 : 부탁하기

일이 지나치게 많아서 다른 사람에게 부탁을 해야 한다고 느끼는
가? 혹시 부탁을 할 때 꺼림칙한 마음이 들거나 염려되거나 화가 나
는가? 지나치게 일이 많다고 느꼈을 때 다른 사람에게 도움을 요청
하는 것은 중요한 자기주장적인 행동이다. 그런 요청을 하려면 상대
가 응할 만한 도움이 무엇인지 먼저 생각해 봐야 한다.

제안 자신도 모르는 사이에 많아진 일들은 어떤 것인가. 그 일들을
다른 직원이나 가족 구성원들이 해도 문제가 없다면, 왜 하필 본인
이 해야 하는가? 각각의 일에 소요되는 시간을 가늠하여 표를 만들
어보고, 자신에게 주어질 여유 시간에는 무엇을 할 생각인지 적어
보자. 그리고 각각의 일을 쉽게 도와줄 수 있는 사람을 정해서 부탁
의 말을 적어보자. 확실히 말로 소리 내어 연습해야 한다. 그리고
상대가 부탁을 들어줄 기분 좋은 때가 언제인지를 생각해서 요청해
보자.

146

사례 직장에 다니는 주부인 에밀리는 너무나 일이 많아 지쳐버린 상태다. 자기주장적인 방법으로 도움을 요청하기로 결정했다.

• 도움을 요청하기 위한 일정표 •

가족에게 해달라고 요청할 일들	소요 시간	여유 시간 사용 계획
저녁상 차리고, 빵과 물 갖다 놓기	10분	저녁식사 후 35분간 긴장 이완을 위한 녹음테이프를 듣고 매일 밤 나머지 15분간 편안히 누워 있겠다. 그럼 전체 50분을 다 사용하게 된다.
저녁식사 후 설거지하기	20분	
식기세척기에서 그릇 꺼내 정리하기	10분	
아침상 차리기	10분	
다른 사람에게 부탁하고 남을 시간	50분	

● 일을 부탁할 때 할 말은?

제인, 저녁식사 시간에 할 일이 너무 많아서 식구들이 모두 도와주었으면 한단다. 여기 도와주었으면 하는 일들을 적어놓았어. 매일 밤 이것들 중에 하나를 골라서 해줄 수 있겠니?(정말 제인 앞에서 말하는 것처럼 실감나게 몇 번이나 반복해서 위의 말들을 연습했다.)

● 언제 말해야 상대가 대답을 선뜻 해줄까?

제인은 십대 소녀로, 토요일 오후에 기분이 가장 좋다. 너무 바빠서 제대로 생각할 수도 없는 때를 피해 꼭 이야기해야겠다.

• 도움 요청하기에 대한 기록 •

도움을 요청할 일들   소요 시간   여유 시간 활용 계획

_______________________   __________   ___________________________

_______________________   __________   ___________________________

_______________________   __________   ___________________________

_______________________   __________   ___________________________

_______________________   __________   ___________________________

_______________________   __________   ___________________________

누구에게 부탁할 것인가?   어떤 일을?   뭐라고 말할 것인가?

_______________________   __________   ___________________________

____

____

____

부탁하기에 가장 적절한 때는 언제인가?

____

____

____

____

____

____

____

실전연습 7 : 당연한 나의 권리 주장하기

공공장소에서 자기주장을 표현하는 것이 두려워 불편부당한 대우를 감내한 적이 있었는가? 트집쟁이에 문제만 일으키는 사람이라고 평가될까 봐 두려웠는가? 사람들이 못마땅한 시선으로 바라볼까 봐 걱정되었는가? 이번 실전연습은 공공장소에서 자기주장을 하지 못하게 만드는 과도한 억압기제를 극복하게 해줄 것이다.

제안 공공장소에서 겪었던 부당한 대우의 예를 기록하라. 누군가가 당신을 밀쳤거나, 발을 밟았거나, 무작정 기다리라고 했거나, 내 일이 아닌 성가신 일을 하라고 요구받았을 수도 있다. 이런 좋지 않았던 기억들을 떠올리고 각각의 경우에 어울리는 자기주장적인 대응을 적어보자. 거울을 보고 그 내용을 소리 내어 말해 보자.

사례 줄리는 심하게 부당하지 않은 일에도 화가 나는 자신의 성격에 대해 고민해 왔다. 그래서 그런 일들을 다 적어놓고 다른 사람들과 이야기를 나누었다. 결국 자신이 쩨쩨하고 속 좁은 사람이 아니며 그런 문제들에 대해 얼마든지 자기 생각을 표현할 권리가 있음을 깨달았다.

· 공공장소에서의 부당한 일에 대해 할 수 있는 대답 ·

- 줄을 서서 기다리고 있는데 누군가 새치기를 해서 내 앞으로 끼어 들었다.

제가 먼저 왔으니까 먼저 일을 봐야겠습니다.

● 야구 경기장에서 경기를 관전하고 있는데 다른 경기를 들으려는 옆 사람이 라디오 볼륨을 크게 높였다.

라디오 볼륨을 좀 줄여 주세요. 경기를 보는 데 방해가 되네요.

● 자전거 수리공이 새로 들여온 자전거를 차에서 내려야 하기 때문에 내 일을 봐주기 힘들다고 하면서 "가서 쇼핑이나 하다가 한 시간쯤 뒤에 오세요."라고 말했다(자전거를 내리는 일을 하는 사람은 그를 포함해서 4명이나 되었다).

쇼핑할 일이 없어요. 그리고 전 지금 다 고쳐진 자전거를 갖고 가야 해요. 부탁합니다.

● 작은 종기가 나서 제거 수술을 받았다. 간단한 외과 수술을 받은 나는 제거한 조직이 담긴 플라스틱 컵을 갖고 접수대로 가서 줄을 서서 기다리다가 실험실에 제출하고 오라는 말을 들었다. 하지만 치료를 받고 몸도 안 좋은 내가 이런 일을 해야 한다는 것이 부당하다는 생각이 들었다.

수술을 받아서 몸이 안 좋네요. 치료를 받은 환자가 이런 일을 해야 하나요? 이 컵은 여기 그냥 놓고 가겠습니다.

· 공공장소에서의 부당한 일에 대한 자기주장적인 대응의 기록 ·

내가 겪었던 공공장소에서의 부당한 대우

____

____

____

____

____

____

____

____

실전연습 8: 대화에 참여하기

다른 사람들과 대화를 나누는 일이 어려운가? 모두들 편안하게 대화를 나누는 중에도 불편한 침묵만을 지키고 앉아 있었는가? 다음의 실전연습은 의사소통을 더욱 쉽게 만들어줄 것이다.

제안 대화를 스스로 이끌어 나갈 수 있는 방법을 찾아보자. 자신의 경험이나 생각을 말할 준비를 사전에 철저하게 해놓는 것이다.

활동1 자신의 경험에 대해 말하기

지난 일주일간 또는 한 달, 아니면 지금까지 살아오면서 가장 재미있었던(또는 가장 슬프거나 중요한) 일이 무엇이었는지 생각하라. 그 이야기를 차 안이나 침실 등 다른 사람이 없는 곳에서 본인 스스로에게 소리 내어 들려주는 연습을 해본다. 목소리와 표정 그리고 손짓을 써서 이야기의 재미(또는 다른 느낌)를 최대한 살리도록 하라. 자기 이야기를 녹음기에 녹음해 봐도 좋다. 표정과 몸짓 등을 확인하기 위해서 거울을 사용하도록 하라. 스스로에게 들려주기가 어느 정도 익숙해지면 친한 친구에게 이야기를 해보도록 하라. 처음에는 한 명을 상대로 이야기하는 것이 좋다. 그 다음에는 어울려 다니는 사람들에게 이야기할 방법을 찾아라. 함께 모여 대화하다가 잠시 화제가 끊겼을 때 이야기를 꺼내보는 것이다. 다음과 같은 말로 이야기를 꺼낼 수도 있다. "어젯밤에 몇 년 동안 잊고 있었던 일이 갑자기 생각이 났어. 그게 뭐냐면……" 하는 식으로 이야기를 이끌어 나가는 것이다.

사례 테드는 행복했던 때의 이야기를 들려주고 싶었다. 이번 실전연습이 이런 자기의 목표를 달성하는 것을 도와줄 것이라 생각했다.

1. 사람들에게 이야기하고 싶은 경험이 무엇인가?

   나의 첫 번째 성공기.

2. 언제 혼자서 연습할 것인가?

   아침에 면도하면서.

3. 처음에 친구에게 말할 것인가, 아니면 낯선 사람에게?

   아침에 차를 같이 타고 가는 카풀 파트너에게 말할 것이다.

4. 이야기를 처음 꺼낼 때 어떤 말을 할 것인가?

   "사람들은 항상 자신의 실패에 대해서만 생각하는 경향이 있다고 생각해요. 그래서 난 내 성공에 대한 기억들을 되살려 보려고 결심했어요. 어젯밤엔 그 동안 거의 잊고 있었던 내 성공기가 생각났는데요……"

5. 이야기를 해주고 나서 어떤 일이 있었는가? 어떤 기분이 들었는가? 상대는 당신의 이야기에 어떤 반응을 보였는가?

상대도 자신의 성공담을 이야기해 주었다. 우리는 앞으로 일주일에 한 번 정도는 과거에 있었던 일이나 최근에 있었던 성공담 하나에 대해 이야기를 나누기로 결정했다.

• 나의 경험담 •

1. 사람들에게 이야기하고 싶은 경험이 무엇인가?

____

2. 언제 혼자서 연습할 것인가?

____

3. 처음에 친구에게 말할 것인가, 아니면 낯선 사람에게?

____

4. 이야기를 처음 꺼낼 때 어떤 말을 할 것인가?

____

5. 이야기를 해주고 나서 어떤 일이 있었나? 어떤 기분이 들었는가? 상대는 당신의 이야기에 어떤 반응을 보였는가?

 자기 견해 확보하기

사람들과의 대화에 적극적으로 참여하기 위해서는 다양한 정보를 입수하고 그에 대한 자기 의견을 생각해볼 필요가 있다. 시사 문제에 관한 정보를 얻기 위해 주간지나 신문 등을 읽는 습관을 가지도록 하라. 이때 중요한 것은 읽은 내용에 대해 스스로에게 질문을 하고 결론을 찾아내는 연습도 해야 하는 것이다. 직장 동료나 친구들이 시사 문제에 대해 의견을 묻는다면 자신의 생각을 정리해서 말할 수 있어야 하기 때문이다.

사례 지미는 기숙사에서 식사하는 동안 무시당하고 있다는 느낌을 받았다. 그래서 자신의 생각을 정리해서 준비하기로 마음먹었다.

개인적으로 관심 있는 일들

- 프랑스에서 임신한 여성이 병원에서 받는 정기 진료 중 8번의 비용은 정부가 부담하고 있다는 사실
- 학생이 선거에 참여하여 투표하는 비율이 평균 38퍼센트에 불과하다는 사실

내가 내린 결론

- 프랑스 정부는 건강한 영아가 사회적으로 얼마나 중요한 존재인지에 대해 잘 알고 있다고 생각된다.
- 이번 선거에서도 30퍼센트에 불과한 학생들만이 투표에 참여할 것이라고 장담한다.

개인적으로 관심 있는 일들

____

____

____

____

내가 내린 결론

____

____

____

____

위에서 정리한 의견을 직접 말해보는 연습을 통해 적절한 기회에 사람들에게 이야기를 들려준다. 또한 지속적으로 관심 있는 문제들을 목록에 첨가하도록 한다.

실전연습9: '예' 와 '아니오' 를 전하는 몸짓 언어 사용하기

자기주장적인 사람이 되기 위해서는 몸짓 언어가 전하는 메시지에 대해 알아두어야만 한다. 사람들은 흔히 얼굴표정이나 몸짓으로 의심, 놀라움, 의기양양함, 슬픔, 불안, 공포 등의 감정을 나타내는데 이러한 몸짓 언어는 사람들에게 강력한 영향력을 준다. 이번 실전연습은 그러한 막강한 효과에 대해 깨닫고 활용할 수 있도록 도와주는 것이다.

제안 자신의 몸짓 언어를 살펴보기 위해서 평소의 본인을 관찰할 필요가 있다. 또한 자세나 몸짓, 얼굴 표정 그리고 움직이는 모습 등이 말하는 상대에게 어떤 영향을 끼치는지 살펴보아야 한다. 실전연습에 들어가기 전에 아래 제시된 두 가지 활동에 대한 글을 읽도록 하라. 이 활동은 한 사람 또는 각각 다른 사람에게 시도해도 상관없다.

활동1 '예' 라는 몸짓 언어

자신의 몸짓 언어가 상대의 행동에 어떤 영향을 미치는지 알아보기 위해, 먼저 한 사람을 정해서 그의 의견에 적극 동조해 보자. 눈을 마주치고 미소를 짓고 몸을 앞으로 기울여 진지하게 상대의 말을 듣는다. 그리고 "네, 그렇군요." "와, 정말 흥미로운데요." "맞네요." "음, 그래서요?" 등의 동의하는 말을 건네는 것이다. 실험을 하는 동안 자신이 했던 행동과 말을 모두 기록하고 그에 따른 상대의 반응도 기록하자. 한 가지 주의할 점은, 이 실험에서는 두 사람 사이에서 심각하게 다뤄져야 할 중요한 주제이거나 민감한 이야기여서는 안 된다. 또한 상대를 정할 때도, 실험이 끝난 뒤 몸짓 언어에 대한 실험이었다는 것을 밝힐 수 있을 정도의 친근한 사람이어야 한다.

사례

1. 배경을 간단히 설명하라. (언제, 어디서, 누구와?)

남자친구가 나에게 주말에 급류타기를 하러 가자고 말하고 있는 중
이었다.

2. 자신의 몸짓 언어를 설명하라.　상대는 무엇을 하고 있었는가?

그를 똑바로 보았다.	내 눈에서 시선을 떼지 못했다.
고개를 끄덕였다.	점점 신이 나서 열심히 이야기를 했다.
미소 지었다.	이야기하는 내내 미소 지었다.
앞으로 몸을 기울여 앉았다.	그도 몸을 앞으로 기울였고, 내 손을 꼭 잡았다.

3. 작정하고 긍정적인 신호들을 보낸 뒤 어떤 기분이 들었는가?

처음에는 상대를 속이고 있다는 게 마음에 걸렸다. 하지만 곧 남자
친구의 이야기가 정말로 재미있어졌다. 적절한 타이밍에 맞장구를
쳐주며 열심히 이야기를 들어야 했기 때문에 나중에는 정말 이야기
에 열중하게 되었다. 적극적으로 이야기를 들어보니 이렇게 흥미 있
게 남자친구의 이야기를 들은 것이 처음인 것 같다.

• 나의 '네' 라는 몸짓 언어에 대한 경험 기록하기 •

1. 배경을 간단히 설명하라. (언제, 어디서, 누구와?)

____

2. 자신의 몸짓 언어를 설명하라.　상대는 무엇을 하고 있었는가?

3. 일부러 긍정적인 신호들을 보내고 나니 어떤 기분이 들었나?

____

____

 '아니오'라는 몸짓 언어

1. 배경을 간단히 설명하라. (언제, 어디서, 누구와?)

내 남자친구가 다음 주말에 함께 강으로 여행을 가서 급류타기를 하자고 설득하고 있었다. 평소였다면 나를 겁쟁이라고 생각할까 봐 함께 가겠다고 대답했을 것이다. 하지만 이번에는 '아니오'라고 대답하고 싶었기 때문에 얼굴 표정과 몸짓으로 그에게 뜻을 전하려 했다.

2. 자신의 몸짓 언어를 설명하라.　　상대는 무엇을 하고 있었는가?

자신의 몸짓 언어	상대
자주 시선을 다른 곳으로 돌리며 산만하게 굴었고, 손으로 여기저기를 만지작거렸다.	점점 더 큰 목소리로 말하고 있었다.
계속 미소짓고 있었다.	그는 웃지 않았고 화가 난 것처럼 보였다.
고개를 가로저었다.	내가 왜 가야만 하는지 이런저런 이유를 대며 설득했다.
발을 꼼지락거리며(매우 요란하고 부산하게) 고개를 숙이고 앉았다.	마침내 눈치 채고 다음과 같이 말했다. "생각이 없나 보구나."

158

3. 작정하고 부정적인 신호들을 보내고 나니 어떤 기분이 들었나?

처음 실험을 했을 때와는 달리 상대에게 부정적인 신호를 보내야 했기 때문에 마음이 불편했다. 하지만 다음에 다른 사람의 요구를 거절해야 할 때는 더욱 잘할 수 있을 거라는 생각이 든다. 부정적인 몸짓 언어는 확실히 상대를 낙담하게 한다는 점을 깨달았다. 그리고 내가 평소에 가끔씩 입으로는 안 된다고 말하면서도 몸짓으로는 반대의 메시지를 보내는 경우가 있다는 것을 알았다. 내 말과 몸짓 언어가 '네', '아니오'에 대한 일치된 메시지를 보내도록 노력할 필요가 있다. 말과 몸짓 언어가 보조를 맞추지 않을 때면 남자친구는 어떻게 받아들여야 할지 모르겠다고 했다.

4. 상대에게 이번 몸짓 언어 연습에 대해 설명하고 나니 어떤 일이 있었나?

우리는 몸짓 언어가 어떻게 말의 의미를 전달하는지 이야기를 나누었다. 또한 말없이 몸짓 언어만으로도 자신의 의견을 전달할 수 있다는 것도 이야기했다. 우리 둘 사이의 원활한 의사소통을 위해서 상대의 특정한 몸짓이나 얼굴 표정 또는 자세가 무슨 의미인지 분명하지 않을 때는 서슴지 않고 물어보기로 결정했다.

• 나의 '아니오'라는 몸짓 언어에 대한 경험 기록하기 •

1. 배경을 간단히 설명하라. (언제, 어디서, 누구와?)

____

____

2. 자신의 몸짓 언어를 설명하라.

____

____

상대는 무엇을 하고 있었는가?

____

____

3. 일부러 부정적인 신호들을 보내고 나니 어떤 기분이 들었는가?

____

____

4. 상대에게 이번 몸짓 언어 연습에 대해 설명한 뒤에는 어떤 일이 있
   었는가?

____

____

실전연습 10 : 자기변명 생략하기

수동적인 사람들은 종종 자기의 모든 의견이나 말에 대해 일일이 근
거를 제시하려 한다. 정당성을 인정받기 위한 행동이다. 누군가 자
신을 비난하거나 자신의 생각에 의문을 제기하면 장황한 이유를 대
고 변론하는 것은 이런 이유 때문이다. 물론 교육 분야라면 근거를
가지고 설명하는 일은 중요한 실습 방법이 되겠지만 대인관계에서
는 반드시 그럴 필요는 없다.

사람들과 관계를 맺고 이야기를 하는 데는 합당한 근거나 논리만큼 감정이나 기본적인 권리도 중요하다. 우리 모두에게는 불필요한 논쟁을 그만둘 권리도 있고, 나를 괴롭히는 사람으로부터 끊임없이 '왜?'라는 질문 공세를 거부하고 "내 기분이 그러니까."라고 말할 권리가 있다. 자신에 대한 비판이나 문책에 대답하기 위해서는 그저 간단하게 "아니오"라고 할 수도 있는 일이다.

예를 들어 누군가 당신이 너무 민감한 사람이라고 하면 다음과 같이 한마디 해주면 된다. "난 그렇게 생각하지 않아요." "그렇게 느끼는 것도 당신의 자유죠." 어떤 감정에 대해 설명하라는 요구를 받는다면 또 다음과 같이 대답하면 된다. "그냥 그렇게 느낄 뿐이에요. 굳이 근거를 댈 필요는 없잖아요."

제안 당신을 화나게 하고 궁지에 몰아넣는 말들을 찾아보라. 그러고 나서 그런 말을 들었을 경우에 논쟁하지 않고 기분 나쁜 내색도 없이 간단하게 해줄 말을 떠올려 적어보자. 그리고 그 말들이 자신의 입에 붙을 때까지 여러 번 반복해서 말하는 연습을 해보자.

사례

당신을 몰아부치는 말들	자기주장적인 대답
"너무 나서서 잘난 척하는군요!"	"그렇게 볼 수도 있겠군요. 하지만 지금 급한 건 이 일들을 어떻게 나누어 처리할 것이냐죠. 그것에 대해서만 이야기합시다."

내가 의견을 내기만 하면 다음과 같이 말하는 사람이 있다. "그런데 그게 왜 중요하다는 거죠? 그 이야기의 중요성에 대해 이해하지 못하겠어요."

"이 생각이 왜 중요한지에 대해서 생각해본 적이 없네요. 하지만 재미있을 것 같잖아요. 그러니까 한번 이야기해 보자는 거예요."

• 궁지로 몰아부치는 상황의 기록 •

당신을 몰아부치는 말들

자기주장적인 대답

혹 다른 사람의 의견에 대해 근거를 대고 설명하라고 요구해야만 하는 상황이 있었는가? 있었다면 무슨 말을 할 수 있을까?

실전연습 11 : 솔직한 감정 표현 사용하기

내성적인 사람들은 감정을 드러내어 이야기하지 못하는 편이다. 바로 이런 이유 때문에 그들은 따분하고 재미없는 사람으로 평가되고, 누군가를 사귀는 일도 쉽지 않다. 내성적인 사람들은 자신의 감정을 어떻게 나타내야 하는지 모르기 때문에 때때로 '냉담'하고 '건방'지고 '차가운' 사람으로 오인된다. 자기주장적인 사람이 되기 위해서는(수줍음을 타지 않기 위해서는) 자신의 감정을 드러내놓고 표현하는 실전연습이 필요하다. 다음의 연습은 풍부한 표현력을 지닌 재미있는 사람으로 변화될 것이다.

제안 지난 며칠간 남에게는 말하지 못했던 감정적인 일과 느낌을 목록으로 작성하라. 각각의 경우에 자신이 보였던 반응과 연관지어 생각해 보자. 오늘 아침에 일어났을 때 어떤 느낌이었나? 차를 몰고 출근하면서 어떤 생각을 했나? 신문을 읽는 동안은? 영화나 텔레비전 방송을 볼 때는 어떤 생각을 했나?

이제 각각의 느낌과 생각을 나타낼 수 있는 말을 적어보자. 그리고 그 내용을 읽는다. 목소리의 크기나 음색의 높고 낮음 그리고 말하는 속도 등을 조절해서 감정이 잘 표현되도록 노력하자. '쾌활한' 감정이 담긴 음성이 잘 표현되었는지 확인하기 위해 녹음기를 사용하자. 다음 날, 주변 사람들에게 두 번 이상 자신의 느낌이나 생각을 표현하고, 그 다음 날에는 세 번 이상 말해 보자. 이런 식으로 횟수를 늘려서 일주일 이상을 계속하도록 한다. 여러분의 감정이나 생각에 관심을 가질 만한 사람들에게 이야기하라. 그리고 자신의 느낌이나 생각을 말하기에 적절한 때와 장소를 고려해야 한다. 각각의 경우마다 느꼈던 것, 자신이 했던 말, 그 말에 상대가 보인 반응들을 기록한다.

사례 하워드는 자신이 지나치게 과묵한 사람이라고 생각한다. 실제로 언제나 많은 생각을 하지만 말로 표현하지 않는 사람이었다. 이제 그는 자신의 생각이나 느낌을 표현하는 연습을 하기로 했다.

지난 며칠 동안 겪었던 느낌	느낌을 표현한 말
안도	"마침내 소득세를 완납해서 정말 안심이에요." (카풀로 같이 출근하는 사람에게)
배고픔	"맛있는 냄새가 나네. 그 돼지고기 요리, 정말 먹고 싶네." (아내에게)
침울함	"오늘밤은 정말 기분이 별로구나." (아들에게)
낙담	"학교 발표회에 가지 못해서 나도 정말 속상하단다." (딸에게)
흥미진진함과 기대감	"점심식사를 같이 하니까 정말 좋네." (친구에게)

· 감정 표현하기와 그 느낌 기록하기 ·

지난 며칠 동안 겪었던 느낌	느낌을 표현한 말

이번 연습은 마음만 있다면 질릴 때까지 계속 해도 좋다. 친구와 함께 하기에 매우 좋은 연습이다.

5

긍정적 자기 변화를위한 데스크(DESC) 각본

생각 없이 말하는 것은 조준하지 않고 총을 쏘는 것과 같다 _오래된 격언

이번 장에서는 대인관계에서 충돌이나 갈등이 생겼을 때 이 문제를 다루는 새로운 방법에 대해 소개하려 한다. 데스크(DESC) 각본이라는 이 방법을 사용하여 여러분은 갈등을 분석하고, 자신의 욕구와 권리를 파악하고, 갈등과 충돌을 해결할 방법을 제안할 수 있다. 필요하다면 여러분을 힘들게 하는 상대의 행동변화를 이끌어낼 계약에 관해 대상자와 협상할 수도 있다.

긍정적인 변화를 위한 협상

다른 사람과 갈등을 겪게 되었을 때는 세 가지 선택이 가능하다. 상대에게 굴복하거나 싸움을 하거나 아니면 만족스러운 결과에 대한 협상을 하는 것이다. 당신은 이 책을 읽을 정도의 기본을 갖춘 사람이니 아마도 상대에게 맥없이 굴복하거나 자신의 권리나 이해가 상대보다 하찮다고 생각하지는 않을 것이다. 또한 대부분의 사람들처럼 싸움을 즐기지도 않을 것이다. 싸움은 관계를 악화시키고 또 다른 문제를 만들기만 할 뿐 아무런 이익이 없다. 그러니 남은 선택은 오로지 협상이다.

여러분은 대인관계의 갈등상황을 해결하기 위해서만 협상을 할 것이 아니라 다양한 삶의 현장에서도 사용하기를 권한다. 제멋대로인 배우자나 친지, 친구들뿐만 아니라 자녀나 상사, 직장 동료, 이웃이나 사업상대 등 협상 기술을 사용해야 하는 범위는 무척 넓다.

협상은 대립하는 쌍방(개인일 수도 있고, 회사나 정부가 될 수도 있다)이 특정한 '물건과 서비스'에 대한 요구의 대가로 특정한 '행동'을 하겠다는 합의에 이르는 과정을 말한다.

샘이라는 사람이 조라는 사람에게 트럭을 팔고자 하는 상황을 가정해 보자. 협상을 할 때 양쪽은 상호보완적 목표와 대립되는 목표를 갖고 있다. 이들의 상호보완적 목표는, 조는 중고 픽업트럭을 사기를 원하고 샘은 자신의 트럭을 팔기를 원한다는 것이다. 반면 대립되는 목표는, 샘이 높은 가격을 받고 싶어하고 조는 낮은 가격을 내고 싶어한다는 것이다. 가격에 대한 협상을 벌일 때 그들은 이런 저런 제안을 내놓고 그 제안에 대해 또 새로운 제안을 내놓는다. 두 사람 모두 합의에 이르기를 바라는 마음을 갖고 있기 때문에 협상의 과정을 거쳐 약간씩 양보하기로 하고 적당한 선에서 교환을 마친다.

성공적인 협상의 결과는 계약을 맺거나 합의서를 쓰는 것이다. 계약이란 규정한 특정한 행동을 하면 그 대가로 적절한 보상을 주기로 서로 동의하는 것으로, 다음과 같은 일반적인 형태를 지닌다. "당신이 X를 하면(또는 X를 하지 않으면), 내가 Z를 주겠소." 예를 들어보면, "네가 공부를 더 많이 하면, 라디오를 사주마." 또는 "수족관을 청소하면, 네 셔츠를 다려주마." "당신 트럭을 나에게 주면, 900달러를 주겠소." 등이다.

협상의 방식은 대인관계에서 관계를 정립하거나 갈등관계를 해결하는 데 사용될 수 있다. 친구가 끊임없이 당신을 이용하기만 한다면, 그의 행동을 변화시키기 위해 당신은 그와 협상을 할 권리가 있다. 그대로 놔두면 당신이 그에게서 받는 것보다 훨씬 많은 '물건과 서비스'를 그가 가져갈 것이다. 이것은 공평한 관계가 아니다. 친구에게 뭔가를 더 요구하거나(차를 빌려갔을 때는 차의 기름값을 내라고 할 수 있다), 아니면 당신의 시간이나 노력 또는 물건에 대한 요구를 거절할 수 있다(예를 들면 더 이상 물건을 빌려가지 못하게 하는 것이다).

협상은 거짓이나 기만술을 사용하거나 인위적인 조작을 이용하는 것이 아니다. 스트레스 상황에서 즉각적이고 감정적인 반응을 보임으로써 안 좋은 문제가 발생되었다면 협상의 기술이 사회적인 역관계의 균형을 맞춰줄 수 있다. 다시 말해 당신에게 매우 능률적인 상황을 만들어주고 자기주장을 자유롭게 할 수 있도록 해준다는 것이다. 또한 협상의 기술을 갖고 있으면 갈등이 일어났을 때 자신의 생각을 솔직하게 말할 수 있게 된다. 이러한 진솔한 대화는 서로의 믿음을 돈독하게 하고 다시 갈등을 겪지 않게 해준다.

각본을 작성해야 하는 이유

협상하는 법을 효과적으로 배우는 첫 번째 단계는 반복적으로 일어나는 문제 장면에 대해 분석하고 당시의 대화를 '다시 고쳐 쓰는 것'이다. 이러한 과정을 거치면 대인관계에서 갈등을 겪을 때 효과적으로 대처하는 자기만의 방법이 생긴다.

여러분이 겪는 문제 장면을 곰곰이 생각해 보라. 계속 반복되는 상황으로 인해 스스로 무력해지고 불만스러웠던 경우를 구체적으로 떠올려보자. 마치 연극의 한 장면을 살펴보듯이 문제 장면을 떠올리고는 그 안에서 벌어지는 문제 문장들을 분석해 보자. 이런 장면은 아래와 같은 구성을 갖고 있을 것이다.

등장인물 당신과 한 명 이상의 상대, 즉 문제 상대.

구성 당신과 문제 상대에게 어떤 목표가 있다. 갈등이 일어난다. 당신에게 겁을 주거나 모욕하거나 화나게 만드는 행동이 뒤따른다. 협박과 모욕의 행동을 서로 주고받는다. 결국 치밀어 오르는 분노와 무력함에 절망한 채 당신의 '패배'로 끝난다.

배경 문제의 장면이 전형적으로 발생하는 때와 장소

분석 당신이 문제 상대에게 하고 싶었던 자신감 있는 자기표현을
갖춘 응대가 요구된다. 또한 여기에 등장인물의 '몸짓 언어',
즉 목소리의 강약이나 얼굴 표정, 어깨짓이나 손짓, 태도에
문제가 있다.

우리 대부분은 끔찍했던 장면을 이런 식으로 기억하지 않는다. 당
시의 기억을 되살려 불쾌한 대화 내용과 모욕적인 행동 또는 협박
등의 나쁜 감정만을 되씹는다. 그러면서 자신이 저지른 어수룩한 언
행에 대해 자책을 일삼고 상처받은 자존심을 어루만지면서 '이렇게
말했다면……' 하고 더 나은 말대꾸를 생각한다.

이런 행동보다는 당신의 문제 장면에 대한 각본을 다시 써서 전체
적인 것을 생각하기를 권한다. 마치 희곡작가가 전체적인 드라마 구
성에서 의도한 바를 나타내기 위해 장면을 교정하고 대본을 쓰는 것
과 같은 작업을 요구하는 것이다. 각본을 씀으로써 미래를 대비한
행동 계획을 고안할 수 있고, 문제 상황이나 다른 유사한 상황에서
문제 상대의 행동변화에 대한 협상 방법을 찾을 수도 있다(물론 자신
의 행동까지 바꿀 수 있다). 각본은 여러분의 자신감을 고양시키고 여
러분의 강력한 지원군이 된다.

계획을 세운다는 것은 매우 중요하다. 임금 교섭을 맡은 부서에서
는 세부적인 계획을 세우지 않고는 절대로 단체교섭 회의에 참석하
지 않는 법이다. 가상의 '각본'을 준비하여 자신들의 목적을 말하고,
어떠한 제안을 어떤 순서로 내세울 것인가, 그에 대한 상대의 반대

입장은 무엇일까, 상대가 내놓을 수정안으로는 어떤 것이 있을까 등에 대한 철저한 준비를 한다. 이러한 임금 교섭 계획처럼 일정한 형식을 지닌 것은 아니지만 자신을 당당하게 표현하려면 상황을 원하는 대로 이끌어나가기 위한 준비가 필요하다.

자기주장을 위한 각본을 써야 하는 이유를 좀 더 적어보겠다.

- 각본 쓰기는 당당하게 자신의 주장을 내세우기 위한 출발점으로서 작지만 매우 구체적인 작업을 제공한다.

- 각본을 씀으로써 자신이 처한 갈등 상황을 명확히 정리하고 자신의 욕구가 무엇인지 확인할 수 있다. 자신의 행동에 대해 객관적으로 생각할 시간을 갖게 된다.

- 각본은 '성숙한 사고 끝에 얻은 제안'이기 때문에 다른 갈등 상황에 처하게 되어도 자신감을 갖고 대처할 수 있도록 해준다. 생각 없이 감정을 폭발시켜 후회할 일을 만들지 않는다.

- 자멸적인 말을 내뱉곤 했던 사람이라면 자신이 원하는 바를 정확히 표현한 적당한 말을 계획해 놓는 것이 무엇보다 중요하다. 과거의 잘못된 표현들을 되짚어보면 효과적이고 균형 잡힌 표현이 생각날 것이다. 기억에 의존해 생각나는 대로 말하는 것보다 구체적으로 기록한 효과적인 메시지를 이용하는 것이다.

- 자기주장의 표현이 최대 효과를 얻으려면 강력한 목소리와 단호한 몸짓 언어를 통해 메시지가 전달되어야 한다. 연습을 통해 철저하게 준비된 자기주장 메시지는 문제 상황에서 무대 공포증에 사로잡히지 않도록 해줄 것이다. 음성 크기와 정확한 발음, 효과적인 몸짓을

연습하는 가장 좋은 방법은 미리 대사를 여러 번 읽어보고 직접 연출해 보는 것이다.

각본을 쓴다는 것은 새로운 방식으로 다른 사람과의 관계에 대한 질적 책임을 지는 것이다. 자기주장을 잘 못하는 사람들은 주변 사람들과 함께하는 상황에서 지나치게 수동적이거나 공격적으로 반응하곤 한다. 하지만 자기주장 각본을 준비하여 임한다면 상황에 반응하기보다는 능동적으로 행동할 것이며 대인관계의 결과를 스스로 조절할 수 있게 된다.

데스크(DESC) 각본이란 무엇인가

샤론은 효과적인 자기주장 각본을 쓸 수 있도록 4단계의 프로그램을 개발하였다. 이것은 수백 명이 성공적으로 활용함으로써 그 효과가 검증되었다. 구체적인 방법은 자신이 자주 처하는 갈등상황에 대한 질문들에 답을 하면서 각본을 구성하는 것이다. 지금 당장 시간을 내어 53쪽에 있는 실전 연습문제 3에서 여러분이 적었던 문제 상황에 대해 생각해 보도록 해라. 그리고 스스로에게 아래의 질문들을 해보자.

- 문제 상대가 보여준 불쾌한 행동은 무엇인가?**(묘사)**

- 그 행동에 대해 문제 상대에게 어떻게 표현할 것인가?**(표현하기)**

- 어떤 요구와 협상을 할 것인가? 또한 내 행동은 어떻게 변화해야 할까?**(구체화)**

- 앞에서 세운 계약을 문제 상대가 충실히 이행할 경우 어떤 보상을 해줄 수 있는가?**(결론)**

데스크(DESC)는 위의 네 단계의 첫 글자로 만든 이름이다. 즉 묘사

Describe, 감정표현Express, 구체화Specify, 결론Consequence이다. 문제 상대
에게 상대의 공격적인 행동이 어떤 것인지 객관적으로 묘사하고, 그
행동에 대한 자신의 감정을 표현하며, 앞으로 어떻게 변화되었으면
좋겠다는 말을 구체적으로 전달하고, 그 결과로 어떤 보상이 따를
것인지 설명하는 것이다.

이 각본은 문제 상황에서 자기주장을 효과적으로 펴기 위한 중요
대사를 제공할 것이다. 물론 이러한 각본의 모든 단계를 모든 경우
에 사용해야 하는 것은 아니다. 7장에서 간단하게 자기주장 메시지
를 사용할 수 있는 짧은 각본에 대해 다루고 있다.

그럼 이제 각본의 각 단계에 대해 좀 더 구체적으로 살펴보도록 하자.

묘사하기 대사

문제 상대에게 자신의 고충을 정확히 설명하는 각본을 시작한다. 이
때 중요한 것은 가능한 한 객관적이고 구체적으로 진술해야 한다는
점이다. 대개 사람들은 다른 사람의 행동에 대해 말할 때 객관적이지
못하다. 자신의 감정에 매몰되어 말하거나, 상대 행동의 동기에 대해
자의적으로 해석하는 경향이 있다. 대상을 자극하기만 하는 이런 정
신분석학적인 접근을 피하라. 대신 문제 상대의 행동을 묘사할 때는
간단명료한 어휘를 선택하여 불필요한 논쟁이 벌어지지 않도록 하라.

또한 상대에 대한 비난이나 상대의 신념에 대한 비난을 삼가라.
비난이 맞는 말이라 해도 상대는 부인하거나 반박할 뿐이다. 애매

모호한 표현을 사용하지 말자. "나를 무시했어."라는 표현보다는 구체적으로 "내가 이야기할 때 코웃음을 쳤어."라고 말해 보자. '항상' 이라는 단어로 일반화해서 말해서도 안 된다. "너는 항상 잔소리로 날 들볶아."라고 말하는 대신 구체적인 시간과 행동을 예로 들어 다음과 같이 말하자. "지난번, 그러니까 그게 네 번째였는데, 가계 수지타산을 맞추는 이야기를 했을 때도 내가 가계부를 잘 못쓴다면서 비판했잖아."

묘사를 위한 대사를 하기 전에 "같이 의논하고 싶은 문제가 있는데."라든가 "그거 알고 있어요?" 또는 "내가 보기에는 말이지……"와 같이 본론을 시작하기 전의 '활주로' 와 같은 말을 건네보자. 이외에도 묘사하는 말을 꺼내기 전에 상대가 대화를 준비할 수 있도록 활주로 대사를 마련하면 좋다. 활주로 대사는 상대의 주의를 끌 수 있게 도와주고 자기주장 메시지의 어투를 정할 수 있다.

표현하기 대사

특정 상황에서 문제 상대의 공격적인 행동(바로 앞에서 묘사한)에 대한 자신의 느낌이나 생각을 표현하라. 문제 상대가 거슬리는 행동을 할 때 자신은 어떻게 느끼는지 정확한 표현으로 전달하는 것이다. 이때 스스로의 감정이 무엇인지 제대로 인식하고 있어야 한다. 다음과 같은 말들로 감정적인 표현을 전달할 수 있다. "내 느낌에는~" "난 ~과(와) 같은 느낌이 들어."

잘못된 각본
묘사하기
잘된 각본
날 무시하고 있잖아요! 무신경하고 심술궂고 고집만 센 지겨운 사람 같으니라고!
내가 질문할 때 날 쳐다보지도 않고, 내 질문에 답하지도 않았어요.

잘못된 각본
표현하기
잘된 각본
당신 때문에 화가 나 미치겠어요. 당장 목을 졸라버리고 싶어. 정말 당신이 미워!
당신이 이렇게 할 때면 난 정말 마음이 아파요. 내가 하찮고 쓸모없는 사람이라는 생각이 들죠.

잘못된 각본
구체화하기
잘된 각본
내가 살아 있는 사람이란 걸 알아달라구요.
나를 쳐다보고 간단하게라도 대답해줄 수 있겠어요?

잘못된 각본
결론 내리기
잘된 각본
당장 이 집에서 나갈 거야. 아이들은 모두 고아원에 보내버리겠어.
당신이 날 쳐다보고 따뜻한 말 한마디와 가벼운 포옹이라도 해주면 좋겠어요. 그럼 정말 고마울 거예요.

개인적인 신념이나 가치관에 대한 진술은 다음과 같은 말들로 시작할 수 있다. "내 생각에는~" "난 ~라고 믿어." 어떤 문제에 대해 협상을 원한다면 감정을 폭발시켜 함부로 말하거나 비꼬는 것보다는 객관적이고 명료한 표현과 절제된 태도를 갖는 것이 현명하다.

가능하면 상대의 문제 행동에 대해 부정적인 측면보다는 긍정적인 측면으로 표현하도록 노력하자. "그렇게 행동할 때마다 난 네가 싫어." "너 때문에 화났어." "너 때문에 불안하고 외로워." "안하무인에 무신경한 사람이잖아." 등의 부정적인 표현은 반감을 사게 된다. 상대의 문제 행동이 정말 그러한 느낌을 주었다 하더라도 두 사람의 상호관계에서 발생한 문제점이나 공통적으로 얻고자 하는 목표에 초점을 맞추어 설명하면 좀 더 효과적인 결과를 얻게 될 것이다.

목표지향적인 진술은 다음과 같은 것이 있다. "너의 행동과 그에 대한 나의 반응이 우리 관계에 장애가 된다고 생각해." "네가 자꾸 비판하니까 나는 하찮고 볼품없는 사람이란 느낌이 들어." 토론을 이끌어야 하는 위치에 있다면, 토론자들이 주제에서 벗어난 이야기를 하지 않도록 해야 할 것이다. 예를 들어 "주제를 벗어나면 곤란합니다. 정해진 협의사항에 대해 논의했으면 합니다." 또는 "그런 말들은 당장 우리 앞에 놓인 논의 범주에서 많이 벗어난 것 같습니다."

늘 친구로부터 '연설'을 들어왔던 내성적인 사람이라면 다음과 같은 말로 자신의 감정을 표현할 수 있다. "내 하찮은 의견도 말하지 못하면 숨이 막힐 것 같아. 우리가 서로 동등하게 이야기를 주고받을 수 있다면 만남이 더 즐거워질 거라고 생각해." 강압적인 부모님을 둔 10대 청소년은 다음과 같이 말할 수 있을 것이다. "전 좌절감을 느껴요. 저 스스로 결정을 내릴 수만 있다면 제가 더 빨리 어른스러워질 거라고 생각해요."

이러한 감정을 진술하는 대사는 무례한 공격이 아니라 상대와 자신의 부조화가 서로에게 좋지 않다는 사실을 알려주는 방식이어야 한다. 따라서 긍정적인 감정의 표현은 상대가 반박하거나 부인하게 만들지 않는다.

오래된 친구일수록 대화 내용이 '미움, 후회, 비참함, 당황스러움, 분노, 절망'과 같은 일련의 '느낌'의 단어들로 채워지는 경우가 많다. 이런 표현들의 남용은 결국 그 뜻이 제대로 전달되지 않는 진부한 내용이 되고 만다. 그러므로 감정을 나타내는 새로운 표현들, 즉 비유법을 사용하여 구체적인 감정 반응을 묘사할 필요가 있다. 당황스럽다는 느낌을 표현하기 위해서는 "벌거벗고 서 있는 느낌이야." 라고 말하거나, 갈등에 대한 표현은 "두뇌가 양방향으로 회전하는 느낌이야."라고 말해 보자. 독특한 비유는 습관적으로 사용되는 표현보다 효과적으로 사람들에게 가 닿는다.

구체화하기 대사

문제 상대의 공격적인 행동에 대해 설명하고, 그에 대해 느끼는 본인의 감정과 생각을 표현한 다음, 세 번째 단계는 구체적으로 변화를 요구하는 과정이다. 기본적으로 정리하면 이 대사는 "X라는 행동 대신 Y라는 행동을 해주세요."라고 부탁해야 한다. 연구에 의하면 이런 종류의 부탁을 할 때는 한 번에 최소한으로 해야 받아들여질 수 있다고 한다. 최선의 결과를 얻기 위해서는 한 번에 한 가지의 요구를 하는 것이 좋다.

요구하는 내용은 구체적이고 명료해야 하며 이때 사용되는 표현들은 개인적인 특성이나 태도에 대한 일반적인 지적보다는 객관적인 반응에 대해 언급해야 한다. "남을 배려하지 않는 행동을 고쳐주시죠."라고 말하는 것보다는 "일요일 아침 7시에는 전기 기타를 치지 말아주세요."라고 말하는 것이 좋다. "손님의 돈을 갈취하겠다는 건가요?"라고 말하는 대신 "이 불량품 라디오를 반품해 주세요."라고 말하는 게 낫다.

이런 요구는 그 내용이 충분히 합리적이고 상대의 능력 범위 안에 있어야 한다. 가난한 남편에게 새 밍크코트를 요구할 수 없는 노릇이고, 어린 아이가 부모의 간섭과 책임에서 완전히 벗어날 수는 없다. 문제 상대의 불공정하고 부당한 행동에 항의하기 위해 스스로 부당하고 비현실적인 요구를 한다면 원래 자신의 유리한 고지를 잃게 될 것이다. 당신의 요구가 부당하지 않더라도 처음부터 무리한 행동변화를 요구하는 것도 비현실적인 것이다. 문제 상대의 행동이 완전히 변화되기를 원한다면 시간을 갖고 작은 것부터 하나하나 합의해 나가는 식으로 접근해야 한다.

때때로 이 구체화 단계에서 맺는 계약은 양쪽의 행동변화를 기초로 한다는 사실을 기억해야 한다. 문제 상대가 당신에게도 행동변화를 요구할 수 있다. 성공적인 협상은 주고받는 과정이 포함되기 마련이므로 '이것을 해준다면 나는 저것을 해주겠다'는 데 동의할 수 있어야 한다. 그러므로 문제 상황에 대한 자신의 행동 또한 냉철히 분석하여 상대가 당신에게 어떤 변화를 요구할 수 있는지를 살펴보도록 하라. 자신에게 문제되는 부분이 있다면 그것을 수정하는 일이 어느 정도 어려운 것인가도 포함되어야 한다. 상대가 내놓을 반박이나 수정안에 대한 준비가 철저하면 할수록 효과적인 협상을 할 수 있는 법이다.

문제 상대가 원하는 것이 '담배를 끊어달라'는 식으로 당신에게도 나쁘지 않은 일이라면 그 일을 실천하는 데 따르는 노력과 이득을 따져서 수락할지를 생각해 보자. 여자친구와 영화관에 가기 위해 저녁식사 후 피우는 담배 한 모금을 포기할 수 있겠는가? 주말 내내 텔레비전 축구 경기만 보는 남편을 내버려두는 것이 설거지를 도와주는 것과 맞바꿀 만큼 가치 있는 일인가? '가치'를 결정하는 데는 특별히 정해진 규칙이 있는 것은 아니다. 그러므로 솔직하게 서로의 욕구에 대해 이야기해 보고, 또 교환할 때의 즐거움과 괴로움의 정도에 대해서도 이야기해 보는 것이 필요하다. 합리적이고 공평한 계약, 즉 주고받기를 할 수 있을 거라고 본다.

결론 내리기 대사

계약에 합의했다면 결과에 대한 세부적인 내용을 전부 적어놓는다. 계약조건에 충실히 따르거나 그렇지 못한 경우에 서로 무엇을 해야 하는지를 적는 것이다(보상금이나 위약금). 우리가 작성하는 합의문, 즉 결론 내리기 대사도 구체적으로 계약을 깨트릴 경우 받게 될 벌칙과 보상에 대해 간단하게 적어놓아야 한다.

보상 보상이라고 해서 반드시 돈이나 사탕, 밍크 코트, 또는 디즈니랜드 여행과 같은 물질적인 것일 필요는 없다. 이러한 물질적인 보상은 우리가 타인에게 주는 '사회적 보상'의 광대한 범위에 비하면 협소한 범위들이다. 타인에게 감사를 표하면서 상대에 대한 인정과 애정을 나타내는 수백 가지의 간단한 방법들이 있기 때문이다. 포옹이나 악수를 비롯해서 지성이나 외모 또는 성격에 대해 칭찬해 주는 방법도 있다. 가장 많이 쓰이는 사회적인 보상은 상대가 즐거워하는 행동을 허락하는 것이다. 아이들에게 텔레비전을 보도록 허락한다든가, 배우자에게 좋아하는 영화를 보여준다든가, 나이 든 분에게는 본인의 젊은 시절 이야기를 열심히 들어주기 등의 다양한 방법이 있다. 이런 행동들이 특별한 보상이 되지 않는다고 생각할 수도 있지만, 사실 이런 것들이야말로 사람들의 행동을 바꾸게 하는 강력한 동기부여 기제가 된다.

우리가 맺는 계약에서 문제 상대가 나의 요구를 들어주었을 때의 보상은 간단히 '내 기분이 더 좋아진다'는 것이다. 이런 계약은 평소에 늘 하는 것이기도 하다. "네가 X를 그만두면(또는 Y를 시작하면) 난 정말 기쁠 거야."와 같은 말이 그렇다. 이런 가벼운 사회적 보상에 대한 약속은 문제 상대가 당신을 기쁘게 해주고 싶은 상태일 때만 효과를 발휘할 수 있다. 즉 조심스런 손님을 접대하는 저녁 식탁에서는 상대의 마음을 기쁘게 하기 위해 흡연을 참을 수 있다. 사랑하는 남자친구가 싫어한다면 여자는 인조 속눈썹을 쓰지 않을 것이다. 이런 조그만 호의는 사람들이 항상 주고받고 있는 일이다.

벌칙 사회적인 벌칙은 종류도 많고 우리는 그 벌칙들을 빈번히 사용하고 있다. 누군가를 비판하거나 무시하면서 벌을 주기도 한다. 상대를 지루하게 여기거나 무관심하게 대하는 것도 마찬가지다. 또한 상대가 싫어하는 행동을 하기도 하고, 상대가 좋아하는 사람이나 사물에 대해 함부로 말하기도 하며, 외모를 깎아내리거나 직접적으로 공격하거나 하는 것이 이에 해당된다. 벌칙의 가장 일반적인 형태는 특권을 제한하거나 어떤 권리를 박탈하는 것이다. 예를 들어 부모는 아이들에게 방 안에서 나오지 못하게 명령하거나 텔레비전 시청 시간을 줄이거나 친구들과 놀지 못하게 하는 것으로 벌을 준다.

긍정적인 결과를 강조하라 바람직하지 못한 행동을 했을 때의 부정적인 결과보다는 원하는 행동을 했을 때의 긍정적인 결과를 강조해야 성공적인 계약을 맺는다. 계약을 파기한 데 따르는 벌칙을 항상 구체적으로 명기할 필요는 없다. 다음과 같은 문장으로 암시만 할 수 있다. "날 도와준다면 케이크를 구워줄게." 여기서 암시하는 바는 "날 도와주지 않으면 케이크를 구워주지 않겠다는 뜻이 된다. 보상으로 받을 수 있는 것을 잃는다는 것은 정말 달갑지 않은 벌칙이다.

'나쁜 행동'에 대해 너무 자주 벌칙을 주지 않도록 하자. 가능한 한 벌칙은 자제하되, 꼭 써야만 한다면 간단하고 조그만 일이 되도록 하자. 부득이 계약에 벌칙이 포함되어야 한다면 상대에게 자세하게 설명하고서 현실적인 제안인지를 확인하는 게 좋다. 벌칙은 작더라도 상대에게 충분히 중요한 일이어야 한다. 예를 들어 "정해진 시간에 학교 숙제를 끝내지 않으면, 일주일 용돈에서 50센트씩 차감하

어려운 일을 당했을 때 더욱 요긴한 각본

겠다." "이 일에 더 큰 책임을 주지 않는다면 그 동안 사용하지 않았 던 병가를 내고 쉬겠습니다."

과장된 협박은 효과도 없고 오히려 반박만 불러일으킨다. "사랑하 지 않을 거야." "널 떠나겠어." "완전히 박살을 낼 거야." "아이들을 고아원에 보내버릴 거야." 등과 같이 무시무시한 협박성 발언들은 실제적으로 상황을 더 어렵게 만들기만 할 뿐이다. 계약을 어긴 행 위에 맞는 정도의 '적당한' 벌칙만을 조건으로 삼아야 한다. 물론 계약이 깨진 상황에서 본인이 정말로 실천할 수 있는 행동으로 제한 해야 한다. 벌칙의 상황을 판단하는 데에는 자신의 욕구도 고려해야 한다. 당신이 외식을 즐기는 사람이라면 '외식 금지'는 벌칙으로 선

186

택하지 않는 게 좋다. 그것은 상대뿐만 아니라 자신까지 벌주는 일이기 때문이다.

벌칙에는 바람직하지 않은 부작용이 뒤따를 가능성이 있다. 당신이 벌을 준 것으로 인해 상대는 적개심을 품을 수 있다. 당신으로선 상대의 언짢은 행동양식을 바꿀 의도로 한 일이지만, 그 결과 당신의 일을 훼방하고 반격의 틈을 엿보고 있는 저항세력을 낳을 수 있는 것이다. 결국 최선의 계약은 긍정적이고 보상을 주는 결과에 대해 강조하는 방식이어야 한다.

데스크 각본 쓰기

자기주장적인 각본 쓰는 법을 익히는 데 유용한 방법은 다른 사람이 마련한 각본을 읽어보는 것이다. 최종적인 각본을 쓰는 단계까지 발전해가는 과정을 설명하기 위해서 샤론이 상담해 주었던 예를 살펴보자.

45세의 여성 조안은 남편과 이혼하고 세 명의 아이와 친정어머니를 모시고 살고 있다. 주부로 25년간 살아왔던 조안은 다시 직업을 얻기 위해 한 단과대학에서 직업 교육을 받아야 했다. 그녀는 다시 직업의 세계로 돌아가기 위해 도움을 얻고자 상담소를 찾아왔다. 삶의 변화를 주는 일이 쉽지만은 않았다. 불안하고 의기소침해져 있었기 때문에 학습에도 서툴렀고, 오랜 전업주부 생활로 인해 자신의 두뇌는 녹슬고 능력은 감퇴되었다고 믿고 있었다. 자신의 정당한 권리에 대해서조차 목소리를 내지 못하고 있었다. 자기 자리나 지키는 편이 훨씬 낫다고 말하는 사람들에게 조안은 자신이 일을 하기 위해 얼마나 애쓰고 있는지 당당하게 보여줄 필요가 있었다.

처음 문제라고 생각했던 것은 강압적이고 비판적인 친정어머니였지만, 점차적으로 당당한 자기주장이 필요한 문제들을 하나하나 짚어나가기 시작했다. 먼저 그녀 어머니의 강압적인 태도를 상담했다.

샤론과 조안은 조안에게 문제가 되는 한 장면을 떼어놓고 생각해 보기로 했다. 어머니가 조안에게 강압적으로 대하는 때가 언제인지, 어떤 주제로, 어떤 상황에서, 구체적으로 어디에서 그 일이 일어나는지 아는 것이 중요하다. 주어진 장면에서 각각의 요소들을 명확하게 재구성하기 위해서는 문제 상황을 지적할 수 있는 질문들이 필요하다.

조안의 처음 불만은 어머니가 "항상 잔소리로 들볶는다."는 것이었다. 특정한 주제에 초점을 맞춰 이야기해 달라고 하자(묘사), 교회에 가는 문제에 대해 어머니가 잔소리할 때 특히 속상하다고 말했다. 어머니는 매주 일요일 아침마다 조안이 다니는 교회가 너무 멀어서 기름값과 시간이 낭비되니까 자신이 다니는 가까운 교회에 다니라고 한다는 것이다. 조안은 그런 잔소리를 들으면 아무 일도 혼자 결정하지 못하는 아이가 된 것 같은 느낌이 든다고 말했다(감정 표현). 그래서 어머니가 교회에 관한 이야기를 그만두기를 바란다(구체화).

조안과 어머니 사이의 합리적인 결론을 이끌어내기 위해서는 샤론의 많은 질문이 있었다. 마침내 어머니가 조안의 교회 문제에 대해 더 이상 참견하지 않는다면, 조안은 예배가 끝난 후 어머니와 아이들을 데리고 소풍(어머니가 무척 좋아하시는 일)을 가기로 결정했다(긍정적인 결론). 반면에 잔소리를 계속 하신다면 조안은 아무 말도 없이 밖으로 나가 더 이상 듣지 않기로 했다(부정적인 결론).

이와 같이 구성한 상황에 어울리는 표현들을 고민한 끝에 조안은 어머니와 마주 앉아 치르게 될 최종 자기주장 각본을 작성했다.

묘사하기 어머니는 어머니 생각만 고집하시면서 제가 다니는 교회에 나가지 말라고 말씀하세요.

표현하기 그렇게 하시면 전 다시 아이가 된 느낌이 들어요. 저는 다 큰 어른이에요. 어른은 어떤 교회를 갈지 스스로 결정을 내리는 법이잖아요. 이런 선택을 하는 것은 매우 중요한 일이에요.

구체화하기 이제부터는 어머니가 원하는 교회로 가야 한다는 말을 하지 말아주세요.

결론 내리기 (긍정적) 더 이상 어머니 다니는 교회로 나오라는 말을 않는다면 예배를 마치고 나서 다 함께 야외로 소풍을 갈 준비를 할게요. [부정적 : 계속 교회 문제를 꺼내시면 그때는 아무 말 없이 밖으로 나가겠어요. 그 주제에 관한 이야기는 더 이상 듣지 않겠어요.]

조안은 이 메시지를 자기주장적인 제스처를 곁들여 열심히 연습하고, 어머니가 조안의 말을 방해하거나 그만두지 못하도록 준비된 각본에 따라 끝까지 자기주장을 펼치는 법을 배웠다. (샤론이 어머니 역할을 해주는 방법으로 연습을 했다.)

상담을 받으면서 문제 장면을 완벽하게 연습한 후, 조안은 다음 주 일요일 아침 어머니 앞에서, 즉 '무대에 올라' 실연해 냈다. 그리

고 눈부신 성공을 거두었다. 드디어 말을 할 수 있었다는 스스로의
용기에 기분이 좋았을 뿐만 아니라 교회에 관해서는 더 이상 말하지
않겠다는 어머니의 약속을 얻어내어 흡족했다. 이 작은 성공은 조안
에게 다른 문제 상황에 대한 데스크 각본을 쓰고 행동으로 옮기도록
용기를 주었다. 조안은 이후 샤론에게 다음과 같이 말했다.

> "솔직히 고백하면 어머니 앞에서 말하는 내 모습을 그려보면 불안했어
> 요. 하지만 정작 시간이 되어 말을 시작하자 각본에 썼던 그대로 말할
> 수 있었어요. 각본을 사용하여 말을 하면서 '안정감' 이 들었어요. 자기
> 주장의 효과를 체험하고 나니 자신감이 생겨요. 이제는 각본을 쓰지 않
> 고도 자연스럽게(새로운 내 모습 그대로) 하고 싶은 말을 할 수 있어요."

좋은 각본을 쓰는데 일반적으로 사람들이 겪는 어려운 부분이 있
다. 예를 들면 조안은 어머니의 공격적인 행동을 구체적으로 설명하
지 못하고 애매모호한 표현을 썼다. 대략 다음과 같다.

묘사하기 어머니는 잔소리꾼이에요!

표현하기 어머니가 싫어요!

구체화하기 잔소리를 멈추지 않으면

결론 내리기 소리 지르고 집을 나가겠어요.

이 각본이야말로 잘못된 전형이라 할 수 있다. 각본을 쓸 때의 모
든 실수가 이 짤막한 네 줄짜리 대사 속에 담겨 있다. 대조되는 표현

과거의 잘못된 장면

새로운 긍정적인 장면

들을 살피면서 조안과 샤론이 만든 최종 각본과 비교해 보라. '묘사' 대사는 애매모호한 표현에다 상대를 헐뜯는 말이다. '감정표현' 대사는 어머니의 요구에 대한 조안의 감정 표현이라기보다는 한 인간에 대한 부정적인 공격만 담겨 있다. '구체화' 대사도 여전히 모호한 표현으로 모든 것을 바꾸라고 말하고 있다. 그리고 '결론' 대사는 부정적인 면만 강조되어 있고, 지나치게 심각한 상황을 불러일으켜 어머니뿐만 아니라 조안 스스로도 벌을 받게 만든다. 조안의 두 가지 각본은 우수한 각본과 비효과적인 각본의 특성을 잘 보여주고 있다.

데스크 각본 쓰기의 기본 규칙

다음의 표1은 자기주장적인 데스크 각본을 쓸 때 해야 할 일과 해서는 안 되는 일을 정리해 놓은 것이다. 편리를 위해 숫자를 매겨놓았다. 때때로 해서는 안 될 일들을 기억하는 것이 각본을 쓰는 데 도움이 되기도 하고 상황을 명확히 보이게 한다. 따라서 이 표는 한 번 보고 말 것이 아니라 각각의 규칙들을 잘 숙지해 두었다가 활용하면 많은 도움이 될 것이다. 이 책에서 가장 중요한 부분이라 할 수 있으며, 계속 반복하여 사용하게 될 규칙들이다.

표 1의 규칙들에 반하는 것들이 어떤 것인지 잘 알아두도록 해야 한다. 위배되는 것들을 정확하게 알아보기 위하여 조안의 경우를 다시 살펴보도록 하자. 이전에 조안의 문제를 해결하기 위한 두 가지 잘된 각본과 잘못된 각본을 보았다. 표 2에서는 조안의 잘못된 각본

에 몇 가지 말들을 더 첨가해 각 단계마다 어떻게 규칙을 어기게 되는지 설명해 놓았다. 규칙 위반에 관한 아래 표에서는 오른쪽에 각 규칙의 번호를 매겨 넣었다.

표01

자기주장을 위한 데스크 각본

	번호	해야 할 것	해서는 안 되는 것
묘사하기	D1	상대의 행동에 대해 객관적으로 묘사하라	즉각적인 감정적 반응을 묘사하는 일
	D2	구체적인 단어를 사용하라	추상적이고 모호한 단어 사용
	D3	특정한 시간과 장소 그리고 특정 행동이 얼마나 자주 발생하는지 묘사하기	'항상' 이라는 말로 일반화하기
	D4	행동 그 자체를 묘사하라.	상대의 동기나 목적에 대한 추측성 발언하기
표현하기	E1	감정 표현하기	자신의 감정 부인하기
	E2	침착하게 표현하기	감정적인 말들을 퍼부어 대기
	E3	이끌어내고자 하는 결과나 목적에 부합하도록 긍정적인 면을 부각하여 표현하기	상대를 공격하거나 불편하게 할 부정적인 감정만을 말하기
	E4	상대방의 특정한 공격적인 행동에 대해서만 집중하기	상대의 인격 전체를 싸잡아 공격하기
구체화하기	S1	변했으면 하는 부분에 대해 상대에게 명백하게 요구하기	그저 변화를 원한다는 암시만 주기
	S2	작은 변화부터 시작하기	너무 큰 변화 요구하기

구체화하기	S3	한 번에 하나 또는 두 가지 정도만 요구하기	한꺼번에 너무 많은 변화를 바라기
	S4	그만두었으면 하는 행동과 더욱 해주었으면 하는 행동에 대해 구체적으로 밝히기	애매한 특성이나 자질에 대한 변화 요구하기
	S5	상대에게 심한 손해를 끼치지 않는 범위에서 요구하고 있는지 생각해 보기	상대의 요구는 무시한 채 자신의 만족만 구하기
	S6	필요하다면 합의에 이르기 위해 상대가 나에게 원하는 행동의 변화에 대해서도 분명하게 이야기하기	변해야 할 사람은 상대방뿐이라고 굳게 믿기
결론 내리기	C1	결론을 분명하게 내리기	상벌에 관한 이야기를 주저하기
	C2	바람직한 방향으로 변화된 것에 대해 긍정적인 보상 주기	변화가 없는 것에 대해 벌만 주기
	C3	상대의 행동을 강화시키고 바람직하게 만들 방법 고르기	자신에게만 좋은 일방적인 상 고르기
	C4	그러한 행동의 변화를 유지시킬 충분한 보상 고르기	불가능한 보상 고르기
	C5	행동 변화를 거부하는 경우 '죄에 상응하는' 적절한 크기의 벌 고르기	과장된 협박하기
	C6	실질적으로 행할 수 있는 벌 고르기	비현실적인 협박이나 자신까지 벌주는 자멸적인 벌칙 사용하기

조안의 잘못된 각본

	잘못된 각본	위반한 규칙	규칙
묘사하기	1. 어머니는 항상 성가시게 잔소리를 하세요.	'항상'이라는 말로 일반화했다.	D3
		애매하게 묘사했다.	D2
	2. 어머니는 항상 저에게 이래라 저래라 마음대로 하시려고 하죠.	'항상'이라는 말로 일반화했다.	D3
		동기를 추측하고 있다.	D4
	3. 어머니 때문에 짜증스러워요.	상대에 대한 묘사를 해야지 자신에 대한 이야기를 하면 안 된다.	D1
표현하기	1. 어머니가 미워요.	극단적으로 감정에 치우친 폭언이다.	E2
		부정적이다.	E3
		상대를 전체적으로 공격하는 발언이다.	E4
	2. 더 이상 어머니에게 아무런 감정도 없어요.	자신의 감정을 부정하고 있다.	E1
		상대를 전체적으로 공격하는 발언이다.	E4
	3. 정말 화나게 만드시네요.	부정적이다.	E3
구체화하기	1. 잔소리로 들볶는 것 좀 그만하세요.	애매모호한 특성을 말하고 있다.	S4
		지나친 요구다.	S2
		자신만을 만족시키는 해결책이다.	S5
	2. 입 좀 다무시라구요.	지나친 요구다.	S2,
		상대에게 치명적인 손해가 되는 요구다.	S4,

구체화하기		자신에게만 만족스러운 해결이다.	S5
	3.정말 화나게 만드시네요.	명확하게 요구해야 한다.	S1
		애매모호한 요구다.	S4
		자신에게만 만족스러운 해결이다.	S5
결론 내리기	1.집에서 쫓아내겠어요.	보상이 없다.	C2
		비이성적인 벌이다.	C5
		정말 이렇게 할 수 있겠는가?	C6
	2.날 좀 내버려두면 웃을 수 있겠어요.	이 정도 타협이 만족스러운 결과라 할 수 있을까?	C3
		행동을 변화시킬 만한 충분한 보상이 될까?	C4
	3.그럼 더 잘 지낼 수 있을 거예요.	구체적이지 않다.	C1
		이 정도 보상이 상이 될 수 있을까?	C4

실수를 찾아라 –잘못된 각본과 잘된 각본

자기주장의 각본을 쓰는 규칙을 익히기 위해서는 구체적인 사례를 통해 공부하는 것이 가장 좋은 방법이다. 다음에 제시된 세 가지 상황이 있다. 왼편에는 상황을 다루기 위해 처음에 작성한 잘못된 각본이 있고, 오른편에는 좀 더 나은 수정안이 있다. 그 옆의 빈 공간에는 표1을 참고하여 잘못된 각본이 어떤 규칙을 어겼는지 번호를 적어 넣어야 한다. (하나의 대사가 동시에 여러 가지 규칙을 위반했을 수도 있다.) 연필을 들고 잘된 각본과 비교하면서 잘못된 각본을 살펴보도록 하라. 표1을 참고하여 잘못된 각본의 대사에서 위반한 규칙이 있다면 어떤 것인지 알아보도록 하자. 각자의 상황과 각본들을 살펴보면서 중요한 사실을 일깨워주는 질문에도 답을 해보도록 하자.

원하지 않는 일 거절하기

지난 수년 동안 한 자선단체로부터 일을 도와달라는 부탁을 받았고,

이를 거절하지 못해 많은 시간을 할애해왔다. 집집마다 방문하면서 성금을 모으는 일이었는데, 내가 정말 싫어하는 일이었지만 중요한 일이 있을 때마다 내 이름이 성금 모금원 명단에 계속 오르고 있었다. 이번에는 시간과 에너지를 다른 봉사활동에 쏟고 싶어서 더 이상 모금운동에 참여하지 않을 생각이다. 성금 모금 책임자가 전화를 걸어오면 준비한 각본에 따라 말할 것이다. 잘못된 각본에서 저지른 실수가 어떤 것들인지 분석해 보자.

잘못된 각본	잘된 각본
그쪽 단체를 위해서 항상 일해 왔었죠. (위반한 규칙은?__________)	연속 5년간 ○○○ 성금 조성에 참여해 왔어요.
너무 힘들어서 이 일을 계속할 수 없어요. 이해해 주세요. (위반한 규칙은?__________)	그 부탁이 강제적으로 느껴져요. 전 다른 곳에 봉사할 계획이에요. 그래서 올해는 부탁하신 일을 거절하겠습니다.
이제는 제발 명단에서 저를 빼주시고 그만 괴롭혀 주세요. (위반한 규칙은?__________)	자원봉사자 명단에서 제 이름을 빼주세요. 그렇게 해주실 수 있죠?
올해 빼주시면 내년에는 다시 도울 수 있을지도 몰라요. (위반한 규칙은?__________)	긍정적 결론 : 감사합니다. 정말 고맙습니다. [부정적 결론 : 내년에 다시 전화하셔도 제 대답은 계속 '안 됩니다.' 일 거예요.]

어떤 규칙을 어겼는지 모두 정했으면 아래의 질문에 답해 보자.

1. 당신이 성금 모금 책임자라면, 잘못된 각본의 구체화 대사에 대하여

어떤 반론을 제기하겠는가?

2. 남을 설득하는 데 매우 끈질긴 책임자라면 어떤 말로 상대를 설득하여 일을 맡길 것인가?

3. 이 경우에 자원봉사를 하지 않는 것에 대한 죄책감을 부여하려는 상대의 시도에 대해 어떻게 자기주장적으로 대응할 수 있을까?

나를 괴롭히는 습관 그만두게 하기

당신은 회사의 관리직에 있는 사람이다. 부하직원 중 한 사람이 내가 처리할 일에 주제넘게 나서서 결정을 내리거나 처리하곤 한다. 잘못된 각본으로 상대에게 말하면 어떤 실수를 하게 될까? 잘된 각본은 반드시 크게 소리 내어 읽도록 하라.

잘못된 각본	잘된 각본
자네 책임 하에 있지 않은 일을 주제넘게 나서서 처리하는군. 그 결정도 대부분 형편없는 것들이고. (위반한 규칙은?__________)	지난 목요일 존슨 씨에게 우리 회사가 20퍼센트 할인을 해줄 거라고 말했는데, 그건 자네의 권한을 넘어서는 일이었네.
그런 잘못된 판단으로 인한 자네의 실수를 일일이 내가 교정해야 하네. 자네는 업무 집행 계통을 흐려놓고 있어. (위반한 규칙은?__________)	난 기분이 무척 나빴고, 회사 내에서 모든 사람들은 각자 맡은 일을 해내는 것이 중요하다는 것을 자네가 알았으면 좋겠네.

자네 업무는 회사의 어떤 창고에 물품 주문을 할 것인지만 결정하는 거잖아, 그렇지?

(위반한 규칙은?__________)

자네 일이나 잘 하고 내 일은 내게 맡겨주면 훨씬 쉽게 일할 수 있을 거야.

(위반한 규칙은?__________)

자네의 권한으로 처리할 수 있는 일과 나에게 상의해서 처리해야 하는 일들에 대한 지침 목록을 만들어놓았네. 이것을 자세하게 살펴보고, 혹 이해가 안 되는 것이 있으면 함께 상의해서 정리해 보도록 하세.

긍정적인 결론 : 이렇게 정리를 했으니 이제는 더 이상 문제가 생기시 않기를 바라네.
[부정적인 결론 : 업무 결정사항에서 계통에 문제가 생기거나 잘못된 것이 있으면 즉시 자네의 주의를 환기시키겠네.]

위의 상황에 질문에 답해 보자.

1. 당신이 부하직원이라면 잘못된 각본에 대하여 어떻게 대응할 것인가?

2. 당신이 상사라면, 직원에게 어떻게 자기주장을 펼치면서 대답하겠는가?

3. 당신이 부하직원에게 "자기 일이나 열심히 하라."고 말했다면 그 말의 가장 큰 목적은 무엇인가?

잘못된 각본과 잘된 각본

앞의 잘못된 각본은 다음과 같은 규칙들을 위반하고 있다.

상황	묘사	표현	구체화	결과
1. 원하지 않는 일 거절하기	D1	E2	S2	C4
	D2	E3	S4	
	D3	E4		
2. 나를 괴롭히는 습관 그만 두게 하기	D1	E2	S4	C1
	D2	E3	S6	C4
	D3	E4		

6

일반적인 상황을 위한 데스크 각본들

적절한 단어는 얼마나 강력한 효과를 발휘하는지! _《구약성서 : 욥》

실전에 돌입하여 스스로 데스크 각본을 쓰기 전에 다른 사람들의 성공한 각본들을 살펴보면 도움이 될 것이다. 이번 장에서는 자기주장을 펼쳐야 하는 다양한 상황에 사용되었던 샘플 각본을 선보이려 한다. 처음에는 대략적인 상황에 대한 설명과 제안을 하고, 그 다음에 구체적인 문제에 대한 설명과 샘플 각본을 제시한 후, 그 각본을 사용한 결과에 대해 적어놓았다.

 이 사례들을 본 뒤 "내 문제가 다 여기 있네. 굳이 내가 만들지 않아도 이걸 쓰면 되겠구나!"라고 생각할지도 모른다. 그러나 그렇게 간단한 문제는 아니다. 각자의 구체적인 상황에 대한 정보 없이 문제를 해결해줄 정답 각본이란 존재할 수 없기 때문이다. 이 장에서 제시하고 있는 각본들을 성공의 비법이라고 생각하지는 말기를 바란다. 여러분 자신의 언어로 직접 각본을 써야만 한다.

상황에 따른 데스크 각본들

정보 요구하기

뭔가를 다룰 줄 몰라 다른 사람에게 도움을 청해야만 하는 상황에서 당황스러웠던 적이 있었는가? 남에게 도움을 청하는 일이 자신의 무지함이나 약점을 드러내는 것이라고 느끼는 사람들이 있다. 그러나 때때로 우리는 누군가의 도움을 요청해야 할 때가 있다.

상황 은행에서 근무하는 나는 상사 때문에 기분이 상해 있다. 대출을 어떻게 처리하고 등록해야 하는지 배우지 못해 일처리에 곤란을 겪고 있기 때문이다. 결국 과감히 내 생각을 표현하기로 마음먹었다. 이틀에 걸쳐 아래 각본을 써서 연습하고 그를 만나러 갔다.

[묘사하기] 전에 여러 번 대출 업무에 관해서 지도해 달라고 부탁드렸었습니다. 매번 "알겠다"고만 대답하셨을 뿐 실제로는 전혀 도와주시지 않았습니다.

[표현하기] 업무에서 중요한 부분에 대해 익히지 못하고 있다는 느낌이 듭니다. 제 업무 수행이 어려워지고 좌절감까지 느껴집니다.

[구체화하기] 정확한 날짜와 시간을 정해 대출 업무에 대한 지도를 받고 싶습니다.

[결론 내리기] 긍정적: 지금 대출 업무에 관한 것을 익혀놓으면 이후에 시간을 절약해서 더 나은 업무를 할 수 있을 겁니다.

[부정적 : 대출 업무를 빨리 배우지 못하면, 필요할 때 업무에 관해 정확하게 파악하지 못해 시간을 빼앗기게 될 거라 생각합니다.]

결과 수요일 날 약속을 정해서 대출 업무에 관한 지도를 받았다. 이제는 대출 업무에 대해 완전히 파악했고(매우 간단했다), 업무를 수행하는 데 더욱 자신감을 갖게 되었다.

도움 요청하기

가족 구성원 누구라도 자신만의 시간을 가질 권리가 있다는 것에 동의하면 가사일을 분담해야 한다는 사실을 쉽게 인정할 수 있을 것이다. 하지만 어떤 부모들은 모든 것을 책임지려고 하면서 가정의 노예가 되기를 자처하곤 한다. 그리고 그런 노력으로 이루어진 가정일에 대해 아이들이 무시하면 화를 낸다. 과중한 가사일에 시달리는 부모들은 아이들에게 문제를 정확히 설명하고 특정한 가사일을 도울 것을 말할 수 있어야 한다. 특히 그 가사일을 하였을 때 얻는(또는 하지 않았을 때 얻는) 결론을 분명하게 나타내야 한다. 그래야 아이들이 열성을 갖고 도우려 할 것이기 때문이다.

상황 아이들은 방학을 맞아 집에서 뒹굴면서 군것질에 텔레비전 보는 일로 시간을 보내고 있다. 나는 까다로운 실험을 진행하느라 무척 바쁘지만, 여름이 끝날 무렵 아이들을 데리고 며칠간 캠핑을 떠나기로 했다. 그러기 위해서는 정원 정리를 끝낸 뒤에 집을 비워두어야 했다. 그러나 아이들은 그 일을 전혀 할 생각이 없었다. 캠핑가서 낚시를 제대로 즐기려면 이번 일을 기회로 주도권을 쥐어야겠다는 생각이 들었다. 아래 각본을 만들어서 목요일 날 저녁식사가 끝난 후 아이들에게 말했다.

[묘사하기] 정원 잔디밭을 깎고 잡초를 뽑아달라고 부탁했는데도 너희들은 하루 종일 텔레비전만 보고 있구나.

[표현하기] 그렇게 멍하니 시간을 보내는 것을 보면 화가 난다. 그러면서도 너희들은 내가 집에 오면 낚시 여행을 가지 않는다고 불평을 해대는구나. 정원 잔디가 깎이고 잡초가 정리된 모습을 보여준다면 다음 주쯤에 낚시하러 갈 수 있을 거야.

[구체화하기] 낚시터에 있는 오두막에 도착하려면 잔디밭을 깎고 잡초를 뽑아놓아야 할 거다. 내일까지 해낼 수 있겠니?

[결론 내리기] 긍정적: 내일 저녁 6시까지 이 일을 끝내 놓으면 휴가를 즐겁게 보낼 수 있을 거다.

[부정적: 내일 저녁까지 해놓지 않으면, 일요일 날 출발하지 못할 거다.]

결과 아이들은 다음날 정원을 다듬는 일을 하겠다고 말했다. 저녁 6시가 넘어서야 일이 끝났다. 애초의 약속을 지키지 못했지만 융통성을 발휘하기로 했다. 그리고 다음 주에 우리 모두는 휴가여행을 떠났고, 그 후 매일 아이들은 약속 시간을 지키고 있다.

분명하게 지시하기

누군가 나의 지시나 말을 이해하지 못한다고 해서 그 사람에게 "다른 사람은 다 이해하는데 왜 당신만 이해를 못하죠?"라고 말하지 말라. 이런 말은 상대와의 의사소통에 장애만 되고 상대를 방어적으로 만든다. 상대에 대한 비난을 쏟아내기 전에 좀 더 분명하게 지시를 전달할 수 있는 방법이 있는지 생각해 보라.

상황 정부기관의 간부로 일하고 있는 나는 한 직원 때문에 인내심의 한계상황을 경험하고 있다. 그의 업무 내용에 대해 설명하고 또 설명해 주었다. 그러나 소용없었다. 각본쓰기를 하기 전까지 난 이런 직원에 대해 업신여겼으며, 멍청하고 비협조적인 사람이라고 생각했다.

[묘사하기] 내가 자네에게 프로젝트를 하라고 했을 때 난 그 과정에 대해서 설명하고 혹시라도 이해하지 못할까 봐 반복해서 한 번 더 이야기했었네. 하지만 자네는 실제로 그 일을 할

때 여전히 의문이 가는 부분이 있다고 하고, 실수를 할까
봐 두렵다고 말하더군.

[표현하기] 이런 일이 자꾸 일어나니 나도 자네에게 짜증이 나고 답
답하네.

[구체화하기] 우리의 의사소통에 문제가 있으니 해결했으면 하네. 그러
니 이제부터는 내가 설명을 되풀이하는 대신 자네가 들은
것에 대해 이야기해 보게. 그러면 내가 듣고 자네가 아직
이해하지 못하는 부분에 대해서만 정정해 주겠네. 이런
방법을 사용해도 되겠지?

[결론 내리기] 긍정적: 자네가 이해하고 있는지 아닌지 즉각적으로 알
수 있으니 나도 일을 하는 데 효율성을 높일 수 있겠네.
이렇게 하면 프로젝트를 완성하는 데 수고가 덜 들겠어.
[부정적 : 자네의 즉각적인 반응을 알지 못한 채 계속 일하
게 된다면 난 짜증과 답답증에 시달리게 될 걸세.]

결과 어려운 일이었다. 부하직원이 프로젝트를 완전히 이해하는 데
는 오랜 시간이 걸렸다. 하지만 오해하고 있던 부분들을 하나씩 짚
어 나가자 전체 프로젝트에 할애하는 시간이 줄어들었다. 그의 질문
에 답하거나 설명을 해주기 위해 시도 때도 없는 방해를 받지 않게
되었다. 다음번에는 더 쉬워질 거라고 생각한다.

봉급 인상 요구하기

돈 문제는 특별한 계획과 자기주장 방법이 요구된다. 대부분의 사람들이 높은 임금을 원하지만 그런 요구를 하기는 꺼리고 있다. 다음의 관련 질문에 대답할 수 있게 사실관계를 확인하고 정보를 얻어내라. 현재의 직업에서 본인과 비슷한 수준의 사람들은 어떤 일을 하는가? 그들은 어떤 복리후생제도의 혜택을 받고 있는가? 봉급 인상을 요구할 만큼 실력을 갖추고 있는가? 원하는 바를 이루지 못하면 그때는 어떻게 할 것인가?

상황 현재 난 다른 사람에 비해 낮은 임금을 받고 있고, 이 사실은 여러 번 상사(치과의사)에게 넌지시 비치려 해왔다. 예를 들면, 대수롭지 않은 듯 다름과 같이 말하곤 했다. "여기서 일한 지도 2년이 넘어가네요. 이젠 승진할 때도 됐잖아요. (하하)" 그렇지만 한 번도 제대로 된 대답을 들은 적이 없기 때문에 전혀 즐겁지 않았다. 이젠 뭔가 조치를 취하고 결정을 내려야 했다. 그래서 각본을 써서 말을 했다.

[묘사하기] 여기서 2년 동안이나 일했는데 한 번도 임금 인상을 해주지 않으셨어요. 75달러는 일반적인 치과 위생사의 임금에 비해 턱없이 적은 금액입니다.

[표현하기] 부당한 대우를 받는다는 느낌이 듭니다. 전 선생님이 실력을 쌓으시도록 성심성의껏 열심히 일해 왔습니다. 하루에 환자 서너 명이 고작이었던 때 일을 시작했습니다. 그

리고 1년이 지난 후 매주 40시간이 넘게 일해야 할 정도
로 환자가 늘었고 그 후로도 계속 같은 정도의 환자를 확
보하고 있다고 생각합니다. 이렇게 병원이 성장한 데는
분명 저도 공헌한 바가 있다고 생각합니다.

[구체화하기] 임금을 10퍼센트 인상해 주시고, 다른 위생사들이 받고
있는 정도의 복리후생 혜택을 주시기 바랍니다. 이 문제
에 대해 수요일 날 업무가 끝난 뒤에 자세하게 의논해 주
시겠습니까?

[결론 내리기] 긍정적: 저는 이곳에서 일하는 것을 좋아합니다. 열심히
일해서 도움을 드리고 싶습니다.

[부정적: 그럼에도 불구하고 혹 임금이나 복리후생 혜택
이 합리적으로 조정되지 않는다면 일을 계속할 수 없을
것 같습니다.]

결과 의사에게 이야기를 할 시기를 신중하게 선택하여 각본에 쓴 대
로 이야기했다. 다급한 상황에서 서둘러 이야기하거나 의사가 주의
를 다른 곳으로 돌리거나 하는 일이 없기를 바랐기 때문이었다. 그
리고 상대가 준비되어 있지 않은 상태에서 당장 결론을 원하는 건
무리라고 생각하여 이틀 후에 이 문제에 대해 다시 한 번 이야기하
자고 요구했다. 의사는 나의 요구를 심각하게 받아들였다. 묘사하기
대사에서 충분한 객관적인 정보를 제공했기 때문이었다. 이틀 후,
다시 자리를 만들어 봉급과 각종 보험관계에 대한 적절한 합의를 이
루었다.

화해하기

분노 섞인 논쟁은 가까운 친구 사이라도 그 관계를 끝장낼 수 있다는 점을 생각해 보자. 그 논쟁이 시작된 것은 자신의 탓이 아니라 하더라도 관계를 다시 제자리로 돌려놓고 싶을 것이고, 친구 역시 같은 생각을 갖고 있다면 어떻게 해야 할까?

사례 매우 가까웠던 친구와 어떤 오해로 그 동안의 관계를 단절하게 되었다. 친구와 나누었던 우정이 매우 아쉽다. 하지만 나는 과묵한 타입이라 친구에게 먼저 말을 건네는 일이 쉽지 않다. 친구도 이 상황에 대해 마음 편한 상태가 아니라는 것을 눈치 채고는 있지만 그 쪽에서도 쉽게 나에게 다가오지 못할 것이다. 그래서 내가 총대를 메고 둘 사이를 회복시켜 협정을 맺어보기로 했다.

[묘사하기] 그 동안 만나지도 않고 전화통화도 하지 못하고 지냈구나.

[표현하기] 이런 불행한 침묵이 생기게 된 것이 슬퍼. 너와 함께 했던 여러 일들이 무척 즐거웠고, 우리 우정이 서로에게 많은 도움이 되었다고 생각하기 때문이야. 너는 어떻게 생각하니?

[구체화하기] 이번 주에 점심이나 같이 하면서 이 불편한 침묵을 야기시킨 원인에 대해 이야기해 볼래?

[결론 내리기] 긍정적 : 널 다시 만나게 되면 너무 기쁠 거야.

[부정적 : 만약 이번에 다시 만나 이야기하지 못한다면, 우리 사이가 더욱 멀어질 거라는 느낌이 들어.]

화해하기

결과 각본을 미리 준비해서 이렇게라도 겨우 말할 수 있었다. 매우 도움이 되었다. 친구는 내가 먼저 냉각기를 깨주어 고마워했다. 우리는 30분간 이야기를 나누었고, 다음 날 점심도 같이 먹기로 약속했다.

참여할 권리 요구하기

많은 사람들은 그룹 토의에서 발언하기를 꺼린다. 수동적으로 뒤로

물러앉아 다른 사람들이 논의의 흐름을 주도하도록 방치한다. 한 여
성이 홍일점으로 참여하고 있는 어떤 단체에서 자신 있게 말하기 위
해서 자기주장 실전연습 수업에 참여했다.

상황 새롭게 관리직으로 부임한 나는 회의 중에 무시당하고 있다는
느낌을 종종 받게 되었다. 회의내용을 기록하는 서기와 다름없다는
생각이 든다. 회의에 적극적으로 참여하여 인정받고 싶다. 그래서
아래의 각본을 준비하였다.

[묘사하기] 지금까지 논의에 대해 신중하게 경청해 왔습니다. 그런데
지난 20분간 세 명의 사람만이 주고받는 식으로 이야기를
하고 있었습니다.

[표현하기] 저도 참여하고 싶었지만 끼어들기에 적당한 때를 찾기가
어려워 힘들었습니다. 무척 용기를 내기 어려운 상황이었
습니다.

[구체화하기] 말씀하시는 분은 여기 모인 모두를 향해 말씀해 주시고,
중요한 말씀을 하셨을 때는 생각할 시간을 주었으면 합니
다. 이렇게 논의를 진행하면 남의 말에 끼어드는 무리수
를 두지 않고도 원활하게 이해하고 질문을 할 수 있을 것
같습니다. 동의하십니까?

[결론 내리기] 긍정적 : 지금부터 이해되지 않는 부분에 대해서 되짚어
질문하겠습니다. 다른 분들도 그렇게 해주시기 바랍니
다. 그래야 모두 참여할 수 있을 테니까요.

[부정적 : 논의에 참여하지 못한다면 이곳의 일원이라는 생각을 할 수 없을 겁니다.]

결과 모두들 보다 평등한 위치에서 회의에 참여하게 되었다. 한 남자는 다음과 같이 적힌 쪽지를 나에게 밀어주었다. "고맙소. 그 동안 나도 저기 세 명의 독점자들에게 어디로 좀 가있으라고 말하려고 애써왔습니다." 이제 난 더 이상 회의 자리에서 화를 내고 앉아 있지 않아도 되었다. 내가 위원회의 중요한 일원 중 하나라고 느껴진다.

비합리적인 요구 거절하기

여가 시간이 부족하여 속상해하는 사람들이 많다. 다른 사람들이 자신을 이용하는 것을 내버려둔 결과 너무 많은 일을 떠맡게 되기 때문이다. 다른 사람을 돕는 것은 즐거운 일이지만 우리의 시간, 돈, 재능 등에 대한 과도한 요구는 사절해야 한다. 우리는 흔히 "안 되겠습니다. 제 시간과 돈을 그런 일에 쓰지 않고 싶습니다."라고 말하는데 죄책감을 느끼거나 부끄러워한다. 지나치게 많은 업무에 시달리는 판매원은 다음과 같은 각본을 작성하여 그 동안 받던 스트레스를 줄일 수 있었다.

상황 대형 백화점에서 근무하는 판매원인 나는 시간이 지나면서 점차 많은 업무를 맡게 되었다. 재고조사와 물품 주문, 게다가 매장에 물건을 진열하는 일 등 너무나 많은 일을 해왔다. 고객들도 상대해야 하기 때문에 이런 기본 업무 이외의 책임 업무량이 과중하게 느껴진다. 그래서 매장 책임자에게 전할 말을 각본을 통해서 준비하고 실행에 옮겼다.

[묘사하기] 지난달에는 손님들이 많아 거의 매일 정신 없이 바빴습니다. 그런데 거의 매일 손님 맞는 일 이외의 이런저런 일들을 제게 시키셨죠.

[표현하기] 저는 업무가 지나치게 과중하다고 생각하고 있고, 심신이 피로해진 상태입니다.

[구체화하기] 평소 점심시간 바로 직전 30분간이 좀 한가한 시간입니다. 기본 업무 이외의 일들을 우선순위를 정해 아침에 알려주시면 점심시간 직전과 같은 자투리 시간을 이용해서 일을 처리하겠습니다.

[결론 내리기] 긍정적 : 말씀드렸듯이 일의 우선순위를 정해 주시면 제가 고객을 맞는 일이나 그 외 일들 모두 더욱 잘 처리할 수 있을 거라 생각합니다.
[부정적 : 어떤 일이 가장 중요한 일인지 모르는 상태에서 정신없이 일을 하다 보면 정작 가장 중요한 일을 못할 수도 있습니다.]

결과 매장 책임자는 지시하는 일에 대한 우선순위를 정해 주었고, 나는 어떤 일이 더 중요한 것인지 알 수 있게 되었다. 책임자와 나의 관계는 더욱 좋아졌고, 기본 업무 이외의 일의 우선순위를 알고 있으니 내 시간을 조절하여 일할 수 있게 되어 걱정할 일이 적어졌다.

언짢게 하는 버릇 지적하기

남의 발을 밟거나 얼굴에 대고 트림을 하는 부주의한 사람에게 경고하기를 주저할 사람은 없을 것이다. 그보다 조금 약한 불쾌한 행동에 대해서는 직접적으로 지적하기가 꺼려진다. 하지만 아무리 작은 행동이라도 반복적으로 지속되면 두 사람의 관계를 금가게 할 수 있다. 불쾌한 행동에 대한 지적을 미루면 미룰수록 그 행동으로 인한 불쾌감은 커져만 갈 것이다. 아래 각본은 자칫 잔소리처럼 들릴 수 있는 상대방의 언짢은 행동에 대해 어떻게 처리했는지 보여주고 있다.

[상황] 말하는 중에 끼어드는 남동생의 나쁜 버릇에 대해 그 동안 입을 다물고 있었다. 같은 아파트를 쓰고 있는 관계로 괜한 싸움을 하고 싶지 않아서였다. 그렇지만 이번에는 각본을 준비해서 연습을 하고 다음에 동생이 내 말을 끊고 끼어들면 이야기를 해줄 생각이다.

[묘사하기] 항상 내가 하려는 말을 다 끝내기도 전에 끼어들어 말한다는 걸 알고 있니?

[표현하기] 네가 그렇게 하면 내가 바보같이 느껴져. 내 생각이 하찮게 느껴지기 때문에 더 이상 말을 하지 않게 돼.

[**구체화하기**] 이렇게 하자. 앞으로 우리 둘이 말할 때는 상대방의 말이
끝났다고 생각되더라도 마음속으로 '하나, 둘, 셋'을 세고
나서 말하자. 그렇게 하면 우리 서로 상대방의 방해 없이
자기가 하고 싶은 말을 할 수 있을 거야. 둘 중 한 사람이
깜빡 잊고 말에 끼어들면 내가 지금 너에게 한 것처럼 지
적해 주면 되겠지. 어때, 좋지?

[**결론 내리기**] 긍정적 : 이렇게 하면 우리 두 사람 모두 즐거운 대화를
나눌 수 있을 거야.
[부정적 : 오늘 우리가 정한 것이 잘 지켜지지 않으면, 나
도 내 말을 정확하게 전달하기 위해서 네가 하는 말을 끊
고 마구 끼어들 수밖에 없다고 생각해.]

결과 성공이었다. 동생은 자신의 잘못된 습관을 없애려고 노력했다.
또한 나에게도 자신이 생각하는 고약한 버릇이 몇 가지 있다는 이야
기를 해주었다. 하지만 기분이 나쁘지 않았다. 오히려 같이 지내는
일이 훨씬 편안해졌다. 심지어 우리는 남의 말을 끊고 끼어드는 순
간을 잡아내려 장난을 하기도 한다.

부당한 비판에 대응하기

건설적인 비판은 매우 가치 있는 것이지만, 지나치거나 부당한 비판
에 대해서는 바로 지적해 주어야 한다. 과도하고 부당한 비판에 저

항하는 일은 대부분의 사람들이 실제적으로 겪는 문제일 것이다.

상황 나는 정년퇴직한 캐논 씨의 뒤를 이어 관리직으로 부임했다. 캐논 씨와 일했던 비서도 그대로 승계되어 같이 일하게 되었다. 그녀는 비서로 15년간 근무하면서 뛰어난 업무 실적을 쌓아온 베테랑이었다. 하지만 나 이전에는 여자 상사와 일한 적이 없었다. 내가 부임한 후 첫 2주 동안 그녀는 끊임없이 이런 말을 했다. "하지만 캐논 씨는 그렇게 일을 처리하시지 않았는데요." "캐논 씨는 좀 더 조직적으로 일하셨어요." 업무를 보는 데 훌륭한 여비서의 도움은 꼭 필요하지만, 그녀가 전임자의 경우를 말하면서 끊임없이 나를 비판하고 있다는 것을 깨달았다. 이런 간접적인 비판은 부당하며, 내가 새로운 업무에 적응하는 일에 장애가 된다는 판단을 내렸다. 그래서 아래의 각본을 준비했다.

[묘사하기] 오늘 아침뿐만 아니라 지난 며칠간 전임자인 캐논 씨와 그의 일처리 방법에 대해서 말씀하셨죠.

[표현하기] 내가 일하는 방식이 캐논 씨의 방식과 다르다는 것을 계속 지적당하니 매우 불쾌하네요. 캐논 씨와 저는 다른 사람이므로, 당연히 일하는 방식은 다르다고 생각합니다.

[구체화하기] 제발 캐논 씨가 어떻게 일을 하셨는지에 대한 이야기는 말아주세요.

[결론 내리기] 긍정적: 제 뜻에 따라주신다면 지금 계획을 세우는 일이 더 빨리 진행될 거라고 생각합니다. 물론 그렇게 하기 위

해서 부인의 생각이나 아이디어도 필요하지요.

[부정적 : 앞으로도 계속 캐논 씨와 저를 비교하신다면 함께 일하기 힘들어질 거라고 생각합니다.]

결과 그 후로도 몇 번이나 여비서는 캐논 씨에 관한 이야기를 했다. 그때마다 전에 했던 약속을 환기시켰고, 이제는 "캐논 씨"로 시작하는 간접적인 비난을 절제하려는 모습이 보인다. 우리 둘의 관계가 훨씬 좋아졌다고 생각한다.

상황 내가 하는 일에 무조건 트집을 잡는 친구가 있다. 나에 대해 싫은 소리를 하지 않을 때는 잘 어울릴 수 있는 친구라서 관계를 완전히 끝내고 싶은 생각은 없다. 그렇지만 나를 짜증스럽게 하는 그녀의 나쁜 버릇에 대해서는 한마디 해야만 했다. 각본을 써서 기본적으로 할 말을 정리한 한 후 묘사 대사는 친구가 트집을 잡는 순간 즉석에서 이야기를 받아 적기로 하고, 트집쟁이에게 전할 '일반적인' 각본을 갖고 연습했다.

[묘사하기] 네가 방금 한 말, 그러니까 "시장에서 야채를 사면서 너무 고른다."라는 말은 이번 주만 해도 적어도 열 번 이상은 했던 말이야.

[표현하기] 이런 비판의 말은 나에게 전혀 소용이 없어. 내가 원하지 않는 충고는 중요하게 생각되지 않아. 오히려 그런 말에 마음만 상하게 돼.

[구체화하기] 내 행동에 대한 부정적인 말들을 그만했으면 해. 앞으로 날 불편하게 하는 비판적인 말을 하면 내가 "그만."이라고 말해서 신호를 보내줄게.

[결론 내리기] 긍정적: 내가 말한 대로 해준다면, 네가 진정으로 날 생각하고 우리 우정을 소중히 한다고 생각할 수 있을 거야.

[부정적 : 계속 트집을 잡아 나를 기분 나쁘게 한다면 우리 관계를 우정이라고 보기 어려울 거야. 일방적으로 강요된 관계라고 생각하겠어.]

결과 각본대로 말을 전하고 나자 친구는 자신의 버릇을 고치겠다고 마지못해 약속했다. 그리고 그날 오후 또다시 트집을 잡고 있는 그녀의 모습은 사실 그리 놀랄 일도 아니었다. 그때마다 내가 "그만."이라는 말을 하자 친구는 놀란 듯했다. 친구의 행동에 내가 즉각적으로 대응한 적이 없었기 때문이다. 자신이 생각보다 비난의 말을 많이 했다는 사실을 깨달은 친구는 이젠 정말 바뀌려고 노력하고 있다. 이제 우리는 서로에게 장난스레 "그만."이라고 말하면서 웃는다.

육체적 폭력에 대응하기

어떤 사람들은 좌절감을 폭력이라는 수단으로 표현한다. 사람을 때리고, 소리 지르고, 문을 쾅 닫거나, 발로 차거나, 접시를 깨뜨리거나, 비명을 지른다. 수동적인 사람들은 이런 공격적인 문제 상대에게 어떻게 말해야 할지 배울 필요가 있다. 이런 공격적인 사람과 행동의 변화에 대한 협상을 하려면 상대의 좌절감을 해소시킬 수 있는 대안을 제안해야 한다. 그리고 행동을 바꾸려 할 정도로 효과적이고 긍정적인 결과에 대해 예를 들어 이야기해야 한다. 공격적인 사람들에게 자기주장을 펴는 가장 좋은 방법은 전화나 편지다.

상황 한 고등학교 학생이 아버지와 귀가시간, 학교, 학업, 집안일, 자동차 사용문제, 용돈, 흡연 그리고 음주에 관해 열띤 논쟁을 벌였다. 말투가 점점 격해져 결국 아버지는 아들의 뺨을 때리게 되었다. 가출을 결심하고 있던 아들이 자기주장 수업을 받고 나서 편지로 아래의 각본을 준비했다. 그 편지는 다음에 아버지가 또다시 폭력을 사용하게 될 때 전달하기로 했다. 결론에 기록한 '낚시'는 매우 현실적인 해결책이었다. 낚시는 아버지가 아들과 함께 즐기는 일이었기 때문이다.

[묘사하기] 아버지께. 방금 아버지와 저는 또다시 격하게 논쟁을 하였고, 결국 아버지는 저의 뺨을 때리셨습니다. 이런 일은 비단 오늘뿐만 아니라 자주 일어나고 있습니다.

[표현하기] 아버지께 뺨을 맞은 저는 무척 마음이 산란합니다. 이런 식으로는 아버지와 저의 문제를 풀 수 없다고 생각합니다.

[구체화하기] 일단 저와 이야기를 나누실 때 소리를 지르거나 때리는 행동을 하지 마시기 바랍니다. 대신 이렇게 했으면 합니다. 거론된 문제에 대해 각자 한마디씩 한 뒤에 다음 말을

꺼내기 전에 7초를 기다리는 겁니다. 그렇게 침묵으로 기다리는 7초 동안 상황을 진정시키고 긴장을 해소할 방법에 대해 생각하는 겁니다. 이 '타임아웃' 작전대로 기다려주실 수 있죠?

[결론 내리기] 다음번에 또 말다툼을 하게 될 때 7초를 기다려주신다면 다음 일요일 날 낚시 여행에 같이 가겠습니다. 혹시 잊어버렸을 때는 제가 7초 기다리기를 말씀드릴게요. 지금처럼 육체적인 폭력이 동원된 말다툼이 계속되면 저는 학교의 상담선생님에게 갈 수밖에 없어요. 사랑하는 아들, 빌 드림.

결과 담배를 피우는 것에 대해 말다툼을 한 다음 한 시간 후에 편지를 전해 드렸다. 아버지는 죄책감을 느끼셨는지 순순히 응해 주셨다. 하지만 다음번 말다툼에서 다시 옛날 버릇을 보이고 말았다. 7초 기다리기에 대해서 네 번이나 말씀드려야 했고 아버지도 나에게 두 번이나 말씀해 주셨다. 그렇게 계속된 말다툼은 매우 느리게 진행되었기 때문에 결국 말다툼을 그만둘 수밖에 없었다. 지난 주일에는 소소한 말다툼만 있었을 뿐이어서 일요일에 낚시를 갈 수 있었다.

갈취에 항의하기

갈취를 당해 보지 않은 사람은 거의 없을 것이다. 샤론의 사례집에는 허위광고, 위조품, 엉터리 수리, 형편없는 서비스 업무에 항의한 사례가 가득하다. 아래 각본을 쓴 사람은 이웃에 사는 소년들에게 말 그대로 재산을 '빼앗긴' 경험에 대처한 경우다.

상황 자기주장 수업에 온 나는 마음이 무척 심난하였다. 집에 도둑이 들어 침대 옆에 매놓았던 아들의 자전거를 훔쳐간 것이었다. 이웃에 사는 세 아이들이 아들의 자전거를 훔쳐 부품들을 팔았다는 분명한 증거를 확보할 수 있었다. 항의하고 싶었지만 누구에게, 어떻게 하느냐가 문제였다. 수업시간에 브레인스토밍을 통해 해결방법을 찾던 나는 각본을 써서 아이들의 부모나 경찰이 아닌, 잘못을 저지른 당사자들에게 직접 말하기로 했다. 세 아이들을 집으로 초대하여 단단히 작정을 하고 단호하고 엄한 목소리로 말했다.

> **[묘사하기]** 행크가 그러는데 너희들이 행크의 자전거를 가져갔다더구나. 너희가 행크의 자전거에서 떼어낸 부품을 팔았다는 증거를 갖고 있단다.
>
> **[표현하기]** 자전거를 가져가서 부숴버렸다니 정말 화가 나는구나. 이런 짓을 했으니 가벼운 벌을 받고 끝낼 수는 없다고 생각한다.
>
> **[구체화하기]** 오늘밤 집에 가서 부모님께 너희가 한 일에 대해서 말씀드려라. 48시간 안에 너희 부모님들로부터 자전거를 원래대로 복구시키기 위해 어떻게 하실지를 듣고 싶다. 그리고 마지막으로 다시는 이런 일을 하지 않겠다는 약속을

해주었으면 한다. 할 수 있겠지?

[결론 내리기] 긍정적 : 너희와 가족들이 잘 협조해서 해결한다면 너희들에 대해 나쁘게 생각하지 않겠다.

[부정적 : 48시간 안에 아무런 이야기도 듣지 못한다면 직접 네 부모님들에게 찾아갈 수밖에 없겠구나. 그리고 너희 부모님께 이야기해도 해결이 되지 않을 때는 이 일을 경찰서에 직접 의뢰할 생각이다.]

결과 어떻게 이런 말을 해냈는지 나 자신도 신기하다. 무릎에 각본 적은 것을 내려놓고 보았지만 아이들은 그것을 눈치 채지 못했다. 아이들과의 이야기는 5분 정도로 끝났다. 그리고 세 아이들의 부모에게서 48시간 안에 연락을 받았다. 훔쳐간 부품에 대한 값은 아이들이 각자 치렀다.

침묵하는 상대 다루기

문제 상대 중 어떤 사람은 속마음을 말로써 표현하지 않는 대신 자신의 감정(분노하거나 못마땅해 하거나 적개심을 가진 경우)을 부정적인 몸짓으로 표현하는 경우가 있다. 그들은 무엇이 불쾌한지를 말하지 않으려 하기 때문에 당신은 당황스러움이나 의아함을 느끼게 된다. 나를 묵살하는 사람을 상대하는 가장 좋은 방법은 자신의 권리를 주장하고 상대에게도 말할 것을 요구하는 태도다. 여기 한 여성의 이야기가 있다.

 나와 함께 아파트를 쓰고 있는 친구는 부정적인 몸짓과 얼굴
표정의 대가다. 나의 질문에는 대답도 하지 않으면서 강철을 뚫을
것 같은 날카로운 시선을 던지곤 한다. 그의 성난 표정에 나도 화가
나기 시작했다. 함께 계속 지내려면 노력해야 할 것을 그에게 말하
려고 한다.

      [묘사하기] 내가 무슨 말을 하거나 행동을 할 때면 가끔 매우 적대적
인 눈길을 보내곤 하잖아. 왜 그러냐고 물어도 넌 그저 어
깨만 으쓱해 보이고는 시선을 피하지.

      [표현하기] 네가 그렇게 침묵을 지키면 기분이 좋지 않아. 내가 무심
코 너만의 '공간'을 침범해서 그러는가 짐작해 보지만 그
것도 기분 나빠. 난 네가 원하는 것이 무엇이며 그것을 최
대한 배려해 주고 싶어.

      [구체화하기] 내가 너를 기분 나쁘게 하거나 화나게 하는 언행을 했을
때면 직접 말해주길 바래. 하루에 삼십 분씩 시간을 내서
이 문제에 대해 이야기해 본다면 도움이 될 거라고 생각
해. 동의하니? 언제가 좋겠니?

      [결론 내리기] 긍정적 : 이렇게 하면 네가 원하는 걸 내가 해줄 수 있고,
서로에게 만족스런 합의점을 찾아낼 수 있을 거야.

부정적 : 네가 원하는 것이 무엇이며 어떤 생각을 하는지
말해 주지 않으면, 우리 두 사람의 관계를 개선시키려는

226

노력 같은 건 포기하고 함께 살기로 했던 것까지 다시 생
각해 보겠어.]

결과 문제가 많이 까다로워서 대화를 나누면서 구체적으로 해야 할
일을 찾아야 했다. 그 동안 나의 좋지 않았던 행동이 몇 가지 드러났
기 때문이다. 눈을 내리깔고 쳐다본다거나 그를 짜증스럽게 하는
'부산스러운 행동'을 했던 것이다. 우리 두 사람은 서로 행동을 조
심하고 상대를 배려하기 위해 노력했고, 이제는 둘의 관계가 더욱
가까워져 함께 지내는 즐거움을 느끼게 되었다.

당신은 어떤 스타일?

　이제까지 예시한 각본들은 다양한 문제 상황에서 자기주장을 펼치는 데 데스크 각본이 어떻게 이용되었는지를 보여주고 있다. 앞에서 제시한 예 중에서 자신의 문제와 맞아 떨어진다고 생각하는 사람들이 많을 것이다. 하지만 처음에도 말했듯이 이 각본들은 이미 누군가 만들어 써버린 청사진일 뿐이다. 자신의 각본을 쓸 때는 자기주장을 펴는 규칙에 맞춰 각자의 스타일에 따라 만들어야 한다.

　대인관계의 문제점을 해결하기 위한 자기주장 기술을 익히는 데 어느 정도 자신감이 생겼기를 바란다. 협상하는 법, 즉 쌍방이 뭔가를 얻는 상황으로 문제를 해결하는 것은 힘의 균형을 맞춰주는 인도적인 방법이다. 단호하고 효과적으로 자기주장을 펼쳐야 하는 상황에 닥쳤을 때 확신을 가지고 말할 수 있는 기술과 용기를 얻고 있기를 바란다.

7

데스크 각본 직접 써보기

처음부터 가능한 모든 장애를 극복해야만 한다면 그 어떤 일도 시도할 수 없을 것이다 _사무엘 존슨

이 장에서는 48쪽에 있는 실전 연습문제 3번에서 기록한 여러분 각자의 상황을 분석해 보고, 상황에 맞는 데스크 각본을 직접 써보도록 하겠다.

각본을 쓰는 것은 구체적으로 자기주장을 펴기 위한 첫걸음이 될 뿐만 아니라 작은 성취로 스스로에게 보상을 줄 수 있는 방법이 된다. 5장에서 제시한 기본 규칙을 참고해야 하지만 연필을 종이에 대기도 전에 규칙에 얽매이지 않도록 하라. 규칙 때문에 첫 번째 시도를 어렵게 해서는 안 된다. 각본을 다 쓴 후에는 더 나은 효과를 얻기 위해 얼마든지 다시 고쳐 쓸 수 있다.

나의 문제 상황 각본 쓰기

시작하기에 앞서, 1장에 있는 실전 연습 문제 3번(48쪽)으로 돌아가 각본을 쓰기를 원하는 중간 정도의 위협적인 상황에 대해 살펴보자. 그 실전 연습문제에 여러분은 문제 상황에 대해 누가, 무엇을, 언제 했는지에 대해 적어놓았을 것이다. 예비 단계로, 문제지에 적어놓은 정보들을 객관적이고 간단하게 아래에 적어보자.

1. 장면에 등장하는 인물은 누구인가? 당신 이외에 누가 더 있었는가?

   ____

2. 과거 어떤 장소에서, 언제 일어났는가?

   ____

   ____

3. 문제 장면에서 어떤 일이 일어났는가? 문제 상대의 행동과 당신 자신의 행동에 대해 묘사해 보자.

   ____

   ____

   ____

4. 대략적으로 그 상황에서 당신은 어떤 기분이 들었는가?

____

____

____

____

이제 233쪽에 제시된 가이드라인을 이용하여 자신의 대사를 써보도록 하자. 나중에 고칠 수 있도록 연필을 사용하도록 하라. 자기주장을 펼치는 자신의 모습을 생각하면서 실제로 말하듯이 적어보자. 각 단계마다 한두 문장씩 간단하게 적어보자. 다 쓰고 나면 이곳으로 다시 돌아와서 아래 내용을 읽도록 하라.

각본 수정하기

말하고자 하는 바를 종이에 적었으면 전체적인 각본을 살피면서 어투나 표현을 다듬자. 이 단계의 목표는 처음에 적었던 문장들을 고쳐 전달 의사가 정확하게 드러나도록 하는 것이다. 먼저 대사를 하나씩 살펴보면서 193~196쪽에 나오는 규칙들과 비교해 보라. 명백하게 규칙을 위반한 표현들은 즉시 수정하도록 한다. 그러고 나서는 다시 대사를 읽어보면서 과장되거나 감정에 치우친 부분이 있는지 '들어보도록' 노력하라. 그리고 필요하다면 다시 한 번 대사를 고쳐 쓴다. 이때는 최대한 절제된 표현을 쓰도록 한다. 각본은 짤막하게 주제만을 말하는 방식이어야 함을 기억하라. 각 단계에 한두 문장이면 충분하다.

마지막으로, 234쪽(점검하기)에 제시된 항목들을 확인하고, 더 좋은 표현이 떠오르면 수정하라. 그 다음, 236쪽(반응 예상하기)을 확인하라.

단계1 묘사하기 상대방의 공격적인 행동에 관해 객관적인 표현으로 묘사하라. 그 또는 그녀가 무엇을 말했고 어떤 행동을 했는지 자세하고 면밀하게 관찰하라. 아래에 구체적으로 그 행동에 대해 묘사하라. (회사와 관련된 개인적이지 않은 문제라면, 그 문제에 대해 묘사하라.)

____

____

____

____

단계2 표현하기 이 문제나 행동에 대한 자신의 생각이나 느낌을 적극적이고 긍정적으로 그리고 창의적으로 표현하라.

____

____

____

____

____

단계3 구체화하기 상대에게 요구하고 싶은 점을 구체적으로 기술하라. 그리고 상대의 동의를 구하라.

____

____

____

____

단계4 결과를 명문화하기 명문화된 결론을 말로 표현하고, 상대가 행동을 바꾸는 데 동의하면 아래에 긍정적인 결론을 적어라.

긍정적인 결론 _______________________________

문제 상대의 행동이 전혀 변하지 않을 경우의 부정적인 결과에 대해서도 말하라. 하지만 필요한 경우가 아니라면 아래의 이야기는 하지 않아야 한다는 것을 이해하라.

부정적인 결론 _______________________________

· 점검하기 ·

묘사하기 대사

- 상황을 분명하게 밝히는 묘사인가? 아니면 그저 복잡하게 되어 있는가? 당신을 괴롭혔던 행동이나 문제를 객관적으로 묘사할 수 없다면 모두 구체적으로 기술하라.

- 하나의 구체적인 행동이나 문제에 대해서만 묘사했는가, 아니면 불평불만이 있었던 모든 일에 대해 나열했는가? 현재 해결하고 싶은

구체적인 문제나 행동에 초점을 맞춰라. 하나의 각본당 하나의 불만을 담는 것이 가장 좋은 접근 방법이다.

- 다른 사람의 태도나 동기 또는 의도에 대해 묘사하는 실수를 하지는 않았는가? 독심술이나 심리분석은 피하도록 하라.

← 지금까지의 질문에 답해 보고 필요하다면 지금 묘사 대사를 수정하라.

표현하기 대사

- 다른 사람을 책망하지 않고 자기 자신의 느낌이나 생각을 자백하고 있는가? 다른 사람을 비난하거나 조롱하는 표현은 피하라. 험한 표현이나 모욕적인 단어 사용은 상대를 방어적으로 만들고 격한 논쟁을 일으키기만 한다.

- 긍정적이면서 참신한 방법으로 느낌이나 생각을 표현하였는가? '낡은 축음기'에서 흘러나오는 듯한 식상한 말은 피하도록 하라.

- 감정을 자제한 표현을 했는가? 극적인 효과를 주려는 목적이 아니라 감정을 자제하도록 하는 것이 목적이어야 한다.

← 필요하면 지금 표현 대사를 수정하라.

구체화하기 대사

- 상대의 행동 중 작은 것 하나만을 바꿔달라고 제안했는가?

- 상대가 당신의 제안에 동의할 만큼 합당하고도 합리적인 제안을 했는가?

- 상대가 당신에게도 행동을 수정해 달라고 요구한다면 응할 용의가 있는가? 당신 자신의 행동 중 어떤 것을 수정해 달라고 할 것 같은가?

● 상대가 내보일 수정안에 대해 어떻게 대응할 것인가?

← 필요하다면 지금 구체화 대사를 수정하라.

결론 내리기 대사

● 긍적적이면서 상대에게 보상을 주는 결론을 강조했는가?

● 당신이 선택한 보상이 상대에게 정말 적절한 것인가? 상대에게 무엇을 해주기를 원하는지 물어볼 수도 있다.

● 이런 결론을 내린 후 현실적으로 끝까지 실천할 수 있겠는가?

← 필요하다면 지금 결론 대사를 수정하라.

반응 예상하기

이제 여러분은 자기 각본의 기본 요소를 모두 완성시켰다. 하지만 몇 가지 더 고려해야 할 요소가 남아 있다. 그 누구도 아무런 반대도 없는 진공 상태에서 자기주장을 전할 수는 없을 것이다. 실제로 각본을 말할 때는 누군가(대부분 문제 상대들일 것이다) 저항의 반응을 보이기 마련이다. 그러니 각본을 단계에 따라 실연해 나갈 때 상대가 어떤 대답을 하고 어떤 반대가 나올지, 가능한 한 자세히 예상해 보는 것이 사리에 맞다.

자기주장을 펴는 가운데 당황하거나 움츠러들거나 할 말을 잃는 경우를 대비하여 다음의 한두 문장을 효과적으로 사용할 수 있다. "그럴 수도 있지만……"이라는 한 마디로 인해 준비한 각본의 다음

대사로 되돌아갈 수 있다. "내가 말을 다 할 때까지는 중간에 끼어들지 말아주세요."라는 말 역시 마찬가지다. 또는 문제 상대가 논쟁을 시작하여 준비한 각본대로 진행하지 못하게 하면, "그런 식으로 생각할 수도 있겠네요. 나중에 생각해 보겠어요. 하지만 지금은 조금 전에 하던 이야기를 다시 하고 싶어요."라고 말하면 된다.

지금은 바로 이런 부분에 대한 준비를 하는 것이다 아래 빈칸에 234쪽을 참고하여 교정한 각본을 다시 적어보자. 그리고 문제 상대의 입장에서 나타낼 반응들을 적어보자. 상대가 잘 쓰는 단어나 표현들로 대꾸하도록 하라. 그리고 나서 각 단계별로 상대의 응답이나 반응을 바꾸거나 어긋나게 함으로써 각본의 다음 단계로 나아가게 할 나의 응답을 적어보도록 하자.

묘사하기 ______________________________________

____

____

____

문제 상대의 대응 ______________________________

____

____

나의 대응 __________________________________

____

____

표현하기 ______________________________________

문제 상대의 대응 _______________

나의 대응 _______________

구체화하기 _______________

문제 상대의 대응 _______________

나의 대응 _______________

결론 내리기 긍정적 결론 _______________

문제 상대의 대답 _______________

나의 대답 ______________________________

____

부정적 결론 ______________________________

____

문제 상대의 대답______________________________

____

나의 대답 ______________________________

____

협상하기

앞에서 살펴보았지만, 각본에 따라 말한 뒤에 결론내리기 과정에 도
달하면 문제 상대가 어떤 것을 요구할 수도 있다. 예를 들면 상대가
당신이 요구한 행동변화에 대한 보상으로 다른 어떤 것을 원할 수도
있고, 당신에게도 행동변화를 제안할 수 있다. 이런 협상은 목표에
관한 지향점을 놓치지만 않는다면 매우 바람직하다. 시장에서 물건
을 흥정할 때처럼 약간의 입씨름을 할 수도 있지만 이런 과정은 악의
가 없다. 쌍방 모두에게 가치 있는 행동의 변화를 찾는 과정이기 때
문이다.

이 단계에서는 어느 정도의 애드리브를 해도 좋다. 각본에 의해
자신에게 가치 있는 것에 대한 생각을 이미 신중하게 표현했기 때문
에 정교하고 정확한 대사가 필요한 것은 아니다. 자신의 요구와 상

대의 요구를 마음속에 단단히 새기고 있다면 얼마든지 옳은 방향으로 대화를 이끌어나갈 수 있을 것이다.

경고할 점은, 협상을 너무 서둘러 끝내지 않도록 하라는 것이다. 너무 서둘러 마무리하려다가 최종적으로 합의에 이른 계약 조건이 무엇이었는지 잊어버리거나 정확히 정리하지 못하는 상황을 만들어서는 안 된다. 감정적으로 민감한 문제에 대해 논의하는 것은 종종 마음을 불편하게 하고 당혹스럽게 할 수 있다. 그래서 편안한 상태가 되기를 바라는 마음에 자기도 모르게 '서둘러 해치워 버리자' 는 생각을 할 수도 있다. 하지만 계약의 조건을 제시하고 다시 재론하고 하는 등의 흥정이 오가는 속에서도 최종 합의사항을 제대로 정리하는 일은 중요하다. 그러므로 두 사람이 최종적으로 합의한 내용을 글로 적어(서명까지 하면 더욱 좋다) 기록할 것을 권한다. 서명이 된 합의문은 몇 주가 지난 후에도 참고해 볼 수 있으며 두 사람 모두 자신들에게 유리하게 해석해 합의 조건을 '우겨대는' 일을 방지할 수 있다. 서명 날인한 계약서를 만들면 이후에 누가, 무엇을, 어떤 결과로 해야 하는지에 대한 말다툼을 다시 할 필요가 없다. 또한 부엌 냉장고와 같이 모두 볼 수 있는 곳에 붙여놓으면 그것으로써 서로에게 약속했던 것을 각자 되새길 수 있게 해준다.

짧은 각본

항상 데스크(DESC)의 4단계 과정이 필요한 것은 아니다. 대개 사람들은 한마디만 해도 원하는 바가 무엇인지 이해하고 실행에 옮겨주기곤도 한다. 간단한 묘사하기 대사만으로도 상대에게 원하는 행동 변화를 이끌어낼 수 있다는 것을 아래 예에서 살펴볼 수 있다.

- 과체중의 손님에게: "다리가 부러진 의자에 앉으셨네요."
- 대화를 독점하는 사람들에게: "이 대화에 끼어들려고 오래 기다리고 있었어요."
- 불량품을 반품하려 할 때: "이 라디오 스피커가 불량품이에요."

이렇게 간단한 짧은 각본에는 사실 모든 데스크 각본의 단계가 응축되어 있다. 예를 들어보면, 간단한 표현하기 대사만으로도 데스크 각본 전체를 대신해 뜻을 전달할 수 있다는 것이다. "저녁식사를 하면서 팔꿈치를 식탁 위에 올려놓고 먹는 모습이 좋아 보이지 않는구나."라는 말을 예로 들어보자.

묘사하기 저녁식사 시간에 팔꿈치를 식탁 위에 올려놓고 먹고 있구나. 전에도 여러 번 그랬지.

표현하기 팔꿈치를 식탁 위에 올리고 먹는 모습을 보면 신경이 거슬린다.

구체화하기 팔꿈치를 옆으로 얌전히 내려놓고 먹으렴.

결론 내리기 긍정적 : 그렇게 하면 우리 아들이 식사 예절이 바르다고 생각되어 기분이 좋을 것 같다.

[부정적 : 계속 그렇게 팔꿈치를 올려놓은 채 밥을 먹는다면, 식사 예절을 바로 잡기 위해 계속 잔소리를 하겠다.]

'팔꿈치' 의 위치에 관한 간단한 말을 데스크 각본의 4단계로 늘려 말해 보니 말장난같이 우스운 대사가 되었다. 하지만 이렇게 내용을 풀어 설명한 이유는 각본의 4단계가 어떻게 단순한 한마디로 상대의 행동변화를 끌어내는지를 설명하기 위해서였다. 일반적인 사회규범과 사람들의 의도에 대한 추측을 통해 우리는 축약된 한마디가 암시하는 의미를 파악해 본다. 연습을 하기 위해서 아래 제시한 상황에 대해 짧은 자기주장 각본을 적어보도록 하자.

상황 티켓을 사기 위해 줄을 서 있는데 바로 앞에 웬 사람이 끼어들었다. 이때 당신의 한 마디는?

____

____

____

상황 사무실에서 한 영업사원과 사업상 필요한 논의를 모두 마쳤다. 그런데도 상대는 가지 않고 쓸데없는 이런저런 이야기를 늘어놓고 있다. 그만 사무실에서 나가주기를 바라는 당신의 한마디는?

상황 어제 친구의 기분을 상하게 만들었다. 하지만 오늘 자신이 잘못했다는 생각을 하고 있다. 진심으로 사과하고 싶다면 당신의 한 마디는?

이런 짧은 각본은 일상생활에서 빈번히 일어나는 소소한 문제들을 해결하는 데 유용하게 쓰일 수 있다. 그렇지만 이런 간단한 말이 효과를 보려면 당사자 모두가 비슷한 생각이나 같은 목표를 갖고 있어야 한다. "네가 X를 하면 기분이 좋지 않아."라는 한마디로 상대의 행동을 변화시킬 수 있으려면 상대가 내 기분을 배려할 수 있는 사람이어야 한다는 것이다. 또는 당신의 말이 진심에서 우러난 말임을 상대가 알고 있어야 한다. 그러나 끊임없이 반복되는 고질적인 문제 상황은 이렇게 간단한 한마디로 해결할 수 없다. 상대의 기본 생각과 내 기본 생각이 전혀 다른 경우가 너무 많다. 문제 상황의 경중에 따라 데스크 각본의 4단계가 다 필요한지 아닌지 신중하게 결정을 내려야만 한다. 그리고 처음 자기주장 실전연습을 받는 사람이라면 웬만하면 4단계를 사용한 정식 각본을 써보기를 권한다.

전화나 편지(이메일)를 이용한 각본

지금까지는 문제 상대와 얼굴을 맞댄 상황에 대한 각본을 주로 다뤘다. 사실 그런 상황은 자기 의견을 전달하기에 가장 위협적인 상황이라 할 수 있다. 반면 편지나 전화로 자기주장을 전한다면 덜 위협적이다. 자기주장 실전연습에 참가한 사람이 자신의 주치의에게 보낸 편지 형식의 각본이 아래 예시되어 있다.

[묘사하기] 지난 3일간 전화로 계속 연락을 드렸습니다. 접수하시는 분께서 제 메시지를 전해 드리고 의사 선생님께서 저에게 전화하시도록 전하겠다고 했습니다. 그렇지만 지금까지 연락을 주시지 않고 계시네요.

[표현하기] 저에게는 매우 중요한 문제인데 연락을 주시지 않으니 난처합니다.

[구체화하기] 이메일을 받는 즉시 연락주시기 바랍니다.

[결론 내리기] 금요일까지 기다렸다가 연락이 없으면, 그때는 심각하게 주치의를 바꾸는 문제에 대해 생각해 보겠습니다.

의사는 이메일을 받자마자 연락을 해올 정도로 그의 뜻을 진지하게 받아들였다.

매일 얼굴을 마주치지만 이야기를 하기에 거북한 상대에게도 편지 또는 이메일을 사용하는 것이 효과적일 수 있다. 어떤 아버지는 아들의 말을 들어줄 시간조차 낼 수 없을 만큼 바빴다. 함께 살고 있었지만 소년은 우체국으로 가서 아버지에게 보내는 편지를 부쳤다. 바쁜 아버지도 이번만은 온 신경을 집중하여 아들의 말을 듣게 되었다.

수줍음을 많이 타는 사람들에게도 편지(이메일)는 매우 매력적인 방법이다. 독백의 성격이 강하기 때문이다. 상대에 의해 저지당할 위험도 없다. 원하는 말을 전하되, 상대의 반론이나 본인을 주눅 들게 하는 태도에 직면하지 않아도 된다. 그러므로 편지로 보내는 각본은 자기주장 실전연습을 하는 초기에 사용해볼 것을 권한다.

문제 상대에게 각본을 전달하는 또 다른 방법은 '전화'다. 각본을 보면서 이야기하라. 전화를 사용하면 문제 상대의 위협적인 몸짓이나 육체적인 공격을 피할 수 있다는 장점이 있다. 물론 상대가 언제든지 대화를 차단하거나 전화를 끊어버릴 수 있다는 단점이 있다. 또는 상대가 상황이 불리해졌을 때 "전화로 얘기하고 싶지 않아. 오늘 밤 집에 갈 테니까 그때 다시 이야기하자."라고 말할 수도 있다. 이런 단점에도 불구하고 전화로 각본을 시연하는 것은 내성적인 사람들에게는 좋은 방법이다.

처음에는 비교적 덜 위협적인 상황에 대한 자기주장 각본을 편지로 전달하는 식으로 시작하는 것이 좋다. 전화로 이야기하는 것보다 훨씬 위협적이지 않다. 물론 최종적인 목표는 매우 위협적인 상황에

자기주장 각본을 쓰기 위한 타임 아웃 시간

서 얼굴을 맞대고 당당하게 자기주장을 펼치는 것이다. 그러니 각자의 문제 상황에서 '수위가 낮은' 단계, 즉 편지(이메일)나 전화 둘 중편한 것을 선택해서 자기주장을 담은 각본에 따라 연기해 보도록 하라. 실전연습을 할 수 있는 기회를 하나라도 놓쳐서는 안 된다.

각본 쓰기의 실제

각본을 쓰는 능력을 향상시키는 가장 좋은 방법은 가능한 한 많이 써보는 것이다. 과거의 안 좋았던 일들을 떠올리고 그에 대한 각본을 적어보자. 또는 회사나 사람들에게 자기주장 각본으로 쓴 편지를 보내보도록 하자. 위협적인 정도가 중간 정도인 것부터 시작해야 한다는 규칙을 잊지 말도록 해라. 아직은 당신 인생 최대의 문제 상대에게 태클을 걸 때가 아니다. 지금 단계에서는 소소한 문제부터 해결해 가면서 자신감을 쌓고 말하는 기술을 익히는 데 시간을 쓰는 것이 옳다.

각본을 쓰기에 가장 좋은 때는?

기본적으로 데스크 각본은 언제라도 쓸 수 있다. 일단 각본을 쓰는 것에 익숙해지면 언제 어디서도 쓸 수 있고, 쓰는 데 걸리는 시간도 단축된다. 개인적인 문제로 고민하게 될 때마다 자기주장적으로 문제를 해결하기 위한 각본을 쓰면 된다. 실제로 각본의 내용을 상대에게 전달하지 못할 상황이라도 그 비슷한 문제가 생길 미래를 위해 실행해 보는 것이 좋다. 그리고 각본 쓰기를 경험한 많은 사람들이 증언하듯이 각본을 쓰는 행위 자체만으로도 현재 닥친 문제에 대한 불안감을 통제하는 데 도움을 얻을 수 있다.

데스크 각본을 쓰기에 가장 이상적인 시간은, 긴장을 풀고서 조용히 생각할 수 있는 때다. 자기주장 각본을 준비할 시간도 없이 언쟁이 시작되어 버렸다면, 이성적인 각본을 준비하기 위해 일단 그 자리를 피하는 것도 방법이다. 상대에게 양해를 구해 '타임아웃'을 함으로써 자신이 흥분하여 비이성적으로 행동할 상황을 방지한 후 잠시 시간을 내어 짤막한 자기주장 각본을 만들어보자.

훈련 참가자 중 한 명은 과다 청구된 자동차 수리비용에 대해 항의하기 위해, 흥분을 가라앉히고 다음과 같이 말했다. "잠시 실례하겠습니다. 이 문제에 대해 잠시 생각을 좀 해야겠습니다." 그리고 5분간 차에 앉아서 생각을 다듬어 각본을 마련한 뒤 다시 자리로 돌아와 정비소 책임자에게 준비한 말을 전했다. 항의할 내용을 정리해서 말함으로써 정비소 책임자로 하여금 청구서를 다시 정산하도록 설득할 수 있었다.

짝지어 연습하기

짝을 지어 자기주장 각본 쓰기 연습을 하면 훨씬 재미있고 편안하게 할 수 있다. 친구, 가족, 배우자와 함께 자기주장 메시지를 교정하고 연습해 보자. 다른 사람의 조언을 들으면서 연습하면 자신감을 키울 수 있다. 다른 사람과 함께 연습하는 방법은 아래와 같다.

짝지어 연습하기

1. **미리 준비한다** : 각자 만나기 전에 자신의 데스크 각본을 준비한다.

2. **문제에 초점을 맞춘다** : 한 번에 하나의 각본을 다룬다. 자기 차례가 되면 간단하게 누가, 무엇을, 언제, 어디서 했는지 짝에게 설명해 준다. 그 상황에서 무엇 때문에 자신의 주장을 펴지 못했는지도 말해 본다. 그리고 그때 자신이 해야 했던 행동이나 말을 말한다.

3. **점진적으로 각본을 교정한다** : 먼저 전체 각본을 짝에게 읽어준다. 그러고 나서 각 단계별로 다시 읽어가면서 짝과 함께 적절한 표현인지 아닌지 분석해 보고, 필요하면 교정한다.

4. **역할극을 시연한다** : 자신은 문제 상대의 역할을 하고 짝이 자기 주장 각본을 읽어본다. 짝이 읽어주는 대사에 대해 문제 상대의 입장이 되어 대꾸해 본다.

5. **문제 상대의 예상 응답 말하기** : 문제 상대가 각본대로 말하는 것을 듣고 그에 대응할 행동이나 말을 생각나는 대로 해본 후 각본에 적는다. 물론 문제 상대의 응답에 다시 재반론할 나의 말도 생각해 적어야 한다.

6. **교정한 각본을 연습하기** : 이제는 자신의 역할로 돌아와 문제 상대에게 말하는 것을 연습해 본다. 서너 번 연습을 하면서 되도록이면 각본을 보지 않으려 노력한다.

7. 말하는 모습에 대한 평가를 받는다 : 아래 질문에 답해 보고 짝에게
도 의견을 구한다.

충분히 목소리를 크게 했는가? 혹 너무 컸던 건 아닌가?

____

충분히 단호한 어조였는가? 혹 지나치게 감정적이었지 않았는가?

____

적당한 속도로 말했는가? 혹 너무 빠르거나 느리지 않았는가?

____

상대를 똑바로 바라보고 말했는가? 아니면 가끔 시선을 피하기
도 했는가?

____

적당히 다른 곳으로 시선을 돌려 여유를 보였는가? 아니면 지나
치게 상대를 뚫어져라 보았는가?

____

감정을 눈빛에 담아 표현했는가?

____

손은 어떻게 하고 있었는가? 문제 상대에게 손짓으로 표현한 것
은 무엇이었는가?

____

불안하게 다리를 이리저리 움직였나? 불안하게 꼼지락거리는
것을 진정시키기 위해 어떻게 하면 좋을까?

____

이야기를 하는 동안 앉아 있었나, 서 있었나? 어떤 태도를 취했는가?

____

짝이 문제 상대의 역할을 하는 동안 공격적이거나 수동적인 행
동을 취한 적이 있는가?

자신이 말하는 것에 확신을 갖고 있다는 표정을 지었는가?

지나치게 심각하거나 경직된 표정을 지어 과장된 모습을 보이
지는 않았는가?

8. **자신이 가장 자기주장을 잘한 경우가 어떤 것이었는지 짝에게 물어서
이러한 긍정적인 행동을 아래에 적어본다.**

각본을 성공시키는 요소

　　　데스크 각본의 목적은 문제상대의 행동
변화를 이끌어내는 것이지만 각본이 '실패'할 경우에 대해서도 충분
히 고려해야 한다. 8장에서는 자기주장을 펴는 상황에서 문제 상대
가 합의하지 않으려고 펼칠 여러 방법에 대해 다룰 것이다. 이러한
문제 상대의 '회피작전'에 대한 대책을 안내해 놓았다. 하지만 아무
리 노력해도 합의를 이뤄내지 못할 상황이어서 조정이 필요한 경우
라면 협상 조건에 대해 재분석해 보아야 한다. 상대에게 바라는 행
동변화의 정도를 조정할 수도 있고, 보상이나 벌칙을 바꿔야 할 수
도 있고, 문제 상대의 요구를 더 들어주어야 할 수도 있고, 자신의
판단을 재평가하고 수정할 수도 있다.

　각본을 이용한 대화에서 어떤 합의도 이끌어내지 못했다 해도 얻
는 바는 있다. 자신의 감정을 표현하면서 공격적인 상황을 초래하지
않기 위해 노력했다는 것만으로도 자신이 자랑스러울 수 있다. 이런
경험으로 인해 앞으로는 자신의 느낌을 표현하는 것이 훨씬 수월해
질 것이다.

　한편 자기주장 각본에 따라 자신의 의사를 표현하고, 문제 상대가

동의했다면 그건 성공일까? 멋진 일이기는 하다. 하지만 이미 알아보았듯이 단순한 동의만으로는 좋은 결과를 얻을 수 없다. 상대가 실제 행동으로 옮겨주지 않는다면 모두 소용없는 일이다.

계약 맺기

상대와 합의에 이르기 위해 해야 할 첫 번째 일은, 자신이 맡은 계약상의 책임이 무엇인지 잘 살피는 것이다. 자신에게 유리하게 조건을 바꾸거나 해서는 안 된다. 약속한 시간에 약속한 사람에게 약속한 보상을 해주어야 한다. 잔디 깎는 일로 1달러를 주기로 해놓고 절반만 주어서는 안 된다. 오늘 밤에 함께 춤을 추러 가기로 약속해 놓고 갑자기 볼링장으로 가자고 해서는 안 된다.

두 번째로, 계약 조건에 맞춰 행동하도록 문제 상대를 도와야 한다는 것이다. 불행히도 사람들은 문제를 해결하기 위한 합의에 동의해 놓고는 행동은 변화되지 않는다. '깜빡' 하거나 '어쩔 수 없는' 일이 생기거나 '시간이 없어서' 다. 처음에는 이런 변명들을 표면적으로는 인정해 주는 것이 현명할 수 있다(관점에 따라 이런 변명이 정말 타당해 보이기도 한다). 하지만 포기해서는 안 된다. 대신 학생에게 열성적으로 공부를 가르치는 선생님이 되어보자. 문제 상대가 진심으로 노력하고 있다고 판단되는 경우에는 최소한의 보상으로 격려해 준다. 아주 작은 것이라도 적절한 행동을 할 때마다 그에 상응하는 보상을 줌으로써 점차 만족스러운 행동의 변화를 불러일으킬 수 있다.

특히 시간이 많이 필요한 경우 매우 유효하다. 예를 들어 배우자와 파티에 갔을 때 춤을 좀 더 많이 추겠다고 약속했다 해도 안 하던 행동을 갑자기 하기란 무척 어렵다. 처음 간 파티에서 100퍼센트 완전히 달라진 모습을 보일 것이라고 기대하지는 말자. 10퍼센트 정도의 달라진 모습에도 기뻐하고 보상을 주자.

하지만 변명으로만 일관하는 문제 상대에게는 어떻게 해야 할까? 분명 합의한 내용이 잘 지켜지지 않는 것이다. 이 경우 합의를 이행할 수 있도록, 다시 제자리로 돌아가 상대가 약속을 깬 이유에 대해 여러 가지로 생각해 보도록 하자.

- 보상이 충분하지 않을 수 있다. 원하는 것에 비해 상대에게 줄 보상이 충분하지 못하거나 너무 작은 것이 문제일 수 있다. 예를 들어 화요일 저녁마다 수업을 받아야 하는 아내를 위해 남편은 일찍 퇴근하기로 약속했다고 치다. 아내는 그 보상으로 고맙다는 말을 하기로 했다. 남편이 모든 업무 일정을 조절해서 시간을 내야 하는 수고스러움에 비해 '고맙다'는 인사는 왠지 부족하다. 결국 남편은 변명을 둘러대며 약속을 지키지 않게 될 것이다. 정말 남편이 행동을 바꾸기를 원한다면 좀 더 크고 효과적인 보상방법을 찾아 시도해 보아야 한다.

- 약속한 행동을 언제 해야 할지 적절한 큐 사인이 필요할 수도 있다. 합의 내용은 얼마든지 "몸이 멀어지면 마음도 멀어진다."가 될 수 있다. 남편이 늦게 온 이유는 직장의 일이 많아서일 수도 있고, 까맣게 잊어버렸을 수도 있다. 이런 경우 남편에게 약속을 상기시켜 줄

수 있는 적절한 신호를 방법을 찾아보는 게 좋다.

- 문제 상황에서 문제 상대의 행동에 영향을 미치는 가장 중요한 요소를 간과했을 수도 있다. 남편이 귀가 시간을 자꾸 어기는 까닭은 직장의 중요한 업무가 오후에 몰려 있을 수도 있다. 늦게까지 일하지 않으면 안 되는 경우라면 어떻겠는가? 아내의 요구에 합의하여 약속을 했더라도 실제로는 이행할 수 없는 경우가 된다. 이런 경우라면 다른 대안을 찾아야 한다. 너무 염려하지 말고 문제 상황을 재분석해 보라. 문제를 해결하는 방법에는 여러 가지 방법이 있게 마련이다.

큐 사인

문제 상대나 당신이 약속한 내용을 잊어버린다면 그건 문제다. 그렇기 때문에 새로운 행동이 필요할 때 적절하게 약속을 상기시키는 큐 사인을 하기로 합의해 둘 필요가 있다. 한 여자는 남편에게 육체적인 애정표현을 원할 때마다 미소를 지으면서 "지금이야."라는 큐 사인을 말하기로 했다. 비만인 한 남자는 음식을 먹지 않겠다는 결심을 자신에게 상기시키기 위해 냉장고에 날씬하고 잘생긴 자신의 사진과 이와 대조되는 뚱뚱한 사진을 붙여놓는 것으로 큐 사인을 삼았다.

약속한 행동을 할 시간이 가까운 때일수록 큐 사인은 효과를 더 발휘한다. 경우에 따라서는 하루에 두 개 이상의 큐 사인을 보내야 할 수도 있다. 하지만 몇 번 정도 반복해서 원하던 결과가 나타나면,

나중에는 상황 자체가 큐 사인이 되어 별도의 신호가 필요 없게 된다. 그래서 결국에는 습관적으로 그 어떤 신호를 받지 않아도 상대가 원하던 행동을 하게 되는 것이다.

약속을 기억하게 하는 다른 방법은, 어떻게 실천할지 상상하게 하는 것이다. 내일 줄리아에게 책을 주기로 했다면, 아침밥을 먹으면서 책을 챙기고 서둘러 나가는 자신의 모습을 상상해 보는 것이다. 내일 오후 2시에 전기회사에 전화를 걸 예정이라면 사무실에 앉아 2시를 가리키는 손목시계를 확인하고 전화번호를 누르는 자신의 모습을 떠올려본다. 이렇게 마음속에서 상황과 연관지어 할 일을 그려보면 실제 상황에서 생각이 떠오르게 된다. 문제 상대에게 약속을 지키기 위해 이런 '머릿속의 준비'를 시도해 보라고 권하자.

언짢은 습관을 하지 않기로 한 계약은 어떻게 해야 할까? 오래된 버릇이나 습관은 몸에 배어 수정하기가 쉽지 않다. 식탁 예절이 좋지 않거나(소리를 쩝쩝 내면서 음식을 씹는다든지 하는 경우), 사람을 대하는 행동이나 어투가 산만하거나, 그 외 다른 불쾌한 습관을 버리지 못하는 경우에는 특정한 신호나 지적을 해주는 편이 좋다. 여기서 중요한 것은 이런 신호의 목적은 행동을 고치겠다고 약속한 사람을 돕기 위한 것이라는 사실이다. 비꼬는 어조나 조롱하는 투로 신호를 주게 되면 그건 큐 사인이 아니라 일종의 벌칙이다. 따라서 다정한 태도로 전해야 한다.

행동을 바꾸겠다고 약속한 합의가 성공적으로 이루어지기 위해 당신과 문제 상대가 어떻게 해야 할지 생각해 보라. 구두 약속만으로 문제 상대가 행동을 변화시킬 수 있는가? 약속을 어기거나 실수

할 경우가 얼마나 반복될 것이라고 예상하는가? 약속을 상기시켜
줄 큐 사인이 필요하다고 생각되면 그 방법을 아래에 적어보도록 하
라. 어떤 타이밍에 어떤 종류의 신호를 사용할 것인지 구체적으로
적어라. 주의! 사람들 앞에서 해야 하는 신호라면 지나치게 유난스
럽지 않은 것으로 정하라. 신호를 주는 사람이나 받는 사람 모두 창
피당하지 않도록.

   * 나의 큐 사인 계획

____

____

____

다음으로는 어떻게 하면 시간이 흐름에 따라 큐 사인을 보내지 않
고도 상대가 약속을 지키게 할 것인지 생각해 보자.

   * 큐 사인을 줄이기 위한 나의 계획

____

____

____

지금까지 교정한 각본에 두 가지 요소를 더 첨가했다. 이제는 위
의 두 요소도 합의할 약속의 내용으로 생각해야 한다.

재협상을 위한 조언

문제 상대가 데스트 각본에서 제안한 조건에 동의했을 뿐만 아니라 그에 따라 행동을 바꾸어주었다면 더할 나위 없이 좋은 결과를 얻은 것이다. 하지만 그래도 성에 차지 않으면? 아직도 더 많은 행동변화가 있어야 한다면? 그렇다면 다시 한 번 협상을 해야 하고 당연히 또 다른 각본을 준비해야 할 것이다. 시간이 지남에 따라 계약 조건을 바꾸거나 현재의 이해나 목표에 맞게 조정하는 것은 잘못된 것이 아니다. 사람들의 욕구는 변하기 마련이고 상황도 항상 같지 않기 때문이다. 예를 들면, 여름 방학을 맞은 자녀에게 학교 다닐 때와 같이 이른 저녁 시간에 침대로 가라고 할 필요는 없다. 상황이 변했는데 규칙을 달리하지 않을 이유가 없다.

정리하면 다음과 같다. 좋은 계약이란 관련 당사자들의 생각이나 상황의 변화에 맞춰 융통성 있게 변할 수 있어야 한다. 우리가 계약을 맺은 것은 우리 삶의 질을 향상시키기 위해서다. 규칙이나 계약은 우리가 사용할 도구일 뿐이다!

ASSERTING YOURSELF

8

상대의 방해 작전 극복하기

행선지로 가는 기차를 제대로 탔다 해도 그저 멍하니 앉아만 있다면 곧 잘못된 방향으로 가게 될 것이다

_무명씨

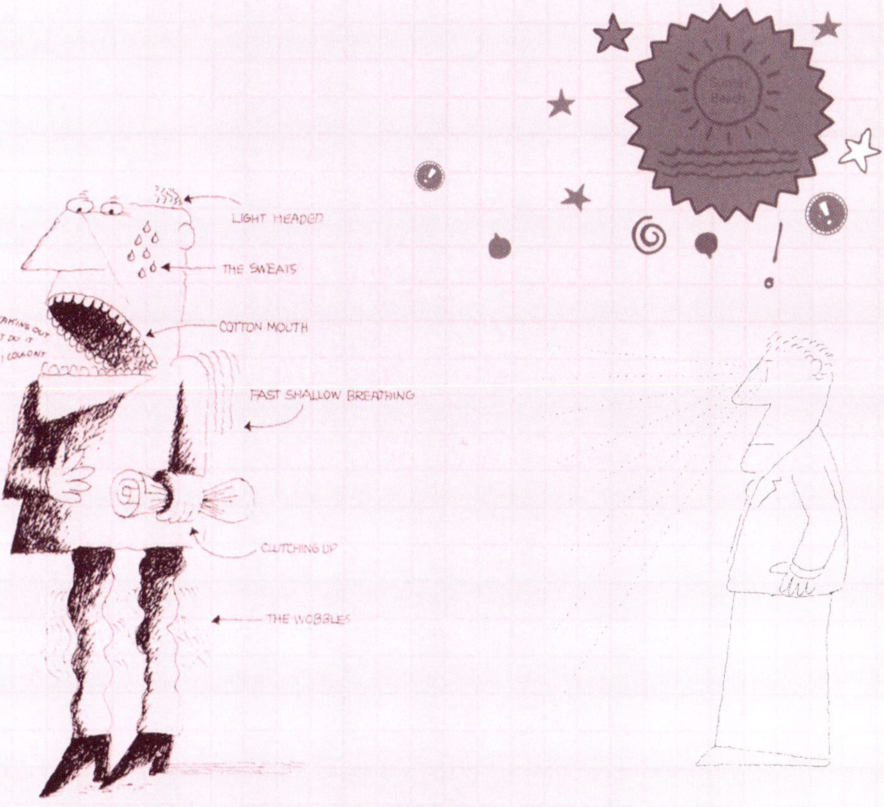

자기주장을 펴는 일은 거의 쌍방이 포함되는 대화의 형식을 띤다. 문제 상대는 당신이 준비한 데스크 각본에 전혀 주의를 기울이지 않을 수도 있고, 무례하게 굴 수도 있다. 장난스럽게 "그래, 좋아. 어디다 서명해 드릴까?"라고 빈정거릴 수도 있고, 수세적인 반응을 보일 수도 있다. 이러한 모든 자기방어적인 행동들을 우리는 '방해 작전'이라고 부르기로 하겠다. 이것은 자기주장을 펴는 사람에게 방해가 되는 행동들이기 때문이다. 이번 장에서는 문제 상대들이 보이는 전형적인 자기방어 행동들을 미리 예상할 수 있도록 도와주고, 그런 행동들을 다루는 방법에 대해 이야기하려 한다.

문제 상대의 다양한 방해 작전

문제 상대가 우리가 준비한 각본에 대해 전면적으로 부인하거나 대수롭지 않은 일로 치부해 버리는 경우가 있다. 또는 문제의 원인을 당신에게 돌리거나 다른 사람에게 덮어씌울 수도 있다. 격렬하게 항의하면서 논쟁을 벌이려 하거나 자기변명을 늘어놓거나 당신의 행동에 대해 어쭙잖은 분석을 시도할 수도 있다. 이런 대응방식은 대부분 당신의 입을 막거나 화제를 돌리려는 의도에서 비롯된다. 하지만 우리는 이번 장에서 이러한 비열한 책략에 어떻게 대처해서 애초에 원하던 대화로 돌아갈 것인지 그 방법을 배우게 될 것이다.

각각의 경우에 맞는 자기주장적인 재반박의 예도 제시될 것이다. 재반박은 다음과 같은 유형으로 분류될 수 있다.

밀고 나가기 자기주장의 목적이 되는 핵심 주장을 다시 들려준다. (이 경우 할 말은 대부분 구체화하기 부분의 표현이 된다.)

반대하기 직설적인 어법으로 분명하게 반대의사를 전한다. ("난 그 말에 동의할 수 없어.")

자신의 기분이나 생각을 강조하기 요점을 환기시키거나 더 상세히 설명함으로써 본인의 기분이나 생각을 강조하는 것이다. ("이건 나에게 중요한 일이야.")

인정하지만 동의하지 않기 상대에게도 나름대로 감정이 있고 자기 생각을 말할 권리가 있음을 인정한다. 하지만 당신이 동의하지 않는다는 사실을 강조한다.

무시하기 지금까지의 대화와는 상관없는 이야기라는 점을 지적하고 할 말을 그대로 밀어붙인다. ("그건 지금 중요한 게 아니야.")

다른 말로 다시 설명하기 나의 행동에 대해 상대가 부정적으로 표현하는 것을 받아들이지 말라. 긍정적인 표현으로 다시 정정해 주어라. ("난 지금 시끄럽게 구는 게 아니야. 친구의 일에 관심을 갖고 있는 것일 뿐이야.")

재빨리 답하고 넘기기 '네', '아니오'와 같이 간단한 대답을 해주는 것이 가장 좋은 대응 방법일 때도 있다. 그렇게 넘기고 중요한 이야기를 계속하면 된다.

질문하기 애매모호한 비난의 말을 계속 듣고 있어선 안 된다. 좀 더 분명하게 말해 달라고 요구해야 한다. ("내가 바보같이 군다는 말이 정확하게 어떤 면에서 그렇다는 것이죠?")

결론 내기 인내의 한계에 달했다고 느끼거나 위협적인 상황이라고 판단되거나 공격적인 행동이 계속된다면 부정적인 결론을 내릴 수밖에 없다. ("이런 식이라면 어쩔 수 없군요. 당신은 우리 관계를 깨트렸어요.")

지연 작전

문제 상대가 상호간의 문제 해결을 회피하는 가장 간단한 방법은 의논 자체를 피하는 것이다. "우리 생활비에 대한 문제를 좀 의논했으면 해."라고 말을 꺼냈을 때 상대가 "지금은 안 돼. 너무 피곤하거든." 또는 "다른 때 하자. 지금은 바빠." 등 회피하려 할 것이다. 이럴 경우 자기주장을 펴기 위해 두 가지 선택 가능한 방법이 있다. 먼저 다음과 같은 표현으로 반강제적으로 대화를 끌어가는 것이다. "지금 이 문제는 나한테 무척 중요한 일이야."[기분 강조하기] "내가 이런저런 계획을 세워놓았기 때문에 이야기하는 데 몇 분 정도면 충분할 거야."[밀고 나가기] 이런 식으로 말하면 상대도 솔깃해서 들으려 할 것이다. 상대는 아무 것도 하지 않아도 되고 그저 듣기만 하면 된다는 인식을 주었기 때문이다.

두 번째 방법은, 나중에 얘기하자는 말에 일단 따르되 구체적인 시간을 정하는 것이다. "지금이 좋지 않다면 오늘(또는 내일) 중으로 좋은 시간을 말해 봐. 그때 이 문제에 대해 이야기하자."[밀고 나가기] 이때 상대가 시간을 언급하면 다시 본인의 입으로 재확인을 하고 고맙다는 말을 한 다음, 더 이상 그 이야기를 하지 않는다.

지연 작전

"지금은 봉급에 대한 이야기를 할 수 없어요. JB와의 회의 준비를 해야 하거든요."

자기주장 응답

"그럼 이야기를 나누기 가능한 시간을 말씀해 주십시오. 그러면…"[밀고 나가기]"

"지금은 안 되겠어. 생각할 일이 좀 많아. 시비 걸지 말아주었으면 해."	"기분이 상했다는 건 알겠어. 하지만 [인정하지만 동의하지 않기]이 문제는 나에게 무척 중요해.[기분 강조하기]지금이 어렵다면 언제 이야기할 수 있을까?[질문하기]"
"너랑 말씨름할 시간 없어. 그 문제는 이제 다 끝났잖아."	"이 문제는 끝나지 않았어요. 왜냐하면……[반대하기]" 또는 "나도 쓸모없는 일로 말싸움을 하고 싶지는 않아. 하지만 [인정하지만 동의하지 않기] 이 문제에 대해 의논하지 않겠다면 나도 할 수 없이…… 해야겠어.[결론내리기]"

당신이 자기주장 각본을 말하려고 하는데 문제 상대가 자리를 피하거나 뒤로 미루려 하는 장면을 상상해 보자. 상대가 사용할 말한 표현을 구체적으로 예상해 보고 또 어떤 행동을 할지 짐작해 보자. 그 다음에는 자신의 입장으로 돌아와 문제 상대에게 대응하는 모습을 생각해 보자. 문제 상대의 저항에 미리 대응할 말을 적극적으로 준비하는 것으로도 이미 협상에서 반은 성공한 것이나 다름없다는 사실을 기억하라.

문제 상대가 "그런 문제는 말하기도 싫어."라고 한다면 이것은 자신의 기분을 강조하는 표현으로서, 당신은 그 문제가 중요하다는 사실을 강조하면서 타협점을 찾아야 한다고 설득하라. 그래도 계속 무시하거나 자리를 피한다면 그는 '내 사전에 협상은 없다' 주의자가 분명하다. 이런 사람에 대한 대처 방법은 나중에 다시 다루겠다. 그렇지만 일반적으로 행동교정을 위한 계약 체결의 기본 규칙은 문제 상대가 '협상 테이블'에 임하도록 부추기는 내용이다. 부디 여러분은 이 장애를 넘어 대화를 이끌어냄으로써 준비한 데스크 각본을 훌륭하게 전달할 수 있기를 바란다.

주의 산만 작전

문제 상대가 당신에 대한 지엽적인 문제나 쓸데없는 질문을 퍼부어 당신의 이야기를 방해할 수도 있다. 이런 경우, 대부분 주의를 산만하게 하여 이야기의 초점을 흐리려는 전략이기 때문에 그런 말들에 일일이 대답할 필요가 없다.

지연 작전	자기주장 응답
"화를 내도 아름다워 보여."	"요점에 어긋난 이야기네요[무시하기]. 내 말하고자 하는 요점은…… [밀고 나가기]"
"그런 거창한 말들은 어디서 배운 거지?"	"그런 건 신경 쓸 필요가 없죠[무시하기]. 지금 내가 중요하다고 생각하는 것은……[밀고 나가기]"
"회계보고서 작성은 다 끝낸 거야?"	"아뇨. 하지만 이 문제에 대해 잠깐 시간을 낼 수는 있죠[빨리 대답하기]. 제 말의 요점은요……[밀고 나가기]"

각각의 경우에 따른 응답은 준비한 각본에 따라 대화를 이어갈 수 있게 하고 주제에서 벗어나지 않게 도와주고 있다.

문제 상대가 침묵을 지키는 경우도 산만해지는 원인이 된다. 상대로부터 일정 정도의 반응을 예상하고 있었는데 아무런 대꾸도 없다면 당황스러워진다. 또한 적대적인 몸짓 언어 역시 마찬가지다. 이런 반응들에 대해서는 따로 설명할 필요가 있다. 나중에 나오는 "부정적인 몸짓 작전"에서 좀 더 자세히 알아보도록 하겠다.

당신의 문제 상대가 어떻게 이야기를 샛길로 빠지게 할지 예상해 보자. 당신이 자기주장을 펼칠 때 문제 상대는 당신의 입을 막기 위해 어떤 말들을 할까? 의논하고자 하는 주제와 전혀 상관없는 것으로 상대가 할 만한 말들을 구체적으로 상상해 보고, 그 특징적인 표현을 찾아보자. 아마도 그는 화제를 돌리기 위해 당신에게 한방 먹이려 들 것이다. 그런 상황은 어떻게 다룰 것인가?

부인하기 작전

문제를 묘사하는 단계에서 상대가 선택하는 가장 쉬운 자기방어 전략은 사실을 부인하거나 당신의 관점이 왜곡되어 있다고 주장하는 것이다. 묘사하기 단계에서는 반드시 문제 상대의 행동(행동의 동기에 대한 것이 아니라)에 관한 이야기만 하라고 말한 이유가 바로 이런 논쟁을 피하기 위한 것이었다. 그럼에도 불구하고 상대가 그런 적이 없다고 부인한다면, 당신의 관점으로 주장하면 된다.

이때 누구의 관점이 '옳고 그르냐'를 따지느라 불필요한 논쟁에 빠지지 말도록 하자. 상대의 부인에 대한 응답은 다시 부인해 주는 것이다. 다시 당신의 주장을 정확하게 펴라. 필요하다면 다른 말로 풀어서 설명해 주어도 좋다. 반대 관점이 있을 수 있다는 간단한 언급을 해줘도 좋다. "네가 그런 생각을 할 수도 있지. 하지만 내 생각은 그렇지 않아."[밀고 나가기] 이외에도 묘사하기 대사를 부인하는 말들과 응답의 예는 다음과 같다.[인정하지만 동의하지 않기]

부인 작전	자기주장 응답
"그건 사실이 아니야."	"난 사실이라고 생각해[반대하기]. 그리고……[밀고 나가기]"
"지금 무슨 말을 하고 있는 건지 알고나 있어?"	"내가 모른다고 생각하고 있는 모양인데, 난 내 말에 확신을 갖고 있어[인정하지만 동의하지 않기]."
"항상 날 오해하는군."	"지금 나는 너의 숨겨진 동기에 관한 것이 아니라 겉에 드러난 행동에 대해 말하고 있어.[다른 말로 다시 설명하기] 아무튼 …[밀고 나가기]"

차분하지만 단호한 어투로 응답하라. 상대의 의견을 공격하지 말라. 그저 상대의 말을 비껴나가게 하고 준비한 자기주장을 계속 펴도록 하라.

비난 작전

공격적인 행동에 대해 지적하면 상대는 그 이유를 누군가에게 전가시키려 한다. 자신의 행동을 합리화시키거나 변명하려는 이유에서다. 또한 당신에게 죄책감을 주려는 의도도 있다. 이런 사람은 당신의 말을 "왜 그렇게 행동하니?"라는 질문으로 받아들여 비난으로 받아친다. 이런 비난에 대해서는 간단하게 대답하는 것으로 단호히 대처하면 된다. 아래에 다양한 묘사하기 대사에 문제 상대가 비난하는 어조로 반박한 예와 그에 대한 자기주장 응답의 예가 있다.

묘사 대사	비난 작전	자기주장 응답
"너무 큰 목소리로 말해."	"너만 그렇다고 말해."	"그렇지 않아[동의하지 않기]. 내 기분은……[기분 강조하기]"
"제가 타이핑해 준 문서를 회람시키지 않았죠."	"그랬네요. 하지만 나한테 회람해야 한다고 말하지 않았잖아요."	"사내 회람용 문서는 즉시 직원들에게 나눠주시기 바랍니다[빨리 대답하기]."
"다 낡아빠진 스웨터를 입고 있구나."	"새 걸 안 사주니까 그렇지."	"네 옷은 내 책임이 아니야[동의하지 않기]. 내 기분은……[기분 강조하기]"

가끔 문제 상대의 비난어린 대꾸는 당신이 고쳐야 하는 행동을 지적하는 경우가 있다. 예를 들면 부부 동반 모임에서 남편이 지나치게 말을 많이 해서 부인이 말할 기회를 놓치는 경우를 보자. 아내가 이 점을 지적했을 때 남편은 "당신이 항상 침묵을 지키고 조용히 앉아 있으니까 내가 대신해야 한다고 생각해서 그런 거야."라고 대답

비난 작전

했다고 하자. 아내는 부분적으로 자기에게도 책임이 있음을 인정하고 남편이 말을 좀 줄인다면 본인도 대화에 참여하도록 하기로 약속했다. 그리고 아내는 남편과 함께하는 모임이 있을 때는 두 가지 정도 화젯거리를 준비해 두었고, 남편은 대화가 끊긴 잠시 동안 속으로 숫자를 10까지 세기로 했다.

가장 빈번히 사용하는 비난 작전은 "내가 전에 말했잖아!"다. 문제 상대가 이전에 자신의 충고를 받아들이지 않은 당신에게 문제가 있다고 비난하는 내용이다. 이런 잘난 척하는 말은 비수처럼 마음에 상처를 주지만 이 말에 반박해서는 안 된다. 화제를 다른 방향으로 전환시키려는 행동이다. 지금 문제는 과거에 충고를 해주었다는 것이 아니다. 현재의 행동이 문제다. "내가 전에 말했잖아!"라는 말에는 간단히 비껴나가는 말로 대답해 주면 된다. "그랬는지도 모르지. 하지만 내가 말하고자 하는 건……[인정하지만 동의하지 않기]" 하는 식으로 주도권을 넘겨주지 않는 것이 중요하다.

또 다른 비난 작전의 유형으로는 다른 사람의 핑계를 대는 것이다. 상사가 잔뜩 화가 났거나 언짢은 표정으로 아무 때나 당신을 불러들여 비판한다고 가정해 보자. 이때 상대에게 자신의 기분을 알리고 관계를 어떻게 개선했으면 하는지를 써보면 아래와 같이 된다.

묘사 대사	비난 작전	자기주장 응답
"지난 2주 동안 부장님은 전화 바꾸어드리는 문제로 여러 번 화를 내셨습니다."	"감독관이 내 휴가를 6주 뒤로 미루라고 하는 바람에 속이 상해 있었어."	"솔직히 말씀해 주시니 고맙습니다. 하지만 저는 잘못도 없는데 대신 벌을 받는 기분이에요. [기분 강조하기]"

남의 탓을 하면서 자신의 공격적인 행동을 정당화하려는 또 다른 경우는 불특정 다수를 끌어들이는 때다. "모두 그렇게들 한다구." 이럴 땐 다른 사람은 몰라도 나는 그렇지 않다고 잘라 말하자. "뭐 그럴 수도 있겠지. 그래도 난 그런 행동은 공격적이라고 생각해.[동의하지만 인정하지 않기]"

구체화 대사	비난 작전	자기주장 응답
"오디오 소리 좀 줄여 주겠니?"	"지나치게 민감하게 구는군. 내 친구들은 모두 이 정도 볼륨으로 듣는다구."	"그럴 수도 있겠지. 하지만 나한테는 분명히 너무 케[동의하지만 인정하지 않기]. 내 귀는 아주 민감하거든[다른 말로 다시 설명하기]. 제발 소리를 줄여줘[밀고 나가기]."

문제 상대가 당신을 강도 높게 비난하는 경우에는 어떻게 응답할 것인지 상상해 보라. 사람들은 자기 잘못을 남의 탓으로 돌리는 일에는 비상할 정도의 창의력을 발휘하는 경향이 있어 어떤 책임 전가의 말이 돌아올지 예상하거나 응답을 준비하는 게 쉽지는 않다. 따라서 기본적으로 각본을 통해서 하려던 말에만 집중하도록 하라. 상대의 비난으로 야기된 새로운 문제에 휘말려 옆길로 새지 않아야 한다. 상대의 비난에 대해 변명하기보다는 상대에게도 절반의 책임이 있다는 것을 강조하여 문제 해결을 위한 행동의 변화를 계속 주장해야 한다. 그리고 무엇보다 잊지 말아야 할 일, 절대로 같이 비난하지 말라.

언어폭력 작전

문제 상대가 언어폭력으로 대응해 오는 경우는 정말 공포스러운 일이다. 묘사하기 대사나 표현하기 대사에서 상대를 자극하는 표현을 모두 제거했다 해도 문제 상대가 비난이나 도발로 해석하여 공격적인 말과 비판을 퍼붓는 경우가 있다.

일반적으로 언어폭력을 사용하는 사람은 상대를 업신여기고 상대의 생각이나 능력을 격하시키며 자아존중감을 공격한다. 언어폭력에는 모욕적인 언사나 비난 또는 욕설, 비아냥거리는 말, 비방 등이 있다. 대부분의 언어폭력에 대해서는 무시하고 준비한 자기주장을 펴면 된다.

물론 상대가 화를 내고 있다는 것을 느꼈으니 한마디 해주어도 좋다. "내 말에 화가 난 모양이야. 하지만 이건 나에게 중요한 일이야." 상대가 소리를 지르거나 신경질적인 비명을 질러댄다면, 침착한 목소리로 다음과 같이 말해 주어도 좋다. "이 문제에 대해 우리는 대화를 해야 돼. 그런데 그렇게 소리를 지르면 무슨 말인지 알아들을 수가 없잖아." 상대의 분노를 진정시키도록 노력해야 한다.

문제 상대가 욕설을 퍼붓는다면 그저 무시하거나 또는 감정이 섞이지 않은 표현으로 상대의 말을 [다시 설명]할 수 있다. [무시하기]로 불필요한 논쟁을 하지 않을 수도 있다. 그리고 [기분 강조하기]로 대화를 앞으로 진척시킬 수도 있다.

언어폭력 작전	자기주장 응답
"집 지키는 개처럼 왜 이러는 거야?"	"네가 한 일쯤은 지켜보지 않아도 훤히 알 수 있어.[다른 말로 다시 설명하기]"
"네 기분 따위는 신경 쓰고 싶지 않아!"	"그렇다면 할 수 없지. 그런데 지금 우

	리한테는 해결해야 할 문제가 있어[동의하지만 인정하지 않기. 밀고 나가기]. 나한테는 이 문제가 제일 급한 일이라 생각해[생각 강조하기]."
"나를 깎아내리는 말은 그만둬!"	"뭐라고 말하건 그건 마음대로 해[무시하기]. 하지만 지금 내 기분이 어떤지는 말해야겠어[기분 강조하기]."
"이 멍청아, 도대체 무슨 권리로 나한테 설교를 하는 거야?"	"설교를 하고 있는 게 아니야. 너에게 사실을 말하는 거야. 그래서……[다른 말로 다시 설명하기]."

농담 작전

농담으로 적당히 얼버무리려는 사람도 있다. 당신이 주장하는 바를 과장하여 비꼬거나 바보 취급을 하려는 것이다. 당신을 희생시켜 만들어낸 농담은 결국 조롱의 의도가 담겨 있음을 당신도 분명 인식할 수 있을 것이다. 이런 조롱에 대응하기 위해서는 잠시 유머감각을 버리고 진지한 표정으로 묘사하기 대사와 표현하기 대사를 할 필요가 있다. 무표정한 얼굴이야말로 못된 장난을 즐기는 사람의 유머감각을 즉시에 사라지게 하는 좋은 대책이다. 아래 농담 작전의 예와 그에 응답할 내용이 제시되어 있다.

구체화 대사	비난 작전	자기주장 응답
"지금 한 시간 동안 무려 세 번씩이나 나를 놀렸다는 걸 알고 있니?"	"겨우 세 번? 오늘은 평소 실력이 안 나왔네."	"하나도 재미없어[반대하기]. 지금 내 기분은……[기분 강조하기]."
"약속해 놓고 의원회 보고서를 살펴보지 않았네요."	"눈알이 빠져버릴까 봐 그랬지.	"약속을 어긴 일은 웃으며 넘어갈 게 아니에요[다른 말로 다시 설명하기]. 지금 내 기분은……[기분 강조하기]."

문제 상대의 말에 유머러스하게 응수할 방법을 생각해서 데스크 각본에 미리 써놓는 것도 좋은 방법이다. 평소에 상대가 잘 쓰는 유머의 종류를 생각해 보면서 어떤 단계에서 농담(사람을 경멸하는 말) 섞인 반응이 나올까? 그에 대해 어떻게 응수할 생각인가? 우리 사회에서 비꼬는 말은 흔히 쓰이는 비방의 방편이다. 그러니 다른 경우에도 사용할 수 있게 한 줄짜리 간략한 응답을 미리 준비해 두는 것도 좋겠다.

심리분석 작전

가끔 우리는 사람들의 행동에 대해 나름대로 심리학적 분석을 하려 한다(물론 대부분 어쭙잖은 결과를 낳는다). 여러분의 문제 상대도 당신이 단호하게 자기주장을 펴는 모습을 보면, 아마추어 심리분석가 흉내를 내면서 당신의 동기에 대해 마음대로 이리저리 떠들어댈 수도 있다. 그런 어설픈 시도에 대해서는 단순하게 [반대하기]할 수도 있다. 기본적으로 다음과 같이 말하면 된다. "그런 심리분석은 엉터리야[반대하기] 게다가 지금 이야기하고 있는 주제는 그게 아니야.[기각하기] 문제는 너의 행동과 그에 따른 내 반응이야. 그러니까 우리 어떻게든 문제를 해결하도록 해보자.[다른 말로 다시 설명하기]" 아래에 심리분석을 가장한 험담의 예와 그에 응하는 자기주장 응답의 예가 있다. 중요한 것은 빨리 대답해서 넘기고 다음 단계인 감정 표현하기나 구체화로 넘어가야 한다는 것이다.

심리분석 작전	자기주장 응답
"이런 말을 하는 걸 보니 넌 남자다운 남자에게 적대감을 지닌 불감증 환자 같은 여자구나."	"그건 사실이 아니에요. 난 남자들에게 반감 없어요[반대하기]. 지금 내가 하는 이야기는 당신의 행동에 관한 것일 뿐이에요……[밀고 나가기와 기분 강조하기]."
"뭐 힘든 일이 있나 보구나. 어서 이겨내야지."	"힘든 일 같은 건 없어요[반대하기]. 문제는 당신이 나에게 하는 행동과 그것에 대한 내 생각이에요[다른 말로 다시 설명하기]."
"내가 너를 제치고 먼저 승진할까 봐 불안해서 그러는구나."	"날 분석하려 하지 마[빨리 대답하기]. 지금 무슨 말을 왜 하는지는 내가 더 잘 알고 있어.[반대하기] 이젠 우리 문제에 대해 의논해 볼까?[질문하기]"

눈물 작전

눈물 작전의 공통점은 울음을 터트리거나 희생자 행세를 하면서 상대의 말을 가로막으려 한다는 것이다. 이런 행동으로 전하고자 하는 메시지는 "너무해! 내 마음을 상하게 했잖아."이다.

비판의 말을 들으면 상습적으로 울음을 터트리는 상대에게 어떻게 응수할 수 있을까? 우선 죄책감을 갖지 말라. 문제 상대의 행동과 자신의 욕구에 대해 주의 깊게 분석하고 데스크 각본을 준비하면서 조심스러운 표현들을 골라 말하는 것이므로 당신은 최대한 상대를 배려하고 있다. 별것도 아닌 말에도 울음을 터트리는 '울보'에게는 죄책감을 유발시키려는 작전 아니냐고 정확하게 지적해 주는 것이 좋다. 눈물로써 상황을 넘기려고 해도 소용없다는 말을 해주자.

그러고 나서 문제 상대가 당신의 말에 집중하는 기색을 보이면 어떻게든 그 자리에서 준비한 이야기를 다 하고 상대와 합의를 하자. 여러 가지를 생각해서 합당한 주장을 했는데 죄책감을 느끼게 될 수도 있다. 그렇다면 화제를 바꾸거나 잠시 산책을 가라. 상대는 곧 훌쩍거리는 것을 멈출 것이다. 그리고 행동을 바꾸겠다는 약속은 '유효'해질 것이다.

문제 상대의 울음이 대화를 방해할 정도라면 준비한 각본을 전달하는 것을 일단 멈추어라. "네가 자꾸 우니까 이야기를 할 수가 없네. 내일 아침식사 시간에 다시 이야기하도록 하자."라고 말하자. 상대가 들을 준비를 하고 나올 시간을 주는 것이다. 다시 이야기를 꺼냈는데 또 상대가 운다면 그때는 각본을 편지로 적어 넘겨주거나 간단한 메모로 전해도 좋다. 그러면 상대는 글을 읽으면서 원하는 만큼 실컷 울 수 있다. 비판 받을 때마다 울음을 터뜨리는 행동에 대한 수정을 목표로 하여 각본을 만드는 것도 좋겠다. 중요한 것은 울음이란 행위는 상대를 조정하거나 문제를 해결하는 것을 방해하는 잘못된 습관임을 인식하는 일이다. 울음은 두 사람을 친근하게 만드는 일에 방해만 된다.

또 다른 타입은 자기주장을 하는 당신 앞에서 신체적으로 이상이 생겼다고 호소하는 방식이다. 이런 신체적 증상은 단순한 두통이나 복통에서부터 가슴 통증이나 경련, 현기증 등까지 다양하다. 이런 질병 증상은 스트레스에 지나치게 과민반응하는 데서 온다. 울음처럼 이런 증상들도 사람들을 현혹시키고 문제 상황을 유야무야 넘기게 만든다.

이런 증상들이 심리적인 것인지 실제로 아픈 증상인지에 대해 논쟁하지 말라. '필요하면' 언제든 나타나는 이런 증상들은 듣기 싫은 말을 막으려는 상대의 술책일 뿐이다. 이런 문제 상대의 경우 다음부터는 편지를 사용하여 의견을 전해 보자. 당신 때문에 아프다는 소리를 듣지 않고도 주장하는 바를 효과적으로 전할 수 있는 유용한 방법이다.

부정적인 몸짓 작전

눈물 작전의 신체적인 증상과는 달리 부정적인 몸짓 언어를 표하는 경우다. 이들은 얼굴이나 몸, 어조 등으로 화가 났거나 기분이 나쁘다는 메시지를 전달한다. 매섭게 쏘아보거나 뚫어져라 응시하거나 험악하게 얼굴을 찡그리거나 능글맞은 웃음을 보일 수도 있다. 손으로 이마와 눈을 가린 채 "맙소사, 또 그 이야기를 하려고 하는군!" 하는 표정을 지어 보일 수도 있다. 문제 상대가 이런 부정적인 몸짓 언어를 사용하는 이유는 자기주장을 펴는 당신을 비난하기 위해서다.

이런 상대에게 응수하는 데는 두 가지 방법이 있다. 하나는 문제 상대의 몸짓 메시지에 담긴 감정을 정확하게 인식하면서 다음과 같이 말하자. "이런 이야기가 마음에 들지 않는다는 건 알겠어. 왜 그렇게 생각하는지도 이해해. 하지만 지금 하려는 말을 끝까지 전하고 싶어. 왜냐면 이건 나에게 무척 중요하기 때문이야.[인정하되 동의하지 않기]"

당당히 자기주장을 펴는 사람이라면 상대의 그런 부정적인 몸짓 언어는 간단히 무시해 버리고 자신의 이야기를 밀고 나갈 수도 있다. 상대의 몸짓 언어에 반드시 반응을 해야 한다는 규칙 같은 것은 없다. 그러니 앞에 놓인 상대가 나의 이야기를 열심히 경청하고 있다고 생각하고 계속 각본에 따라 이야기를 풀어나가라. 몇 분이면 다 끝낼 수 있다.

부정적인 몸짓 언어 중 가장 독특한 것은 침묵이다. 각본을 들어주지만 그대로 차분히 앉아 '벽'을 쌓고 못마땅한 표정이나 의기소침한 표정으로 침묵을 지킨다. 제안한 것에 대해 찬성도 반대도 하지 않는다. 이럴 땐 어떻게 할까?

침묵으로 나오는 상대에 대처하기 위해서는 데스크 각본에 따라 말하는 사이에 한마디씩 질문을 붙이는 방법이 있다. 묘사하기 대사 다음에는 "내 설명에 동의하지?"라고 하고, 표현하기 대사를 한 다음에는 "내가 어떻게 느꼈는지 알겠니?"라고 하는 것이다. 이렇게 해도 여전히 반응이 없으면 그때는 상대의 침묵을 무시하고 제안에 동의한 것으로 간주해 버리자. 처음부터 각본의 계약 조건을 세울 때 상대의 반론을 받지 않도록 신중하게 해야 한다. 그래서 분명한 표현으로 반대하지 않으면 당신의 뜻에 동의한 것으로 생각하라. 확인을 위해서 "네 침묵은 내가 세운 계약 조건에 전적으로 동의하는 것으로 받아들일게."라고 말하자. 이런 침묵 작전을 대할 때 주의할 점은 상대의 침묵을 내 방식대로 해석해야 한다는 것이다. 침묵을 화가 났거나 기분이 상했다는 표시로 생각하기 시작하면 상대에게 말려드는 것이다. 일반적으로 이야기를 하는 사람이 두 사람의 상호 작용에 주도권을 갖는 것이다.

상대가 부정적인 몸짓 언어를 보일 것이라 예상되는 경우라면, 침묵 자체를 문제 행동으로 보고 이러한 태도를 변화시키기 위한 별도의 자기주장 각본을 준비하자.

사과하기 작전

문제 상대의 행동에 대해 묘사하고 어떤 기분을 느꼈는지를 전했을 때 상대가 지나치게 저자세로 돌변해서 과도한 사과 공세를 퍼붓는 경우가 있다. 모든 잘못이 본인 때문이라며 당장 고치겠다고 약속을 한다. 이런 작전은 우리가 상대를 미안하게 만들었다는 죄책감을 갖게 한다. 다음과 같은 말을 하고 있다면 당신은 이미 사과 작전에 말려든 것이다. "오, 괜찮아요." "오히려 내가 미안해요. 당신이 나쁘다고 탓하려던 게 아니었어요. 그렇게 자책하지 마세요." 사실은 상대의 공격적인 행동이 문제가 되었던 것인데 지나치게 미안해하는 모습에 마음이 약해지면 당신은 결국 상대의 작전에 말려든 것이다.

상대의 사과는 (눈물처럼) 당신을 속이려는 교묘한 술수에 지나지 않는다. 처음부터 단호하게 차단하고 각본에 준비된 결론에 집중하라. 한 손을 들어 "이제 그만!"이라는 손짓을 보내거나 "이젠 이 문제에 대해서 이야기하자."라는 말로 상대를 제압해야 한다.

지나치게 자신을 비하하며 사과하는 사람들은 대개 잘못된 행동을 고치겠다고 결심하지만 약속을 충실히 지키지 않을 수 있다. 이 경우에는 약속을 지키기 위해 또 다른 행동 교정 계약이 필요할 수 있다. 중요한 것은 문제가 되었던 행동에 대한 최종 결론이 상대의 사과로 끝나서는 안 된다는 것이다.

협박 작전

상대는 자기주장을 펴는 당신에게 분노를 느껴 협박을 할 수도 있다. "계속 이렇게 나온다면……"이라는 식의 협박은 가혹한 대가를 치르게 해주겠다는 으름장이다. 으레 사람들은 격렬한 다툼을 하게 되면 평소에는 하지 못할 협박을 한다.

당신의 상대도 이와 같은 협박으로 으름장을 놓는다면, 그 협박의 정도를 가늠해 봐야 한다. 홧김에 질러버린 말이라고 생각된다면 간단히 다음과 같이 대답하고 준비한 이야기를 계속 하면 된다. "아니, 네가 이런 사소한 문제로 나와 헤어질 사람이라고 생각하지 않아. 내 말의 요점은……."

그런데 상대의 협박이 꽤 진지하다면 그때는 어떻게 할까? 기본적으로 이런 경우를 대비해서 상대의 협박을 무력화시키기 위한 간단한 각본을 준비하고, 특정한 경우에 사용할 각본도 필요하다. 문제 상대의 협박에 굴해서는 안 된다. 당신의 입을 막고 자신의 맘대로 상황을 끌어나가게 해서는 안 된다는 말이다.

위협적인 행동에 대항하는 방법은 두 가지가 있다. 첫째, 상대에게 협박은 갈등을 해결하는 데 도움이 안 되는 유치한 방법이라고 말해 주는 것이다. 다른 사람에게 강제적인 행위나 폭력, 무력 등을 사용해서는 안 된다는 것은 보편의 문화적인 윤리다. 이러한 점을 각인시킬 필요가 있다.

두 번째 방법은 상대가 협박한 대로 행동했을 때 얼마나 부정적인 결과를 낳게 될지 구체적으로 지적해 주는 것이다. 상대의 행동에 의해 벌어질 부정적인 결과에 대해 알려주기만 하면 된다. 예를 들면 "나와 헤어지면 너는 후회하게 될 거야." 또는 "나한테 그런 험한 말을 하고 다니면 다른 친구들도 널 멀리할 거야."라고 하면 된다. 반대로 상대가 협박을 실행하면 이쪽에서도 그에 상응하는 대가를 치르게 해주겠다고 구체적으로 말하는 것이 도움이 될 수도 있다. 하지만 이런 맞불 작전은 매우 위험한 방법이다. 자칫 두 사람의 관계를 과열시킬 수 있기 때문이다. 당신은 상대에게 같이 협박하는 행동에 대해 책임을 져야 한다. 전쟁의 포화 속에서 생각 없이 총알을 날려댈 수는 없다.

아래 협박 작전에 대하는 자기주장 응답의 예가 있다.

심리분석 작전	자기주장 응답
"자꾸 그런 식으로 말하면, 네 아버지한테 네가 전에 학교 수업 빼먹었다는 거 일러줄 거다."	"네가 일러바치면, 나도 그렇게 할 거야[결과 말하기]. 그러면 우린 둘 다 곤란해지겠지……. 이렇게 싸움을 하면 정말 기분이 나빠져[기분 강조하기]. 그러니까 우리 지금 생각이 다른 부분에 대해 이야기해 보지 않을래?[밀고 나가기]."
"나한테 그런 식으로 말한다면 용돈을 깎아버리겠다."	"조금 지나치신 것 같아요[기분 강조하기]. 제가 말씀드린 건 정말 심각한 문제에요[생각 강조하기]. 그런데 용돈을 줄이시면 문제가 더 나빠질 거라 생각합니다."
"자꾸 불평을 해대면 다음 승진에 추천해 주지 않겠네."	"제 건의가 지나친 것이라 생각하지 않습니다[밀고 나가기]. 부적절한 업무 조건에 대해 말씀드리지 않을 수 없었습니다[기분 강조하기]. 계속 이렇게 절 협박하기만 하신다면, 인사부에 상사의 비윤리적인 대우에 대해 건의를 해야 할 것 같습니다[결과 말하기]."

기본적으로 이런 응답들은 모두 "제 주장은 모두 매우 합당하며 저에게 이런 말을 할 권리가 충분히 있습니다. 협박은 매우 비생산

적일 뿐입니다. 그런 말로 저를 단념시키지 못할 것입니다. 그러니 우리 둘의 문제를 해결하는 데 집중합시다."라는 메시지를 전하는 것이다. 절대로 상대의 협박이 먹혀드는 상황을 만들어서는 안 된다. 한번 협박에 굴복하면 상대는 당신이 말할 때마다 협박하려 할 것이다. (설혹 상대의 협박에 눌려 애초 목표했던 것을 포기하더라도 상대에게 그런 내색을 해서는 안 된다.) 위협 없이도 갈등을 해결할 수 있다는 것을 상대에게 보여주자.

상대가 당신의 주장에 육체적인 공격을 가해온다면, 좀 더 차분하게 이야기를 전할 방법을 선택하라. 폭력적인 행동을 할 수 없는 장소를 선택하여 이야기하는 것도 한 방법이다. 사람들로 붐비는 식당 안 또는 전화로 이야기를 하는 것도 좋다. 또한 각본에 앞으로 타협을 하는 과정에서 폭력을 사용하지 않겠다는 말을 유도하는 것도 가능하다. 쉽게 자제력을 잃고 폭력을 사용하는 사람에게 자기주장을 펴야 할 때는 충분한 주의를 요한다. 폭력의 가능성이 농후한 대상에게 자기주장을 펴기 전에 개인적인 상담을 받아보는 것도 좋다.

상대를 잘못 판단하여 폭력을 휘두를 것 같다면, 일단 자리를 떠나 잠시 동안 상대로부터 떨어져 있도록 한다. 분노는 시간이 지나면 차츰 사라진다. 또는 화제를 돌려 상대가 다른 생각을 하게 하여 분노를 가라앉힐 수 있다. 어찌되었든 상대가 폭력을 행사하려 한다면 상황을 다시 생각해 보고, 격한 감정이 가라앉게 될 때까지 기다렸다가 다른 장소에서 다른 주제나 다른 접근 방법으로 시도해야 한다.

논쟁 작전

어떤 사람들은 매우 이성적이고 분석적이어서 여러 주장이나 제안에 대해 능숙하게 논쟁을 펼치는 경우가 있다. 논쟁을 잘하는 사람들은 많은 질문을 쏟아내거나 또는 상대의 주장에 반박 논리를 장황하게 펼쳐낸다. 이 두 가지 경우에 대해 차례로 알아보자.

먼저 문제 상대가 '왜'라는 질문으로 이야기를 방해한다고 가정해보자. "왜 그렇게 느꼈니?" "왜 내가 그런 일을 해야 한다는 거지?" 이런 '왜' 질문은 자기변명이나 자기정당화에 관한 구차한 말을 늘어놓게 만든다. 이럴 때는 당장의 목표에 대해 간단하게 되풀이해 대답해 주는 것으로 상대하면 된다. 다음과 같은 예가 있다.

논쟁 작전	자기주장 응답
"왜 내 행동에 대해 말하는 거야?"	"그 문제에 대한 내 기분을 말하지 않을 수 없었어[기분 강조하기]."
"왜 나보고 바꾸라고 말하는 거지?"	"이런 상황에서의 네 행동이 날 기분 나쁘게 만들기 때문이야[기분 강조하기]."
"내가 왜 그런 약속을 해야 하지?"	"그래야 우리가 합의한 약속을 더 잘 지킬 수 있고, 결국에는 날 힘들게 하던 행동도 하지 않게 될 거라고 생각해[빨리 대답하기]."

자신의 표현하기 대사에 대해 무슨 생각으로 이러느냐는 질문을

받는다면, 즉흥적인 변명을 하지 말고 준비했던 대사에 약간의 말을 덧붙여 다시 말하면 된다. 자신의 감정을 '설명'하는 건 불필요하며 좌절감을 안겨주기도 한다. 상대의 질문대로 대답을 해주다 보면 어느새 덫에 걸려 현재의 문제를 이성적으로 생각할 수 없게 된다.

논쟁을 걸어오는 것은 자기주장에 대한 전형적인 반응이기 때문에, 각본의 각 단계마다 '왜'라는 질문이 들어올 것을 예상하여 대답을 연습해 놓도록 하자. 그러나 세세한 것들까지 들먹이면서 설명하지는 말아야 한다. 오히려 상대에게 논쟁할 거리를 만들어주는 결과만 낳을 뿐이다. 또한 스트레스에 못 이겨 즉흥적인 말을 하지 않도록 주의하자. 그렇게 되면 과거에 수없이 반복되었던 씁쓸한 결과를 초래한 부정적인 언어습관이 나오게 된다.

상대가 끊임없이 '왜'라고 물어오면 간단하게 "내 기분이 그래."라는 말로 제압하자. "왜냐구? 그건 내 기분이 그렇기 때문이야. 내 기분에 대해 더 이상 설명할 필요 없잖아." 자신의 싫고 좋음에 대한 선택은 온전히 자신의 것이다. 그런 사실을 기본 전제로 깔고, 더 이상의 정당화를 위한 설명을 하지 않도록 하자.

반박을 해오는 상대를 다루기 위해서는('왜' 질문과는 반대로) 상대에게 당신의 주장이 완전히 전해질 때까지 핵심적으로 설명하면 된다. 자기주장의 핵심을 다시 설명하기 전에 다음과 같은 애매한 말로 상대의 반박을 인정해 줄 수도 있다. "그렇게 볼 수도 있지, 하지만 내 말의 핵심은……" "그건 네 생각이지. 하지만 내 생각은 그렇지 않아……." 여기서 목표는 상대의 행동을 바꾸기 위한 계약을 맺는 것이지 논리적인 논쟁에서 이기는 것이 아니다. 상대가 아무리 논리정연하고 달변이어도 당신에게는 상대편에서 절대 부인할 수 없는 절대적인 무기가 있다. "내 기분이 그래."라는 말이다. 상대가 당신을 부당하게 대우했다는 것을 인정하지 않더라도 지금 당신의 기분이 좋지 않다는 것까지 부인할 수는 없을 것이다. 지금 기분이 어떤지 말하고 상대의 지적이 얼마나 불쾌한지 말해 주자. 기분을 강조하고 나서 밀고 나가는 것이다. 상대에게 행동을 고쳐달라고 끝까지 말하자.

상대가 모든 제안에 반대하면서 논쟁을 그치지 않거나 뭐라 대답하기 어려운 반박을 늘어놓을 때를 위한 몇 가지 방법이 있다. 첫째, 상대의 논박이 무슨 말인지 잘 모를 때는 무슨 이야기인지 알아듣게 다시 설명해 달라고 말한다. '신뢰'니 '무책임'과 같이 감정적인 단어들에 대해 정확한 정의를 부탁하자. 그리고 상대의 논리를 간단하게 정리해서 말해 달라고 요청함으로써 상대에게 일방적으로 유리하게 꾸며진 가정이 있는지 살펴보자. 두 번째 방법은 상대의 반박이나 논리에 대해 생각할 시간을 갖도록 한다. '타임아웃' 을 가지고 난 후 다시 전쟁터로 돌아가는 것이다. 세 번째는 애초의 목적, 즉 상대에게 원하는 것과 불편했던 점에 대해 지속적으로 말하는 것이다.

협상 거부 작전

지금까지는 '라이트급' 선수들의 경우만 다루었다. 결국은 당신의 말을 들어주고, 수세적인 반응을 보이더라도 타협에 응해 주는 경우였다. 이제는 정말 고난도의 '헤비급' 선수들을 살펴보도록 하겠다. 당신을 시련 속에 몰아넣는 정말 어려운 상대들이다.

당신의 계획에 대해 상대가 딱 잘라 거절하는 경우를 생각해 보자. 여러 가지 이유로 계약을 맺자는 제안을 거절하는 경우, 상대는 당신의 의견을 받아들일 수 없거나 자신이 감수해야 하는 부분보다 보상이나 벌칙이 과하다고 판단했을 것이다.

상대의 첫 번째 주장에 대해서는 표현하기 대사를 다시 들려주어 납득시킬 필요가 있다. 필요하다면 묘사하기 대사에 약간의 살을 붙여 상황을 자세히 설명한다. 여기서 상대의 생각은 중요하지 않다. 그가 당신을 괴롭히고 힘들게 했다는 사실에는 변함이 없기 때문이다.

두 번째로, 상대가 보상으로 받는 것에 불만을 가지고 합의할 수 없다고 한다면 어떤 보상을 원하는지 물어보거나 지적한 행동 중 어떤 부분을 바꾸어줄 수 있는지 물어보자. 쌍방이 모두 만족스러운 결과를 얻을 때까지 밀고 당기면서 협상을 하자. 상대가 지나치게 '비싼 값'을 불렀다고 해보자. (예를 들면 아이가 공부 한 시간에 5센트씩 달라고 했다거나, 설거지를 해주는 대가로 담배를 끊으라고 하는 경우) 상대에게 '상품(행동 변화)'의 가치보다 보상이 지나치게 높다는 점을 설득시켜야 한다.

온갖 해결책을 제시해도 다 거부하는 경우에는 차라리 주도권을 상대에게 넘겨버려라. "그럼 네가 적절한 해결책을 내놔 봐. 나는 이 문제가 계속되지 않기를 바라기 때문에 우리가 합리적인 타협점을 찾기를 바라고 있어. 생각해 내지 못하겠다면, 내가 아까 말했던 대로 하자."라고 말한다. 공은 상대방 코트로 넘어가 버린다. 이제 새로운 계약조건을 제시할 책임은 상대에게 있다. 약간의 시간을 주되, 구체적으로 기한을 정하라. 상대의 제안을 너무 오랫동안 기다려서는 안 된다.

가장 힘든 경우는 문제 상대가 "말도 안 되는 소리!"라고 하고는 문을 쾅 닫고 나가버리는 경우다. 어떻게 해야 하나? 협상 자체를 거절하는 그 행동에 대한 데스크 각본을 준비하라고 권하고 싶다. 상대가 하는 행동을 묘사하고(너는 자리를 박차고 나가버렸다), 그것 때문에 어떤 기분이 들었는지 표현하고(자신을 괴롭히는 문제에 대해 이야기조차 나누지 않고 나가는 모습에 크게 상심했다), 앞으로 어떻게 해주었으면 하는지 구체적으로 이야기하고(오늘 밤에 30분 정도 시간을 내서 함께 이야기하기를 원한다), 그에 응하지 않으면 어떤 결과가 올지 언급한다(이번 주말에 약속한 저녁 모임에 나갈 수 없게 될 것이다).

절대 타협이란 없다는 상대와 부딪친 한 여자의 경우를 살펴보자.

상황 남편은 집안일을 거의 도와주지 않는다. 이 문제를 꺼낼 때마다 냉담한 반응을 보였다. 이젠 타협점을 찾고자 각본을 준비했다. 금요일 저녁 외식을 나가 이야기를 시작했다. 적어도 맛있는 음식을 앞에 두고 자리를 떠나지는 않을 것이 분명했기 때문이다.

묘사하기 집안일이 참 많은데 혼자서는 다 할 수 없어요.

표현하기 집안일에 대해 생각하면 화가 나요. 이젠 우리 둘이 이 문제에 대해 이야기할 필요가 있다고 생각해요.

구체화하기 누가 어떤 일을 할지 이야기했으면 좋겠어요. 지금 말하기 싫다면 내일(토요일) 골프장에 다녀온 후면 어떨까요?

결론 내리기 긍정적: 집안일에 대해 이야기를 해보는 데 찬성해 주면 훨씬 안심되고 기분이 좋아질 것 같아요.

[부정적: 대화를 거부한다 해도 앞으로 나는 계속 이 문제에 대해 이야기할 거예요.]

결과 각본대로 이야기를 하자, 남편이 이야기를 피하려고 신문을 보기 시작했다. 난 이야기의 핵심을 끝까지 전하기 위해 이렇게 말했다. "자꾸 그렇게 도망가려 하지 말아요. 내 말에 답해 달라구요!" 남편은 내 말을 들어주기로 했다. 그래서 나는 집안일을 분담하는 문제에 관한 데스크 각본에 따라 이야기를 할 수 있었다.

아예 이야기조차 거부하는 상대라면 다른 방법이 필요하다. "이야기를 나눠 타협점을 찾자."라는 메시지를 쪽지에 적어 사무실 책상 위에 놓거나, 편지로 보내거나, 잠옷 앞섶에 꽂아놓거나 하자. 이런 시도도 무시한다면 이번에는 부정적인 결론에 대한 메시지를 적어 다시 보내자. 그래도 답변을 듣지 못한다면, 다시 말해 여전히 '철의 장막' 속에 있다면, 감수해도 좋을 정도의 리스크의 결과를 감안하여 부정적인 결과의 강도를 높여보자. 아래 예시된 강력한 처벌이 필요했던 비타협적인 남자의 이야기를 참고하라.

상황 내 남자친구는 매우 매력적이다. 하지만 시속 120킬로미터로 차를 몰거나 앞차와 1미터 남짓 간격을 두고 달리는 끔찍한 습관을 갖고 있다. 무서워 죽겠다. 제발 천천히 달리라는 나의 애원은 아무

소용도 없다. 절망에 빠진 나는 또 다시 토요일의 모험이 시작되기 전에 각본을 사용하기로 했다. 협박의 정도를 서서히 높여갈 생각이다.

묘사하기 그 동안 몇 번이나 차를 지나치게 빨리 몰고, 앞차와의 차 간거리도 너무 가깝다고 말했잖아.

표현하기 항상 사고라도 날까 두려워 죽겠어. 내가 무척 두려워한다는 걸 이해해 주었으면 해.

구체화하기 시속 80킬로미터로 달리고, 앞차와의 간격을 적어도 18미터 정도는 유지해 주었으면 해.

결론 내리기 긍정적: 자기가 차를 천천히 몰아준다면 갖고 싶다고 했던 아이슬란딕 스웨터를 선물해 줄게.
[부정적: 계속 이렇게 차를 몰면, 다시는 자기가 모는 차는 타지 않겠어. 당장 차에서 내리겠어.]

결과 예상했던 대로 남자친구는 내 제안에 신경 쓰지 않았다. 이야기를 하고 다음 번 만났을 때 나는 고속도로 한 가운데서 내려달라고 말했다. 집에서 96킬로미터나 떨어진 곳이었다(남자친구가 모는 차에 타는 것보다는 히치하이킹이 더 안전하다고 생각했다). 그 일이 있은 후 남자친구는 내가 진지하다는 것을 이해했고, 적어도 내가 차에 같이 타고 있는 동안은 '스피드 족'을 포기했다.

최후통첩은 그 결과에 대한 세심한 계산과 실제로 할 만한 일인지를 신중하게 고려해서 꺼내야 한다. 그렇지 않으면 종종 비타협적인 인물들을 협상 테이블로 끌어들이기도 전에 강력 처방을 내려버리는 전략 누수를 감행하게 된다. 바라건대 이런 위기와 최후통첩이 일상에서 자주 일어나지 않기를 바란다. 자기주장을 잘 하는 사람은 갈등이 이렇게 위기 상황으로 치닫는 일이 벌어지지 않도록 사전에 세밀하게 계획을 세우고 움직인다.

나의 각본 적용하기

일반적으로 가정 내 소소한 갈등은 정교한 논쟁 준비와 중재 노력이 필요하지 않다. 대부분 요란하지 않게 몇 초 또는 몇 분으로 갈등 상황은 종료된다. 격한 논쟁을 벌여야 하는 경우는 대개 매우 힘든 문제를 다룰 때다. 상대가 당신의 생각에 전혀 관심이 없거나 적대적인 경우가 그렇다. 이런 경우 용기를 내어 상대의 말에 반박하기 위한 연습을 해야 한다. 용기는 상대의 논박에 대해 충분히 예상하고 준비하는 데서 얻을 수 있다. 사건의 정황에 대한 흐름을 놓치지 않고 품위를 지키면서 철저히 자기주장을 준비한다면 저절로 용기가 나게 마련이다.

이제는 여러분 자신의 문제로 돌아가 상대의 방해 작전에 어떻게 자기주장 응답을 할 것인지 연습할 시간이다. 먼저 앞에서 소개한 방해 작전 전체 목록을 한번 훑어보도록 하라. 그러고 나서 7장에서 했던 것을 다시 고쳐보자. 다시 고쳐 쓰기 위해 아래에 빈칸을 마련해 놓았다.

• 나의 방해 작전과 대응 방법을 포함한 데스크 각본 •

묘사하기 ____________________________________

____

____

____

방해 작전 ____________________________________

____

대응 방법 ____________________________________

____

____

표현하기 ____________________________________

____

____

방해 작전 ____________________________________

____

대응 방법 ____________________________________

____

구체화하기 ____________________________________

____

____

____

방해 작전 ____
____

대응 방법 ____
____

결론 내리기 긍정적 결론 ____
____

방해 작전 ____
____

대응 방법 ____
[부정적 결론] ____
____

방해 작전 ____
____

대응 방법 ____
____

　각 단계별로 한 가지 이상의 방해 작전 대사가 예상된다면 따로 종이를 마련하여 각각의 방해 작전에 대한 구체적인 대응을 준비하라.

　상대가 지연 작전으로 나올 것을 대비하여 임시 계약에 합의하도록 종용하는 간단한 각본을 아래에 적어보자.

문제 상대가 비타협적으로 나온다면 일단 타협에 나서도록 만들 각본을 아래에 적어보자. 끝까지 양보해서 내릴 수 있는 결론이 어느 정도인지도 고려해서 각본을 작성하도록 하라.

문제 상대의 행동을 바꾸기 위해 감수할 수 있는 한도 내에서 가장 강력한 결론을 적어보자.

지금까지 한 것으로 데스크 각본의 최종 마무리가 끝났다. 각본을 쓰고 수정하는 동안 계속 문제 상황에 대해 여러 가지로 생각해 볼 기회를 가졌으니 이제는 다른 어려운 상황을 생각해 보도록 하라. 다른 갈등 상황에 대해 각본을 써보고 그에 따라 예상되는 상대의 방해 작전에 대한 자기주장 응답도 적어보자.

다시 한 번 강조하지만 연습이 가장 중요하다. 옆에서 누가 상대가 되어주거나 각본을 녹음해서 반복해서 듣는 방법이 효과적이다. 예를 들면 데스크 각본의 대사 하나를 녹음했다면 그 다음에는 그 대사에 대한 상대의 예상 반응을 녹음해 보는 것이다(상대의 말투를 흉내 내어 녹음하자). 그런 뒤부터는 상대의 반응에 대한 좋은 대꾸가 생각날 때마다 그 말을 녹음을 하는 것이다. 한번에 여러 가지 대꾸가 생각나면 다 녹음해도 좋다. 이렇게 만든 녹음 테이프는 나중에 자기주장을 펴기 위한 훌륭한 '교본'이 되어줄 것이다. 갈등상황에 대처하여 당당하게 자기주장을 펴는 자신을 상상할 수 있게 도와준다. 각본에 따라 자기주장을 펴면 상대가 반응을 보이고 이에 분명하고 단호한 목소리로 자기주장적인 응답을 하는 자신을 미리 엿볼 수 있을 것이다. 이런 연습은 자기주장 내용을 완전히 기억해서 문제 상황에서 상대와 부딪힐 경우 재빨리 생각이 떠오르도록 하기 위함이다.

9

치고 빠지는 문제 상대들

모욕은 찌그러진 동전과 같다. 찌그러진 동전을 거스름돈으로 내미는 것을 못하게 할 수는 없지만, 그 동전을 꼭 받을 필요는 없는 것이다

_찰스 해이든 스퍼전

치고 빠지는 문제 상대는 단발성 사건 또는 특정한 경우에만 당신을 힘들게 하는 사람들이다. 당신을 '치고', 즉 당신의 권리를 짓밟고 나서는 '빠진다.' 이런 경우 시간을 두고 상대에게 행동을 바꾸라고 말하기 어렵다. 단발성 문제 상황은 줄스 페이퍼(Jules Feiffer)가 '작은 살인'이라고 말한 것으로, 일상에서 흔히 겪는 무례한 행동과 모욕적인 언사들이다. 이러한 소소한 심리적 공격이라 해도 누적되면 결국 우리의 자아존중감과 인권이 훼손된다. 실질적으로 모든 사람들은 치고 빠지는 문제 상대들에게 어떤 말을 하고 싶어한다.

누가 주도권을 쥐고 있는가?

단발성 문제 상황은 문제 상대와 당신 중에서 주도권을 쥔 사람이 누구냐에 따라 분류할 수 있다. 즉, 상대의 도움이나 지원이 더 간절한 사람이 누구냐에 따라 상황이 결정된다는 말이다. 식당 종업원, 가게 점원, 택시 운전사, 주유원, 수리공과 같이 뭔가를 팔아야 하는 사람에 대하여 '구매자' 입장이라면 이때의 사회적 역관계는 당신이 우세하다. 구체적으로 말하면 상대는 고객인 당신에게 만족스런 서비스를 제공하는 대가로 돈을 벌기 때문이다. 불만족스러운 서비스를 받았거나 불쾌한 대접을 받았다면 그것은 암묵적으로 약속되어 있던 관계의 규칙을 위반한 것으로, 당신에게는 당당히 불만을 말할 합법적인 권한이 있다. 당사자나 그의 상사(혹은 두 사람 모두)에게 불만을 이야기하느냐 마느냐는 불만족스러운 서비스를 제공한 사람이 구체적으로 누구라고 판단하는가에 따라 달라질 수 있다.

단발성 문제 상황의 두 번째 경우는 문제 상대와 당신이 힘의 균형을 이루는 경우다. 줄을 서 있는데 당신의 앞에서 누군가 새치기해 끼어드는 경우나 극장 뒷자리에 앉은 한 쌍의 남녀가 영화에 집중할 수 없을 정도로 시끄럽게 하는 경우, 또는 통풍이 안 되는 실내에서 함부로 담배를 피워대는 일 등이 모두 이에 해당한다. 답답한 실내에서 흡연자는 당신을 화나게 만든다. 이런 상황들은 사회에서 암묵적으로 맺은 계약에 관한 것들이다. 줄을 서는 일에서는 언제나 ‘먼저 온 사람에게 우선권이 있다.’ 라는 약속이 있으며, 이러한 계약의 파기는 비난을 사게 마련이다. 사람들이 많이 모이는 공공장소에서 다른 사람에게 불편을 끼치는 일을 해서는 안 되는 것이다. 따라서 공공장소에서 시끄럽게 떠드는 사람이나 흡연하는 사람에게도 이 암묵적인 ‘황금률’에 의지해 비난할 수 있다.

세 번째 단발성 상황은 상대가 당신보다 좀 더 많은 사회적 힘을 갖고 있는 경우다. 가장 힘든 경우다. 법이나 경영 또는 정책 등에 관계해서 일어나는 일들로 판사, 경찰, 국회의원, 기업들과 상대해야 하는 일들이다. 이 경우에도 사회적으로 약속된 계약이 존재한다. 판사나 경찰 등의 사람들은 공공을 위해서(즉 당신을 위해서) 봉사할 의무를 가진다. 이런 사람들이 당신에게 부당한 일을 했다면 당장 항의할 권리가 있다.

국회의원이나 지역 정치가들은 기본적으로 국민의 공복으로 봉사를 해야 하는 사람들이지만 개인으로서의 당신 한 명은 그들보다 힘이 약하다. 공시지가 평가의 부당성이나 도시구획 설정에 대한 법률의 문제점 또는 전국적인 정치적 이슈에 항의나 비판의 편지를 쓸 수는 있을 것이다. 하지만 권력이 많은 자리에 있는 사람일수록, 즉 넓은 ‘선거구’를 가진 사람일수록 한 개인의 항의나 비난의 편지로 영향을 받는 일은 없을 것이다. 정치인들은 문제가 되는 중요한 사안에

대해 선거구의 대표성을 띤 사람을 만나려고 한다. 아무런 대표성도 없는 한 개인 또는 괴짜의 편지 한 통은 무시되기 마련이다. 그래서 사람들이 특정한 정치적 의견이 있는 경우 사람들을 모아 협회니 회의니 하는 것을 만드는 것이다. 이러한 정치적인 단체들은 공통된 관심사를 갖고 한 문제에 대해 목소리를 합치는 것이다. 사람들이 모여 일하면 개인으로서 혼자 하기에 힘에 부쳤던 정치적인 결정들에 영향력을 행사할 수 있다.

수동적인 희생양이 되지 말라

단발성 문제 상황에서 공격적인 행동을 한 낯선 사람에게 자기주장을 하지 않고 참아내는 것이 비정상적인 일이냐고 묻는 사람들이 종종 있다. 토마스 모리아티(Thomas Moriarty)가 "기꺼이 희생자가 되려는 사람들의 나라"라고 말한 인상적인 연구에 의하면 오히려 자기주장을 하지 않는 것이 지극히 평범한 일이라고 대답해 준다. 모리아티와 그의 심리학과 학생들은 뉴욕시티에서 자신의 권리를 짓밟히는 '작은 살인'의 현장에서 소리 내어 자신의 의견을 관철시키는 적극적인 사람(대학생)들이 얼마나 있는지를 연구하였다. 연구 대상자들은 자신들이 관찰된다는 것을 알지 못한 채 진행되었다.

이 조사에서 알아낸 것은, 사람들이 신경에 거슬리는 시끄러운 록음악을 꺼달라고 말하기를 꺼려한다는 것이다. 학생들의 80퍼센트가 시끄러운 소음을 내는 상대에게 아무런 말도 하지 않았으며 참고 견딜 뿐이었다. 실험이 끝난 뒤에서야 너무 시끄러운 소리여서 방해되었다고 말했다. 그나마 뭐라고 말한 15퍼센트의 학생들도 겨우 소리를 좀 줄여달라고 말했을 뿐이었다. 그러나 상대가 말을 무시하고 계속 음악을 시끄럽게 듣고 있자 아무 말도 하지 않았다. 오직 5퍼센트의 학생만이(20명 중에 1명이었다!) 반복해서 음악을 줄이라고 요구했고 실제로 음악을 끄도록 만들었다. 이 결과는 놀라운 것이다. 실험대상 중 80~95퍼센트의 사람들이 '적극적인 저항'을 하지 않았다. '작은 살인'을 참고 견뎌내며 스스로 수동적인 희생양이 되었던 것이다.

같은 행동양식이 다른 상황에서도 나타난다. 예를 들면 도서관에서 공부하고 있는 학생들은 옆에서 큰 소리로 수다를 떠는 사람들에게 조용히 하라고 말하기를 꺼려한다.

23퍼센트의 실험 대상자들은 일어나서 자리를 옮겼고, 오직 2퍼센트의 사람들만이 떠드는 사람에게 다가가 조용히 하라고 말했다.

작은 살인

그 외 75퍼센트의 사람들은 그저 시끄러운 수다를 참고 견뎌냈다. 영화관에서 시끄럽게 떠드는 경우에도 대부분의 사람들은 짜증스러움을 참고 견뎌냈다.

모리아티는 좀 더 나아가 무고한 사람에게 도둑 누명을 씌우는 일을 실험했다. 기차역 공중전화 부스에서 전화를 거는 사람을 실험 대상으로 삼았다. 실험 대상이 통화를 끝내면 실험 도우미가 다음과 같이 말을 한다. "실례합니다만, 바로 몇 분 전에 여기서 전화를 했거든요. 그런데 그때 전화기 아래 선반에 반지를 놓고 나왔어요. 혹시 보셨나요?" 당연히 실험 대상자가 "아니오."라고 대답하면 도우미는 "주머니 좀 보여주시겠어요?"라고 묻는다. 연구자는 사람들이 이런 지나친 요구에 어떻게 대응할지 궁금했다. 그런데 아무런 근거도 없이 좀도둑으로 모는 어처구니없는 요구에 80퍼센트 이상이 순순히 응해 주었다. 다섯 명 중 네 명의 성인 남자는 주머니를 완전히 뒤집어 보여주면서 요구에 따라주었다. 심지어 '아무 상관 없는' 옆 사람이 끼어들어 "댁이 주머니를 보여달라고 할 권리가 없잖아요."라고 말해 주어도 실험 대상자는 순순히 요구에 응했다.

이러한 연구결과는 수동성이 얼마나 일반적이고 보편적인 정서인지 반증해 준다. 다른 사람에 의해 부당한 대접을 받거나 권리를 침해당했다고 생각될 때, 당당히 소리를 내어 항의하는 사람은 놀라울 정도로 소수에 지나지 않는다. 분명 대부분의 사람들이 괜히 낯선 사람과 골치 아픈 일에 끼어들지 않고 싶어 하기 때문에 나온 결과라 생각한다.

수동적 태도를 합리화하는 변명들

저항하지 않는 비자기주장적인 사람은 단발성 문제 상황에서 수동적으로 반응했던 것에 대해 수많은 변명 거리를 갖고 있다. 몇 가지 변명의 유형을 살펴봄으로써 생각에 어떤 허점이 있는지를 확인해 보자.

"두더지 굴을 보고 언덕이라며 유난 떨고 싶지 않아요."

다른 사람의 행동이 정말 남에게 해를 주는 성가시고 비합리적이며 공격적인 일인지 아닌지 판단을 내리는 게 어려워 단호한 자기주장을 하지 못하는 것이다. 예를 들면 모리아티의 연구에서 수많은 인내심의 소유자들은 분명히 문제를 일으킨 사람 때문에 기분이 상했으면서도 어땠느냐는 질문에 기분이 나빴다고 대답하지 않았다. 부정적인 반응을 보여도 되는지 자신이 없는 모양이었다. 이런 경우 최고의 대책으로는 '불편함을 느끼는 정도'를 조정하고 다른 사람의 행동에 대해 항의할 수 있다는 것을 인식해야 한다.

"그 사람에게도 권리가 있잖아."

자기주장을 하지 못하는 사람들은 시끄러운 음악 소리에 대해 다음과 같은 변명을 했다. "모든 사람들은 자기가 하고 싶은 일을 할 권리가 있어." 하지만 하고 싶은 일이 다른 사람의 권리나 즐거움을 해치지 않는다는 전제에서만 그렇다. 또 "기분이 안 좋아도 어쩔 수 없잖아. 내 주머니를 좀 보자고 할 수도 있지. 내가 결백하고 반지도 갖고 있지 않은데 굳이 안 들어줄 이유도 없잖아?"라고 하지만 낯선 사람들(친구들도 가능하다)에게는 엄한 사람에게 도둑이라는 누명을 씌우며 주머니를 뒤질 권리 같은 건 없다.

"그래, 이번 한 번만 봐준다."

지금 말고는 상대를 다시 만날 일도 없을 텐데, 이게 무슨 말도 안 되는 이야기인가? 몇 분이면 종료될 상황에서 혼자 감정에 치우쳐 화를 내고 있을 필요가 있는가?

이런 말에는 두 가지 해답이 있다. 먼저 첫째는 자신이 스스로의 권리에 대해 이야기할 수 있는 능력을 갖추고 있는 사람인지, 스스로를 존중받을 만한 사람으로 여기는지 아닌지 자신의 자존감을 확인해 보아야 한다. 문제가 있고, 불만이 있고, 할 말이 있는 상황에서도 아무것도 하지 않는다면 이 경험은 그대로 실패의 기억으로 남아 다음번에 또다시 자기주장을 해야 하는 상황에서 자신감을 갖고 말하려는 당신에게 방해만 될 것이므로 절대로 실패의 경험을 용납해서는 안 된다. 불쾌한 상황을 벗어나자마자 기억에서 지워버리려 하겠지만, 그런 비겁한 실패의 경험은 미래에도 습관처럼 반복될 것이다. "강제되지 않는 법은 더 이상 법이 아니다. 적극적으로 지키지 않는 권리는 서서히 사라져버린다." 자기주장을 내세우지 못한 실패를 수용하는 것은 앞으로도 계속 같은 실패를 하겠다고 말하는 것과 같다. 그러므로 단발성 문제 상황은 순간이 지나면 잊혀질 조금 귀찮은 일이 아니라 당신의 자존감에 도전장을 내미는 중대한 사건으로 봐야 한다.

두 번째로 단발성 문제 상황에서 자기주장을 펴는 것은 같이 살아가는 주위 사람들의 이익을 위해 봉사하는 것이다. 삶의 질을 향상시켜 주는 일이다. 자기주장을 '공동체를 위한 봉사'로 생각하라. 함께 살아가는 공동체 속에서 오염된 부분을 청소하는 일을 하는 것이다.

"괜히 사람들 눈에 띄는 일은 하고 싶지 않아."

공공장소에서 항의를 하거나 하면 주위 사람들의 시선을 끌게 된다. 형편없는 서비스를 제공한 식당의 종업원이나 지배인에게 항의를 하면 같이 있던 자녀나 배우자가 부끄러워할 수도 있다. 하지만 항의를 하는 사람(또는 같이 있는 사람)이 부끄러워해야 할 이유는 없다.

위와 같은 상황에서 머릿속에서는 수만 가지 생각이 떠오를 것이다. 문제 상대(종업원)의 기분을 상하게 했으므로 미움을 샀을 것이다, 항의하는 모습을 보고 주변에 있는 다른 사람들이 수군거릴 것이다, 다음에 이 식당에 다시 오면 좋은 대우를 받지 못할 것이다, 등등.

하지만 문제 상대와 자신의 관계를 생각해 보거나 항의를 하는 방식을 바꾸어서 이런 '공포스런 이미지'들은 떨쳐버리자. 먼저 당신의 욕구와 권리에 대해 생각해 보자. '이곳에 왜 왔나?' 하는 질문을 한다면 분명 대답은 '종업원의 기분을 맞춰주기 위해'가 아니라 '맛있는 식사를 기분 좋게 먹기 위해'일 것이다. 이 간단한 자신의 권리를 생각하자.

물론 불쾌한 장면을 보이는 것이 옆사람들에게 호감을 주지는 않을 것이다. 그럴 가능성이 있다는 것을 염두에 두어야 한다. 이 문제는 자기주장을 단호하게 하되 다정하고 예의바른 태도를 잊지 않으면 해결된다. 차분한 태도로 항의한다면 근처에 있는 사람들은 당신이 항의하고 있다는 것을 알아차리지도 못할 것이다. 듣더라도 자신들에게도 유리한 일이라고 생각할 것이다. 종업원이 더욱 정신을 차려 자신들에게도 좋은 서비스를 제공하게 될 것이기 때문이다.

"험한 욕을 먹을지도 몰라."

문제 상대가 거친 욕설을 할까 봐 자기 권리를 주장하지 못하는 사람들이 있다. 자신이 골칫덩어리나 공연히 헐뜯는 사람으로 불릴까 두려워하는 것이다. 하지만 모욕이란 그것을 받아들이는 사람에게만 영향을 줄 수 있다.

차분하게 항의를 한다면 고객인 당신이 험한 말을 들을 상황은 없다. 정중한 사과와 더 나은 서비스를 받아 마땅하다. 그런데도 상대가 욕설을 해온다면 당장 자리에서 일어나 밖으로 나오면 된다. 또는 도서관에서 지나치게 떠든 상대일 경우, 주의를 주어도 해결되지 않을 때는 정숙을 유지시켜 달라고 도서관 관리자를 부를 수 있다.

문제 상황에서 상대의 첫 번째 자기 방어기제는 항의의 정당성을 부정하는 것이다. "그 문제에 대해 다른 사람들은 아무런 말도 하지 않았습니다. 지나치게 예민하게 받아들였다고 생각하지 않나요?" 이런 말은 문제를 외적인 환경이나 조건에 있다고 보지 않고 당신의 '지나치게 예민한' 성격에 있다고 말하려는 것이다. 자신은 아무런 잘못도 없다고 하면서 오히려 당신을 '문제 있는 비정상'으로 몰아 붙이는 것이다. 이와 같은 경우에 대해 몇 가지 예를 더 들어보자.

학교 축제에서 판매되는 핫도그가 잘 익지 않았다고 생각했다. 그래서 이야기했더니 오히려 다음과 같은 말을 들었다. "다른 사람들은 모두 맛있다고 하던데."

프로 축구 경기를 관람하는데 뒤에 있던 사람이 중계방송이 나오는 라디오를 크게 틀어놓았다. 소리를 줄여달라고 말하자, 상대는 "다른 사람들은 모두 이 방송을 듣고 싶어하고 있을 거요."라고 말했다.

상대는 당신의 생각을 지극히 일부의 편협한 것으로 대답을 하고 있다. 정상에서 벗어나 괴짜로 취급당하는 것은 거부해야 한다. 다른 사람들도 분명 불편하게 느꼈지만 차마 말하지 못했을 것이다. 침묵은 동의로 해석되는 경향이 있기 때문에 모두들 속으로 생각하고 있는 것이다. "다른 사람들은 라디오 소리에 신경 쓰이지 않나 봐. 그렇다면 나도 괜히 시끄럽게 할 필요가 없지." 하지만 침묵은 동의를 의미하지 않는다. 그저 침묵하는 다수의 소심함을 의미할 뿐이다.

항의를 하거나 문제 제기를 할 때는 침묵하는 다수도 불편해하고 있다는 점을 강조해야 한다. "당장 설문조사라도 해보면 많은 사람들이 나처럼 생각한다는 걸 알게 될 거예요. 다들 누군가 말해주겠지 하고 있는 것이라구요. 우리 모두를 대신해서 내가 그 누군가로 자청해서 나선 거구요." 이런 대답에 반박하기는 어렵다. 침묵하는 다수(주변에 앉아 있는 사람들)에게 강하게 어필하는 말이기 때문이다. 주변 사람들 대부분 당신의 주장을 지지할 것이다. 문제 상대는 주변 사람들의 무언의 압력을 느껴 순순히 기세를 꺾을 것이다. 감히 주변 사람들에게 대놓고 의견을 묻는 용기를 내지는 못할 것이다. 설혹 주변 사람들에게 물어본다고 하여도 주변에 있는 사람들이 '아무 행동도 하지 않음'을 곧 당신의 항의에 동의하는 것으로 몰아붙이면 된다. 예를 들면, 다음과 같이 물어볼 수 있겠다. "여기 누구 시끄러운 라디오 소리를 듣고 싶은 분 있나요?" 계속 항의하는 것에 대해 쑥스러워해서는 안 된다. 시끄럽고 공격적인 행동이나 그 행동을 하는 사람들은 반드시 제지당해야 한다. 그들은 당신의 당연한 권리를 침해했다.

"원래 다 그렇지. 바꿀 수 있는 건 없다구."

결론부터 내리자면 문제가 있는 상황에서 항의하지 않게 되는 주요한 이유는 바로 자기주장을 필요로 한다는 상황인식을 하지 못하기 때문이다. 소소한 불편함이나 불쾌함에 대해서 심각하게 생각하지 않고, 뭔가를 바꾸기 위해 뭔가를 할 수 있으리라고 생각하지 않는다. 모욕적인 언사나 형편없는 서비스, 불친절한 태도 등은 현대 사회에서 수도 없이 경험하는 일이기 때문에 그 많은 언짢은 일들을 참고 견뎌야 한다고 배워왔다. "세상일이 원래 다 그런 것이기 때문이다." 낯선 사람의 공격적인 행동이나 하염없는 기다림, 방해, 쓰레기, 소음 등을 받아들이고 산다. 이런 현상들을 모두 "사과 한 상자에는 항상 썩은 것이 있기 마련이다."라며 합리화한다. 그렇게 흔히 접하는 험한 일들에 길들여져서 점차 심각하게 생각하지 않게 되었다. 하지만 침묵을 지키는 것으로 우리는 기본권을 잃어가고 자존감을 상실해 가고 있다.

무턱대고 '세상'을 받아들이며 살아간다면 많은 해악을 입는다는 사실을 과거의 경험으로 알 수 있다. 그래서 이전에는 참아왔던 잘못된 관습들을 깨닫게 하는 수많은 사회운동들이 일어났다. 인권운동과 여성운동이 있기 이전 사람들이 어떻게 생각하고 살았는지를 기억해 보자. 이런 사회운동으로 세상을 보는 시야가 많이 달라져 왔다. 오늘날은 수질오염, 온실효과, 넘쳐나는 쓰레기 등의 환경문제에 대한 심각성을 깨닫고 문제를 해결하기 위한 운동이 일어나고 있는 중이다. 지구의 날과 같은 대중 캠페인을 보면 이전에는 간과했던 전 지구적인 거대한 문제에 대해 개인들이 어떤 영향을 미칠 수 있는지를 잘 알 수 있다.

그 동안 우리는 수많은 경우에 불쾌하고 이용당하는 수모에 대해 체념하도록 배워왔다. 너무나 습관적으로 받아들였던 일들이라 문제가 있는 상황이라는 경고음을 듣지 못하고 지나쳐 왔다. 하지만 이제는 문제가 있는 상황에 대해 의문을 가져보기를 권한다. "화나는 정도가 얼마나 되는가?" "꼭 이런 식으로 일을 해야만 하는 걸까?" "문제가 되는 것을 바꾸거나 아니면 최소한 문제가 있다는 것

을 알리기 위해서는 어떤 일을 해야 할까?" 이런 질문을 해보면 자
신의 인권이 침해당하는지 기분이 어떤지에 대해 좀 더 정확하게 파
악할 수 있고, 나아가 단호하고 자신감 있는 자기주장적인 행동으로
상황을 개선시킬 수 있게 된다.

언제 자기주장을 해야 하는가?

다른 문제들과 마찬가지로 단발성 상황에서 자기주장을 펴는 일에 위험부담이 어느 정도 있는지 고려해 보아야 한다. 상대가 전적으로 주도권을 쥐고 당신의 운명을 좌지우지할 정도라면 함부로 말할 수 없다. 예를 들어 직업이나 인생 전체를 관여할 수 있는 사람에게는 내키는 대로 말할 수 없다. 취업을 위한 면접시험 중에 입사 지원자가 면접관에게 질문이 불쾌하고 부적절하다고 지적할 수는 없는 노릇이다. 시험을 보는 학생이 시험 담당 교수에게 질문이 지나치게 혼란스럽고 정확하지 않다고 말하는 것은 현명하지 않다. 이런 종류의 상황에서는 그저 당면한 일에만 집중하면서 어려움 속에서도 자존심을 잃지 않으려 해야 한다.

하지만 이렇게 전적으로 내 운명이 상대에게 맡겨지는 경우는 드물다. 대부분의 문제 상황은 동등한 관계를 형성한다(새치기와 같은 경우). 또는 고객과 소비자의 관계이기도 하다(불쾌한 점원을 만난 경우). 이런 배경에서는 단호한 자기주장을 하도록 하자. 이러한 단발성 문제 상황은 자기주장을 연습하기에도 좋은 환경이다. 친구, 동료, 직장상사와의 문제가 발생했을 때와 비교해 고객과 서비스업체와의 관계는 간단하다. 그러므로 전화 교환원, 식당 종업원, 기차 안내원, 세일즈맨, 점원, 수리공 등 당신에게 불쾌감을 안겨주어 항의할 필요가 있다면 자기주장을 실천해 옮겨보는 것은 좋은 연습이 될 것이다.

또 다른 연습 방법은 공공기관이나 정치인, 신문사 또는 회사에 편지를 쓰는 것이다.(물론 편지는 데스크 각본의 규칙에 의거해 쓰여야 한다.) 편지에서 문제나 항의의 내용의 개요를 설명하고, 해결책까지 제안해 보도록 하자. 아니면 단순히 특정한 법률안이나 현재 회자되고 있는 정책에 대한 반대의견이나 찬성 의견을 적어 보낼 수도 있다. 한 여성은 전국적인 가구 체인망에 텔레비전 광고의 성차별적 요소에 대한 항의 편지를 보냈다. 당장 모욕적인 광고를 중단하고 다시는 성차별적인 광고를 하지 말 것을 설득했다. 편지를 쓰는 것은 자기주장을 하는 데 위협적인 요소를 최소화하면서 자기주장 훈련에 많은 도움이 된다.

고객의 입장에서만 자기주장을 할 수 있는 것은 아니다. 서비스를 제공하는 업자 측에도 권리가 있다. 특히 점원이나 수선공은 고객에게 모욕당하거나 무리한 요구를 당하지 않을 권리가 있다. 그 사람들의 일은 친절한 서비스에 있지만 그렇다고 해서 고객에게 무조건적으로 굴종하거나 심한 말을 들을 이유가 없다. 고압적인 고객에 대해 할 수 있는 자기주장의 예를 살펴보자.

●구두 열 켤레를 신어본 후에도 고객은 물건을 살 생각을 하지 않았다. 자기주장적인 점원은 다음과 같이 말했다. "실례합니다만, 기다리시는 다른 손님이 계셔서요. 신어보신 구두를 한 번 더 살펴보시

고 원하시는 게 있으면 저한테 알려주십시오."

● 백화점의 남성의류 매장에서 일하는 한 점원이 세 명의 십대 소년에게 시달리고 있다. 소년들은 깔깔거리면서 수많은 바지를 꺼내 입어 보고는 엉망으로 벗어서 한쪽에 쌓아놓고 있다. 점원이 누가 바지를 살 것이냐고 물었지만 소년들은 건방진 태도로 점원을 조롱하였다. 마침내 그는 백화점 경비에게 전화를 걸어 소년들을 매장에서 쫓아냈다.

간단하지만 분명하고 필요한 단호한 자세로 자기주장을 한 점원들의 예다. 고객이라고 해서 모든 권리를 독점하고 있는 것이 아니다. 고압적이고 멋대로인 고객에 의해 자신의 기본적인 권리가 침해당했다고 느껴지면 점원들도 자기주장을 할 수 있다. 그럴 때도 고객의 기분을 상하지 않는 범위에서 친절하게 하는 것이 가장 좋겠다. 하지만 상황이 녹록지 않다고 판단되면, 점원과 관리자는 그 고객을 잃을 것까지 감수하여 단호한 태도를 취해야 한다. 감수해야 할 손실이 문제 상황의 부정적인 파동보다 적다면 자기주장을 망설여선 안 된다.

불만을 제기하기 위한 몇 가지 규칙들

불편을 토로하는 가장 쉬운 방법은 앞에서 살펴보았던 데스크 각본의 과정을 따르는 것이다. 묘사하기, 표현하기, 구체화하기, 결론 내리기의 네 과정이 있다. 하지만 이 각본은 종종 축약되어야 하거나 으레 즉흥적으로 말하거나 준비할 시간이 짧은 경우가 있다. 아래 불편함을 호소할 때 따라야 하는 몇 가지 추가적인 규칙을 소개하겠다.

- 정확한 전달 대상을 찾아 이야기하자. 문제가 되는 서비스에 책임을 맡고 있는 사람에게 자기주장 각본을 전해야 한다. 식당이 더러워서 문제가 되었다면 종업원에게 항의해야 한다. 음식이 형편없었다면, 주방장에게(종업원이나 매니저를 통해서) 불만을 이야기해야 한다. 바쁜 점심시간에 음식이 늦게 나왔다면, 종업원에게 불평하지 말고(발에 불이 나게 뛰어다니고 있을 것이다.) 바쁜 시간에 일할 수 있는 종업원을 충분히 고용하지 않았다는 것에 대해 식당 매니저에게 항의해야 한다. 잡화점에서 계산할 사람은 많은데 계산대가 충분하지 않다면 이것 역시 점원에게 항의할 것이 아니라 매장 매니저에게 직접 이야

기할 문제다. 경찰이 충분한 보호를 해주지 못한다고 생각되면 현장에 나온 경찰관보다는 경찰 서장에게 불만을 이야기하라. 자기주장을 연습하려는 것이 아니라면 엉뚱한 사람에게 불만을 이야기하느라 시간을 낭비하지 마라.

● 개인적으로 불만을 제기하라. 가능하다면 책임 있는 사람에게 개인적으로 불만을 전하도록 하라. 공개적인 비난을 참을 사람은 없다. 따라서 개인적으로 조용히 항의하면 오히려 더 좋은 결과를 얻게 될 것이다. 공개적으로 비난을 받게 되면 대부분의 사람들은 '체면을 살리기 위해서'라도 방어적으로 나온다.

● 문제가 발견된 즉시 말하라. 사건이 머릿속에 생생할 때 이야기하지 않으면 기억이 사건을 왜곡시킬 수 있다. 시간이 지나면 지날수록 문제 상대와 당신의 기억 사이에 커다란 차이가 생긴다. 게다가 시간을 지체하면 자기주장을 해야겠다고 마음먹었던 순간의 분개한 마음이 사라질 수도 있다. 그러니 가능한 한 빨리 자기주장을 펴야 한다.

● 한 번에 한 가지씩만 말하자. 당면한 문제에 대해서만 이야기하자. 문제 상대와 관련 있는 이전의 다른 문제들까지 들먹이지 말자. 비난공세로 상대를 질리게 해서는 안 된다.

● 상대를 방어적으로 만들지 말자. 얼마나 끔찍한 일인지로 말문을 열지 말자. "여기 정말 끔찍한 일이 생겼네요. 정말 화가 나 죽겠어요. 내 말은 말이죠." 이런 서두는 상대를 방어적으로 만든다. "제가 드릴 말씀이 있는데요." 정도가 좋겠다.

● 불만을 이야기한 것에 대해 사과하지 말라. 불만을 이야기할 때 사

과하거나 "괜한 소란을 일으켜 미안하지만" 등의 말을 하는 것은 스스로 지나치게 예민하게 굴었다는 것을 의미한다. 자기주장의 단호함을 삭감시키는 말이다. 자기주장 훈련에 참가했던 한 학생은 다음과 같은 경구를 만들었다. "진짜로 미안해 죽을 지경이 아니라면 '미안하다'라는 말은 하지 말자."

● '항상'이나 '절대' 등의 일반화하는 말은 하지 말자. 데스크 각본의 원칙을 상기하라. 강조를 위해서라도 일반화하는 표현은 사용하지 말자. 자기 말의 정확성을 떨어뜨리고, 상대에게 반박의 여지를 준다. 문제가 되는 구체적인 사건과 정황에 대해서만 자세하게 설명하라.

● 바꿀 수 있다고 생각되는 행동에 대해서만 불만을 이야기하라. 서비스를 하는 사람이 주어진 상황에서 최선을 다하고 있다면 아무리 부족한 부분을 지적한다 해도 개선의 여지가 없는 법이다. 예를 들어 프랜차이즈나 전국적인 체인 주유소의 경우 지역에 따라 가격이 책정되어 있기 때문에, 각 지역 매니저는 가격 결정권이 없다. 그러니 가격이 높다고 불만을 이야기하지 말라. 목발을 짚고 건널목을 건너는 사람에게 너무 천천히 지난다고 비난할 수는 없다. 상대가 할 수 있는 일을 현실적으로 판단하라.

● 상대에게 뭔가 칭찬이 될 만한 것을 이야기하도록 하자. 비난받는 것을 좋아할 사람은 없다. 문제 상대에게 불만을 이야기할 때 뭔가 칭찬할 것을 찾아보는 노력을 함께 하는 것이 좋다. 서비스에 대한 불만을 이야기하는 경우 이야기를 꺼내는 처음이나 마무리 지을 때 칭찬의 말을 하는 것이 좋다. "고객의 필요를 배려하는 가게 분위기가 좋아서 이곳에서 쇼핑하는 것을 좋아하고 있어요." "이곳의 독특

한 분위기와 훌륭한 음식 때문에 자주 오고 있어요." 이런 칭찬들은
문제가 있다는 지적을 경청하고 해결책을 제시한 데 동의한 것에 대
한 보상으로 사용할 수 있다.

불만을 제기할 때 이런 규칙들을 되살펴보기 바란다. 자기주장 메
시지를 준비하면서 데스크 각본을 쓸 때 이런 규칙들도 참고할 수
있다. 단발성이면서 불만을 항의하는 상황에서도 데스크 각본은 약
간의 수정을 더해 사용할 수 있다는 것이다. 그럼 그런 수정된 각본
들을 살펴보자.

단발성 상황을 위한 짧은 데스크 각본들

특성상 단발성 상황은 미리 예상하거나 자기주장 내용을 세부적으로 준비할 수가 없다. 하지만 일반적인 단발성 상황에 대한 각본을 준비할 수는 있겠다. 즉, 먼저 문제 상대에게 문제가 무엇인지 자세하게 묘사하고 상황에 대한 자신의 기분을 표현하라. 간단하고 절제된 표현을 사용하여 감정을 전달하라. 그리고 상대에게 바라는 바를 말하고 제안대로 따라주었을 때 어떤 보상을 이야기하라. 아래 예에서 보면 부정적인 결과는 괄호 안에 쓰여 있는데, 처음에는 말하지 않도록 했다.

상황 한 여자가 자동차를 자동차 정비소로 몰고 갔다. 그녀는 차에 어떤 문제가 있는지 정확하게 설명할 수가 없었다. 정비사는 몇 마디 툴툴거리거나 킬킬거렸다. 눈동자를 굴리고 머리를 내젓는 등의 조롱하는 태도에 그녀는 불쾌함을 느꼈다. 여자는 즉석에서 다음과 같은 각본을 준비했다.

묘사하기 말씀하시는 투나 표정을 보니 제가 차에 대해 잘 모른다고

322

얕잡아보시는군요.

표현하기 기분이 상하네요. 제가 바보가 된 느낌이 들어요. 제가 차에 대해 잘 알고 있었다면 애초 여기에 와서 돈을 쓰지 않고 혼자서 고쳤을 거예요.

구체화하기 저에 대한 비딱한 태도는 삼가고 차의 문제나 해결해 주시죠.

결론 내리기 긍정적 : 잘 도와주신다면, 친구들에게도 이곳을 소개해 드리죠.

[부정적: 계속 비꼬는 식으로 말씀하시면 다른 곳으로 가서 일을 보고, 친구들에게도 이곳에는 오지 말라고 이야기하겠어요.]

상황 한 노인은 아침마다 신문이 잔디밭 끄트머리에 던져져 있어 주우러 걸어 나가야 했다. 현관까지 배달해 주기를 바랐지만 신문배달 소년은 자전거를 타고 길가의 잔디밭에 신문을 던져놓고 가버리곤 했다. 구독료를 받으러 왔을 때, 노인은 아래와 같은 각본을 준비하여 말했다.

묘사하기 가끔 신문을 잔디밭 끄트머리에 던져놓고 가서 신문을 가지러 30미터나 걸어가서 주워야 한단다.

표현하기 관절염 때문에 그 정도 거리를 걸어가려면 다리가 아프단다.

구체화하기 현관 앞까지 신문을 갖다 놔주겠니?

결론 내리기 긍정적 : 그렇게 해준다면, 정말 고맙겠구나.

[부정적 : 그렇게 해주지 못한다면, 내 집 문 앞까지 신문을

배달해 줄 수 있는 다른 사람에게 신문배달을 부탁할 수
밖에 없겠구나.]

상황 매일 밤 동네 근처에서 조깅을 하는 대학생이 있었다. 어느 날 조깅을 하던 중 커다란 개가 으르렁거리며 달려들어 그의 발목을 살짝 물었다. 개 주인은 밖으로 나와 사과하면서 말했다. "미안합니다. 하지만 우리 개는 달려가는 사람들만 보면 쫓아가는 습관이 있거든요." 학생은 아래와 같이 단발성 각본을 말했다.

묘사하기 그 개는 나뿐만 아니라 다른 조깅하는 사람들을 사납게 쫓아
다녔고, 결국은 달려들어 제 발목을 물었어요.

표현하기 지나가는 사람을 쫓아다니도록 개를 풀어놓는 건 옳지 않
은 일이라고 생각합니다. 분명히 불법적인 일이죠.

구체화하기 가죽 끈으로 묶어놓으시기 바랍니다.

결론 내리기 긍정적 : 그렇게 해주시면 조깅을 편안하고 즐겁게 할 수
있을 것 같습니다!

[부정적 : 저 개가 또 나를 쫓아온다면 경찰서에 신고하겠
습니다.]

즉흥적인 각본은 다양하게 변형될 수 있다. "다른 곳에서 일을 봐
야겠네요."나 "책임자에게 말하겠어요."와 같은 '결론 내리기'는 대
게 인과응보의 성격을 지닌다. 그렇지만 보상이 포함되도록 노력하
라. "친구들에게 여기로 물건을 사러 오라고 말할게요."라든가 "이

곳 책임자에게 당신에 대한 칭찬을 하겠어요.”(그리고 실제로 칭찬을 해야 한다.)

적절한 상벌을 결정한 다음에도 처음에 설정한 상벌의 정도가 적절하지 않다고 생각되면 그 강도를 더할 수 있도록 하라. 좀 더 많은 돈이나 칭찬 또는 지지를 약속하는 것으로 보상의 정도를 올릴 수 있다. 벌의 강도를 높이는 방법은 상황에 따라 다양하다. 업무를 보는 데는 지휘 계통, 즉 위계질서가 있다. 불만을 이야기할 때는 이런 위계질서를 건너뛰어 책임자에게 이야기할 수 있다. 주유소 직원에게 불만을 이야기한 것이 별 소용이 없다면 그의 직속 상사에게 말하고, 그래도 안 된다면 그 주유소를 관할하는 본사 담당자에게 항의할 수 있겠다. 자신의 주장에 확신이 있다면, 거래 개선 협회에 이의를 제기하거나 지역 신문 편집자에게 비판의 편지를 보낼 수도 있다.

이런 모든 항의가 완전히 묵살되었다면 어떻게 할 것인가? 구매한 물건에 대해 사업주가 허위 표시를 했는지(허위 과장 광고), 상품 자체에 결함이 있는지(상한 음식이나 장비 문제)에 따라 대책은 다르다. 광고에 현혹되어 물건을 구입했다고 생각이 되면 소비자협회 등에 사실을 알리면 된다.

이런 조치가 다 실패한다면, 돈을 되돌려 받을 수는 없지만 “고객에게 불공정한 대우를 했다”는 글을 써서 시위를 하는 것으로 해당 기업의 운영 행태에 저항할 수는 있다. 이때는 끝까지 징벌을 가하는 데 드는 시간과 노력의 가치만큼 항의를 하는 것이 필요한가 결정해야 한다. 이제 당신은 상황에 따른 짧은 각본을 연습할 것이다.

연습을 위해서 아래 적어놓은 자기주장이 필요한 공공장소에서의 눈에 거슬리는 일들에 어떻게 반응할 것인지 적어보자. 각 상황에서 말할 수 있는 자기주장 각본을 적어보자(간단하게.) 비교를 위해서 예상 각본을 적어놓았다. 최대의 효과를 내기 위해서는 여기서 제시한 각본을 읽기 전에 자신 스스로 각본을 적어보라.

상황 정치 자금을 모으는 사람이 정치 기부 캠페인 참가를 부탁하면서 현관 벨을 울려왔다. 매우 끈질긴 사람이다. 어떤 자기주장적인 말로 거절하겠는가?

나의 각본 ____

____

____

예상 각본 "그 캠페인에 참여해서 기부할 마음이 없는데요. 지지하시는 후보자에게 관심이 없답니다. 여기서 시간낭비하지 마시고 다른 곳으로 가보세요. 안녕히 가세요."

상황 나이트클럽에서 친구와 앉아 쇼가 시작되기를 기다리고 있는 중이다. 초대하지도 않은 두 명의 남자들이 다가와 옆에 앉았다. 여자 둘만 왔으니 자기들과 어울리자고 치근대고 있다. 친구와 당신은 그 남자들이 떠나주기를 바라고 있다. 어떤 자기주장적인 말을 해줄 수 있을까?

나의 각본 ____________________

예상 각본 "남자 만나러 온 게 아니에요. 쇼를 보면서 친구와 같이 즐겁게 지내려고 왔죠. 그러니 그만 가주세요. 안 그러면 매니저를 부르겠어요."

상황 극장에서 뒷자리에 엄마와 함께 온 네 살배기 꼬마가 계속 기침을 하면서 시끄럽게 하고 있다. 아이의 기침소리가 영화감상에 방해가 되고 있지만 정작 아이 엄마는 아무런 신경도 쓰고 있지 않다. 어떻게 할 수 있을까?

나의 각본 ____________________

예상 각본 "아드님이 자꾸 기침을 해서 영화를 보는 데 방해가 되네요. 아이를 데리고 나가주시면 좋겠어요. 감사합니다."

상황 자녀가 밖에서 놀다가 넘어져 이마를 다쳤다. 피가 흐르고 이마는 커다랗게 부풀어 올랐다. 혹시 두개골 골절이 아닐까 걱정이 되어 근처 병원 응급실로 달려갔다. 아이는 의식을 잃었고, 이마에서 흐르는 피를 손바닥으로 눌러 지혈을 하고 있었으나 정신이 하나도 없다. 그런데 매우 느긋한 등록처의 간호사가 보험에 관한 서류의 많은 질문에 일일이 기입하라고 요구한다. 아이의 생명이 위험할지도 모르는 상황에서 그런 질문을 받은 당신은 화가 치밀어 올랐다. 어떻게 말할 것인가?

나의 각본 ____

____

____

예상 각본 "간호사, 이 서류를 다 쓰려면 시간이 많이 걸릴 텐데 우리 아이는 당장 응급처치를 받아야 하는 상황이에요. 응급상황이니까 당장 의사를 불러주세요. 그 서류는 나중에 쓰도록 하겠어요."

상황 극장표를 사기 위해 20분 동안 줄을 서서 기다렸는데, 표를 사기 직전에서야 잘못된 줄에 서 있었다는 것을 알게 되었다. 원하던 표는 이미 매진되었고, 사람들은 상영관으로 들어가고 있었다. 안내원은 다시 줄을 서서 표를 사라고 말했다. 하지만 그렇게 해서는 영화를 볼 수 없었다. 누구에게 뭐라고 말할 것인가?

나의 각본 ____

____

____

 (매표원에게) "매니저를 만나고 싶습니다." (매니저에게) "영화 프로그램에 대한 안내가 티켓을 파는 곳 어디에도 없습니다. 안내원도 없구요. 전 여기서 20분 동안이나 기다렸는데 줄을 잘못 섰다는 것을 알고 화가 났습니다. 내가 보고자 했던 영화 티켓을 당장 구할 수 있게 해주시죠. 그렇게 해주지 않는다면 이 영화관의 소유주에게 편지를 써서 영화 관람객에 대한 형편없는 서비스 관리에 대한 불만을 이야기하겠습니다."

상황 전화 선거운동원이 저녁식사 중에 전화를 걸어왔다. 식사시간을 방해받았고 원하지 않는 이야기를 들어야 했기 때문에 기분이 상했다.

나의 각본 ______________________________

____

____

예상 각본 "지금 식사 중입니다. 8시 이전에는 전화하지 말아주셨으면 합니다. 8시에서 9시 사이에 연락 주세요. 그러면 기부하는 문제에 대해 이야기할 수 있을 겁니다."

위의 연습을 한 다음, 제안한 연습 기회를 찾아보면서 이 장 전체를 다시 살펴보자. 단발성 상황에서 자기주장을 펼치는 연습을 공공연히 해보자. 주변에 있는 치고 빠지는 문제 상대들을 늘 주의해서 찾아보고 당당하게 자기 의사를 표현하는 연습하는 습관을 들이자.

이 장의 가치는 당신이 실제로 자기주장 행동을 실천하는 데 목표를

두고 있다.

10

마음과 마음이 통하는 소통의 대화법

수많은 우정이 대화의 부족으로 깨어진다 _아리스토텔레스

일반적으로 자기주장을 하지 못하는 사람들은 내성적인 편이다. 그래서 사람들과 함께 있는 자리를 불편해 하는데, 이는 우정어린 관계를 맺는 사회적인 기술이 부족하기 때문이다. 하지만 그들도 새로운 사람을 만나 사귀는 법을 배우고 더 친밀한 관계로 발전시키는 법을 배울 수 있다. 이번 장에서는 이런 일을 할 수 있는 방법을 제안하려 한다.

호감도 높이기

우리는 마음에 드는 사람들과 사귀기 위한 효과적인 방법을 궁금해 한다. 어떤 사람들은 사람을 사귀고 우정을 맺는 일을 너무나 간단하고 멋지게 해낸다. 그리고 그들은 높은 호감도를 갖고 있는 편이다. 하지만 어떤 이유로 호감도가 높고 낮은 차이가 생기는 걸까? 자기 생각을 단호하게 표현하고 자긍심을 지키면서 호감도를 높일 수 있는 방법이 있을까?

이런 주제는 사회학자들에 의해 수년간 연구되어 왔다. 어떤 요인들이 사람들로 하여금 호감 있게, 즉 '사회적으로 매력적으로' 느껴지게 하는지 연구해왔다. 그리고 다른 사람에게 호감을 받는 사람들은 다음과 같다고 말했다. (1) 기본적인 신념이나 이해관계 가치관에서 공통점을 갖고 있는 사람들, (2) 우리가 가치 있다고 생각되는 특정한 지적인 기술이나 사회적인 기술 또는 운동기술에서 재능을 보이는 사람들, (3) 정직함이나 친절함 인내심 또는 의리 등의 개인적인 자질이 '돋보이는' 사람들 그리고 (4) 우리를 좋아해 주는 사람들이다.

이런 요소들은 일반적으로 쌍방 간에 호감도를 갖게 되는 '보상기저'로 작동하게 된다. 일반적으로 우리는 보상을 주는 사람을 좋아하게 되어 있다. 예를 들면 나의 말에 동의해 주는 사람은 나의 신념에 공감한다는 뜻이므로 그를 좋아하게 된다. 나의 말에 동의해 주는 사람은 내 의견이 '옳다'는 생각을 갖게 해준다.

우리는 얼마나 더 호감 가는 사람이 될 수 있을까? 데일 카네기는 친구를 사귀는 데 아래 여섯 가지 규칙을 제안한다.

1. 다른 사람에게 진심으로 관심을 가져라.

2. 미소 지어라.

3. 사람의 이름이야말로 언어 중에서 가장 중요하고 가장 달콤한 소리라는 것을 기억해라.

4. 듣기를 잘 하는 사람이 되어라. 사람들에게 자신의 이야기를 하도록 만들어라.

5. 상대의 관심거리에 관해 이야기하라.

6. 상대가 중요한 사람이라는 생각이 들게 하라. 진심으로 그렇게 대하라.

이것은 다른 사람이 당신에게 다가오는 것에 대한 보상의 규칙이라고 해석해 볼 수도 있다.

하지만 중요한 요인 하나가 빠져 있다. 카네기의 규칙은 수동적인 입장을 강조하며 당신의 적극적인 의사 표현에 대한 것을 무시하고 있다. 우정은 서로 주고받는 관계로 형성되어야 하는 일이다. 각자가 자신에 대한 정보를 제공하고 상대에 대한 진심어린 관심을 나타내야 한다.

　수동적인 사람들은 평소 여가 시간을 텔레비전이나 독서로 소일한다. 그렇게 해서는 친구를 사귈 수 없다. 새로운 사람을 만나고 표면적인 관계를 깊어지게 하려면 사람들과 접촉할 기회를 많이 가져야 한다. 껍질을 벗고 나와 사람들을 사귀는 데 시간을 더 많이 보내라.

　다음에 제시하는 연습은 시간을 들여서 천천히 진행해야 한다. 경우에 따라서는 정말 긴 시간이 필요하다. 친구와 좀 더 친하게 지내냐 마느냐 하는 문제는 시간과 노력이 요구되는 일이므로 신중하게 결정해야 한다. 사람에 따라서 정말로 혼자 있는 것을 좋아하는 경우도 있다. 하루 종일 사람들과 부딪치며 스트레스를 받으며 지냈으니, 여가 시간에 조용히 독서를 하거나 그림을 그리며 편안한 휴식 시간을 보내는 것이 더 좋다고 생각하는 것이다. 사교적인 장소에서 시끌벅적하게 있는 것보다 평온한 정적을 선호하는 것이다. 스스로의 선택에 의한 것이라면 그런 것도 좋다. 이번 장은 혼자 있기를 스스로 선택한 사람들이 아니라 사교술이 부족하고 두려워서 외톨이로 있는 사람들을 위한 것이다.

대화 기술 개발하기

사람과의 대화에 어려움을 겪는 것은 내성적인 성격 탓이기도 하지만, 사실 대화 기술은 얼마든지 배울 수 있고 기술을 충분히 시험해 본다면 점차 대화가 편해질 수 있다.

일단 대화를 나눌 상대를 정하고 적당한 순간이 오기를 기다리자. 다음 단계는 적당한 말머리를 만드는 일이다. 이 '말머리'는 말을 꺼내는 첫 번째 대사로, 두 사람이 대화로 들어가기기 위해 '문 안에 살짝 한 발 들여놓는' 일이다. 하지만 굳이 유머와 지성이 번뜩이는 말일 필요는 없다. 상대에게서 긍정적인 관심을 끌어내고 대화를 시작할 기회를 만들기만 하면 된다. 말머리를 여는 일은 대개 이미 수천 번도 더 들어봤던 상투적인 문구다. 하지만 대화를 시작하는 데는 전혀 부족함이 없는 좋은 말들이다.

- "누구 닮은 것 같은데요."
- "우리 전에 어디서 만난 적이 있지 않나요?"
- "새로 오셨군요, 그렇죠?"
- "이 실내장식에 대해서 어떻게 생각하시나요?"

336

- "어떤 음악을 좋아하시나요?" (영화, 그림 등등)
- "아이들과 함께 있는 걸 좋아하세요?"
- "비가 오는 걸 좋아하시나요?"

문을 열어준다든지 자신이 읽던 신문을 준다든지 흘린 물건을 줍는 것을 돕든지 자전거가 부서진 사람을 태워준다든지 하는 일을 하면서 말머리를 건넬 수도 있다.

사람들과 쉽게 친해지기를 원하는 사람이라면 '미끼'가 될 만한 특별한 물건을 가지고 다닐 수도 있다. 예를 들면 칼 마르크스의 《자본론》이라든가 히틀러의 《나의 투쟁》 또는 존슨의 《인간의 성 반응》과 같이 논란거리를 제공할 만한 책을 갖고 다니는 것이다. 물론 갖고 있는 책에 대해 적어도 한두 마디 할 수 있도록 준비를 해둬야 한다! 애완동물이나 악기, 미술 도구, 스케치북 또는 옷차림도 소재가 될 수 있다.

말머리를 여는 일이 낯선 사람과 대화를 시작하기 위함이기도 하지만, 가볍게 알고 지내던 사람들과의 대화에서도 유용하게 사용될 수 있다. 상대에 대해 알고 있는 점이 있으면 말머리로 그 문제에 대해 질문을 할 수도 있다. 상상력을 발휘하라. 예를 들어보자.

- "안녕, 너도 생물학 강의를 듣고 있지? 다음 주 화요일 숙제가 뭔지 알면 좀 알려줄래?"
- "경리부에 계시죠. 지난 이주 동안 임금 지불 명령서를 얻으려고 했는데, 혹시 가능하다면……"

- "행정기관에서 일하신다구요. 저도 거기 들어가고 싶어요. 직원 등급 체계가 어떻게 되어 있는지 궁금하네요. 어떤가요?"

이런 질문은 상대가 잘 알고 있는 사항이기 때문에 답을 하지 않을 수 없을 것이다. 상대가 답을 해오면 대화를 더욱 풍성하게 할 소재가 생기는 것이다.

말머리 이어가기

"날씨 좋네요. 그렇죠?"와 같이 간단한 말머리의 문제점은 대화를 이어갈 내용이 매우 적다는 것이다. 따라서 한두 마디 말을 더 준비해야 한다. 그래야 상대가 "네."라고 한 마디로 답해도 무안해지지 않는다. '예비' 이음말의 예가 아래 있다.

- "정말 몹쓸 비군요! 거리 상인들이 장사를 망치게 됐네요. 멀리 가서야 하나요? 우산 같이 쓰실래요?"
- "이 식당은 오늘이 처음이에요. 그쪽은 어때요? ……여기 분위기는 어떤 것 같은가요? 음식 중에 먹을 만한 게 뭐 있을까요?"
- (엘리베이터 안에서) "3층에 사시죠? 전 6층에 살고 있어요. 3층은 전망이 어떤가요? ……이 엘리베이터 좀 낡지 않았나요?"
- "잔돈으로 좀 바꿔주시겠어요? ……항상 잔돈을 미리 준비하는 걸 보니 체계적으로 정리정돈을 잘하시는 타입인 것 같아요. 맞죠?"

338

● "전에 만난 적이 있었나요? ……정치학 수업을 같이 듣는 여학생과 많이 닮아 보여요. 정치적 논쟁에 열성인 학생이죠. 혹 당신도 정치에 관심 있나요? ……아니라구요. 미국인이시군요! 그럼 어떤 종류의 수업을 좋아하시죠?"

머리말을 꺼내기 전에 위와 같은 말을 이어가기 위한 몇 마디를 대충 생각해 보도록 해라. 말할 때는 미소와 함께 상대를 바로 쳐다보라. 이런 식으로 화제를 찾는 것은 두 사람이 대화를 '시작' 하게 될 공통적인 관심사를 찾기 위함이다. 이때가 바로 상황을 파악하는 시기다. 머릿속에서 여러 개의 화제 목록을 검색하여 그 중 상대가 마음에 들만한 것을 클릭하는 모습을 떠올려보자.

처음에 한 질문에 상대가 얼마나 많은 '공짜 정보'를 주느냐를 보면 상대가 대화할 생각이 얼마나 있는지 가늠해 볼 수 있다. 공짜 정보란 간단한 질문에도 불구하고 묻지도 않은 이야기까지 보태어 신상에 관한 이야기를 털어놓는 것이다. "이 연극 마음에 드세요?"라고 물었는데 상대가 "네, 브레히트의 연극은 거의 다 좋아한답니다."라고 대답하는 경우를 보자. 마지막에 덧붙여 대답한 것이 바로 공짜 정보다. 자신의 일반적인 취향과 기호에 대한 정보를 주고 있다. 이쯤 되면 어떤 이야기로 이어가야 할지 저절로 알 수 있게 된다. "네, 저도 브레히트가 현대 연극의 뛰어난 장인이었다고 생각합니다. 어떤 연극을 보셨나요? 어땠나요?" 이런 말들로 대꾸할 수 있을 것이다.

말머리를 열고, 화제를 검색하는 동안 두 사람은 서로에 대해 살피면서 대화를 더 할지 말지를 결정한다. 혹 상대가 더 이상 대화를 원하지 않는다면 몇 가지 신호를 보내올 것이다. 시선을 피하거나 미소를 짓지 않거나 짧고 통명스럽게 대답하거나 자기 일에만 몰두할 수도 있다. 이럴 땐 '고맙습니다' 라는 인사말과 함께 물러나야 할지 상대를 다시 끌어들일 새로운 화제를 찾아낼지를 결정해야 한다.

이런 결정의 단계에서 흔히 저지르는 실수 두 가지가 있다. 첫째는 상대가 정말 원하지 않고 있는데 혼자 계속 이야기를 하는 경우다. 두 번째는 상대가 이야기를 계속하기를 원하지만 어떻게 말해야 할지 망설이다가 이야기를 멈추고 물러나는 경우다. 대개 내성적인 사람들은 흔히 두 번째 실수를 저지른다. 상대는 이야기를 꺼내기를 기다리고 있는 중인데 알아차리지 못하고 말을 접어버린다. 특히 서로 내성적인 성향인 경우 상대가 분명하게 거부의 신호를 보내지 않았다면 마음에 드는 화제를 찾아 이야기를 계속하라는 것이다. 거절의 표현이 없다면 환영받고 있다고 생각하라는 이야기다.

현재 상황이 어떻게 돌아가는지 알아내는 확실한 방법은 상대의 행동에 대해 언급하는 것이다. 예를 들면 "지금 바쁜 모양이네.""전에 보셨던 브레히트 작품에 대해서는 말씀하고 싶지 않으신 모양이네요."이라고 말하는 것이다.

아래 실전연습에서는 네 명의 구체적인 사람에게 말할 수 있는 말머리와 뒤에 이어질 두 개의 문장을 생각해 보아야 한다. 각각 두 명씩은 이성으로 하고, 그 중 각각 한 명은 처음 보는 사람으로 하고 나머지 한 명은 알고 있지만 더 친해지고 싶은 사람으로 하자. 과거에 이야기할 상대와 실제로 함께 했던 경우를 상상해서 당시에 쓸 수 있었던 말머리와 이어지는 말을 적어보자.

340

동성이면서 알고 지냈던 사람

상황 ____

말머리 ____

이어지는 말 ____

____

이성이면서 알고 지냈던 사람

상황 ____

말머리 ____

이어지는 말 ____

____

동성이면서 낯선 사람

상황 ____

말머리 ____

이어지는 말 ____

____

이성이면서 낯선 사람

상황 ____

말머리 ____

이어지는 말 ____

____

대화 이끌어 나가기

말머리를 열고 이어지는 말을 했다면, 이제는 상대의 적극적인 대화 참여가 이어져야 한다. 상대가 대화에 참여하며 한 말의 의미는 "지금까지는 재미있는 대화인데, 어디 어떻게 되는지 볼까."이다. 이제는 상대가 자신에 대한 이야기를 꺼내도록 간간히 당신 자신에 대한 이야기를 꺼내어 분위기를 돋워야 한다. 상대가 전해 주는 공짜 정보들에 특별히 주의를 기울여라. 성격이나 배경, 기분이나 좋아하는 것에 대한 이야기를 해줄 것이다. 가능하면 이런 정보들에 비추어 당신의 생각이나 경험들을 자세하게 설명할 수도 있다.

또 공짜 정보를 이용해 다시 질문을 할 수도 있다. 상대가 "숙제가 뭐였는지 몰라. 지난번 수업시간에 강의를 듣지 않고, 스키 타러 갔거든."과 같은 대답으로 공짜 정보를 제공했다면 그때는 다음과 같이 다시 질문을 할 수 있다. "멋지다. 나도 스키 타는 거 좋아하는데. 4주 전에 닷지 리지에 갔었는데, 속도가 잘 나더라구. 넌 어디로 갔니? 어땠어?"

아래 예에서는 상대의 대답에서 공짜 정보가 어떤 것이 있는지 알아보고, 그것을 기반으로 해서 다른 말을 하거나 질문을 해보아라.

나 : 어디서 선탠한 거야?

그녀 : 포트 로더데일에서. 봄 휴가로 다녀왔어.

나 : ________________________________

____

나 : 어디서 산 거야?

그 : 수퍼 두퍼 마켓에서. 유기농 식품 코너가 무척 크더라구.

나 : ____________________

____

나 : 지난번 선거에서 어떻게 투표했었니?

그 : 안 했어. 난 정치에는 관심 없어.

나 : ____________________

____

상대가 한 말에 덧붙여 말을 할 때는 자신에 대한 이야기, 즉 공짜 정보를 주면서 마무리는 질문으로 해야 한다. 자신에 대한 정보는 구체적이어야 한다. 그래야 상대도 그 이야기를 바탕으로 다음 이야기를 쉽게 이어갈 수 있다. 대부분의 사람들은 처음 만나는 사람과 이야기를 해나가는 것을 어려워한다. 그러니 상대에게도 자신의 경험이나 가치관 등의 생각에 대해 자세한 정보를 그저 공짜로 주어서 대화를 나누는 일을 도와야 한다. 그렇게 하지 않으면, 상대는 당신이 대화에 관심이 없다고 생각하고 자리를 떠날지도 모른다.

다른 사람과 이야기를 나누는 가장 간단한 방법은 적절한 질문을 하는 것이다. 질문의 유형을 아래 세 가지로 나누어보았다.

① 유형 – 기본적으로 신문이나 백과사전에서 찾아볼 수 있는 사건에 대한 사실적인 질문 : "어제 다저스 팀 경기는 어땠나요?" "쇼가 언제 시

②유형 – 상대에 대한 질문이지만 개인적이라기보다는 사실관계 확인과 같은 질문 : "전공이 뭐죠?" "고향이 어디에요?" "어떤 일을 하고 계십니까?"

③유형 – 개인적이고 주관적인 답을 요하는 상대의 감정이나 이유, 동기, 느낌에 대한 질문 : "학교가 마음에 드나요?" "꿈에 관심을 갖고 있는 건 왜죠?" "여섯 아이 중 막내로 자란다는 건 어떤 거죠?"

위의 세 가지 유형의 질문을 구분하여 물어보도록 하자.

①, ② 유형의 질문은 배경 지식이나 기본 정보를 알아내려는 것이다. 하지만 친근한 감정이나 우정을 교환하게 만들지는 못한다. 반면 ③ 유형의 질문은 친밀감을 조성해 준다. '감정' 질문은 상대에 대해 많은 관심을 갖고 있다는 것을 드러내준다. 누군가의 감정을 이해하려고 한다면 그것은 상대에게 지대한 관심을 가지고 있다는 의미다. 이런 의미가 정확하게 전달되면 상대 역시 같은 태도로 나온다. 상대는 당신의 이야기에 관심을 갖고 귀 기울일 것이다.

사람을 잘 알게 되려면 ③ 유형의 질문들로 '느낌'에 관한 정보를 나누고 알아내어야 한다. 대화의 친밀도는 ③ 유형의 질문이 얼마나 있느냐에 비례한다. 그러므로 우정을 깊게 나누고 싶다면 유형1, 2번의 질문에서 ③ 유형의 질문으로 대화를 이끌어 나가는 데 중점을 두라. 대화를 나누는 동안 친밀감을 느끼게 될 것이다.

아래 질문의 예를 좀 더 적어보았다. 위의 세 가지 유형 중 어떤 유형에 속하는 질문인지 생각해 보고 각 질문에 답을 적어보자.

344

___ 형제관계가 어떻게 됩니까?

___ 부모님에 대해서는 어떻게 생각하고 있습니까?

___ 어제 제네바에서 대통령이 무엇을 했습니까?

___ 고향이 어디세요?

___ 정말 무서워하는 게 어떤 건가요?

___ 그 일로 기분이 많이 나빴나요?

___ 어머니께서 휠체어를 쓰시나요?

___ 마약에 대해서는 어떻게 생각하나요?

___ 아버지가 무슨 일을 하시나요?

___ 물리학 과정을 가르쳐 주시는 분이 누구죠?

(정답 : ②, ③, ①, ②, ③, ③, ③, ③, ②, ①)

열린 질문, 닫힌 질문

적절한 상황에서 상대에게 세세한 것까지 설명해 주기를 요청하는 '열린' 질문을 하도록 하라. 열린 질문은 네, 아니오의 단답형으로 끝날 수 있는 '닫힌' 질문과 대조되는 개념이다. 표현의 차이 때문에 열린 질문은 상대에게 좀 더 자세하고 많은 대답을 얻어낸다. 동기, 느낌, 의도에 관한 이야기나 좀 더 세세한 상황에 대한 이야기를 들을 수 있다. 열린 질문은 다음과 같은 말로 시작된다. "……에 대해 좀 더 이야기해 주겠어요?" "어떻게 그런 일이 일어난 거죠?" "그때 기분이 어땠나요?" "당신이 보는 시각에서는 어떤가요?"

이런 질문에 나오는 대답은 많은 공짜 정보를 제공하게 되어 있고, 거기서 다음 이야기를 할 재미있는 아이템을 얻어 말할 수 있다. 이야기를 나누던 주제에 대해 다른 이야기를 더 할 수도 있고, 자신의 경험이나 생각을 이야기할 수도 있고, 또 다른 질문을 하게 될 수도 있다.

아래 열린 질문과 닫힌 질문에 대한 설명을 위해 몇 가지 예를 적어보았다. 읽어보면 두 가지 유형의 질문에 대답하기 위해 어느 정도 말하면 되는지 알 수 있을 것이다.

닫힌 질문	열린 질문
"시카고 출신이죠, 그렇죠?"	"시카고에 대한 추억은 어떤 게 있나요?"
"두려운가요?"	"어떤 기분인지 말해주세요."
"언제 베트남에서 복무하셨죠?"	"베트남 전쟁에서 싸울 때 어떤 기분이었나요?"
"공상 과학 소설을 좋아하나요?"	"좋아하는 작가가 누구죠? 좋아하는 작품은요?"

닫힌 질문은 기본적으로 앞에서 살펴본 유형 1, 2번에 해당되며 기본적인 정보를 알아내는 것에 불과하다는 점에 주목하라. 열린 질문은 좀 더 자세한 사안에 대해 묻고 느낌이나 이유 또는 관점에 대한 질문으로, 질적으로 다른 정보를 얻어내고 있다.

그럼 이제 가설에 근거한 몇몇 상황에서의 닫힌 질문과 열린 질문을 만들어보자.

 잉그마르 베르히만의 영화를 보려고 줄을 서 있다. 줄서 있는 동안 앞의 남자와 이야기를 시작했다. 그는 "이 영화 보기를 너무나 기다려 왔답니다."라고 말한다. 이에 당신의 대꾸는

닫힌 질문 ____

____

열린 질문 1 ____

____

열린 질문 2 ____

____

 파티에서 처음 만난 사람과 춤을 추고 있다. 대화를 위해 꺼낸 말머리에 상대가 다음과 같이 대꾸했다. "저는 공인회계사로 일하고 있습니다." 당신의 대꾸는

닫힌 질문 ____

____

열린 질문 1 ____

____

열린 질문 2 ____

____

 노래를 좋아하는 당신은 교회 성가대를 하게 되었다. 그리고 거기서 마음에 드는 사람을 만났다. 리허설이 끝나고, 그녀에게 다가가 성가대에서 노래한 지 얼마나 되었냐고 물었다. "약 육 개월 정도 되가

네요." 라고 그녀가 대답했다. 당신의 대꾸는

닫힌 질문 _______________________________

____

열린 질문 1 _______________________________

____

열린 질문 2 _______________________________

____

개인적인 감정이나 가치관에 대한 질문들은 어떤 소용이 있을까? 이런 질문들은 매우 중요한 기능을 갖고 있다. 먼저 당신이 관심을 갖고 신경을 쓰고 있다는 것을 알려준다. 두 번째로, 사람들은 자기가 좋아하는 일이나 자신에 대해 말하는 걸 좋아하기 때문에 이런 종류의 질문에 답하는 걸 즐겨한다. 따라서 진심으로 상대의 말을 경청하는 태도는 당신을 매우 매력적이고 재미있는 사람으로 선전해 준다. 세 번째로, 질문에 대한 답으로 사람들의 기호나 생각들을 알 수 있다. 상대가 좋아하는 화젯거리나 사건에 대해서도 알게 된다. 그러면 상대의 기분을 맞춰줄 수 있는 방법도 자연히 알게 된다. 이런 지식들은 갓 시작된 우정을 북돋는 데 유용하다.

자신의 생각 드러내기

훌륭한 대화는 대화에 참여한 쌍방이 서로 자기 자신을 드러내어 말하고 그에 하나씩 반응해 나가며 발전해 나간다. 상대에게 자신의 느낌이나 기호, 생각, 은밀한 욕망, 최종 목표, 그리고 현재의 목표를 갖게 된 지나온 이야기나 콤플렉스 같은 것들을 이야기하면 더욱 깊은 친밀감을 나누고 우정이 깊어진다. 자기 자신을 상대에게 솔직하게 보이고 나면 상대는 생각이나 느낌을 함께 나누었다는 기분을 갖는다. 그러므로 막 시작된 대화에서라도 적절한 때에 자신에 대한 공짜 정보를 전해 주도록 하자. 특히 감정이나 태도에 대한 이야기를 하도록 하라.

그런데 어떤 사람들은 흔히 이렇게 묻곤 한다. "하지만 어떤 종류의 자기 이야기를 해야 친밀감이 생기는 거죠? 물론 머리에 비듬이 있다거나 변비 또는 입냄새 등에 관한 비밀을 말하는 식으로 친밀감을 만들 필요는 없다. 하지만 적당한 질문으로 말할 수 있는 '내면 깊숙이 간직하고 있던 개인적인 생각' 들에 관한 이야깃거리는 수백 개도 넘는다. 부모님, 형제자매 이야기, 고향이나 자라온 환경 이야기, 삶을 살아가는 방식 이야기, 미래의 계획, 결혼관이나 자녀 양육관, 격한 모습이나 끔찍하게 혐오하는 것들, 개인적으로 갖고 있는 두려움, 나이 먹는다는 것에 대한 생각, 신에 대한 생각, 죽음에 대한 생각, 실패와 성공 경험담, 옛사랑 이야기나 질투의 경험, 슬펐던 경험. 이런 개인적인 주제에 관해서는 거의 모든 사람들이 몇 분 이상 이야기를 할 수 있다.

여기서 주의해야 할 것이 있다. 친밀감을 형성하는 일을 서둘러서는 안 된다. 대부분 부끄럽게 여기는 개인적인 이야기나 감정을 드러내기까지는 함께 지내며 익숙해지는 상당한 시간을 필요로 한다.

처음 만나서는 상냥한 가면을 쓰고 부끄럽지 않은 이야기를 서로 교환하는 것으로 만족해야 한다. 이 단계에서 갑자기 은밀한 이야기를 열정적으로 해댄다면 상대는 당황할 것이다.

그렇지만 늘 이렇게 진지한 대화를 할 필요는 없다. 두 사람 모두가 관심을 가질 수 있는 주제로 생각이나 가치관을 주고받으라는 뜻이다. 그러므로 친밀감을 발전시키는 데 있어서 '무겁고 진지한 감정에 대한 이야기'는 가벼운 수다나 간단한 정보의 교환과 적절하게 섞여야 한다. 우정은 쉬지 않는 정신역학적인 활동이 아니라 즐거움을 위한 것이다.

교착 상태 전환하기

날씨나 인플레이션 또는 둘이 함께 본 영화와 같은 화제는 몇 분을 넘지 못한다. 결국에는 두 사람 모두 특별히 할 말이 없는 교착 상태에 이르게 된다. 교착상태는 '연설'이 끝난 다음 '반응'이 나오기 전에 한참 동안 아무 말도 하지 않는 상태와 비슷하다. 화제가 떨어져간다고 생각이 되면 구조 작업에 나서야 한다.

첫 번째 구조 작업은 앞에서 했던 이야기를 다시 꺼내보는 것이다. 이야기를 '돌리는' 다음과 같은 말을 해보자. "좋아. 조금 아까 X에 대해서 내가 했던 이야기로 돌아가보고 싶은데. 어떻게 그런 결론을 내렸는지 말해 줄 수 있겠니?" 두 번째 교착상태에 대한 구조 작업은 새로운 화제를 소개하는 장면 전환용 대사를 이용하는 것이다. 이야기가 교착 상태에 빠진 다음에 다음과 같이 말할 수 있다.

- "좋아. 조금 아까부터 궁금했던 건데 말이야……."
- "좋아. 네가 그런 걸 좋아한다면, 앞으로 이런 걸 보러 갈 계획을 세워보게 될 거야."
- "그렇구나. 일단은 그런 무거운 화제는 여기서 그만 접어두고 다음에 다시 이야기하자. 실제적인 문제로 돌아와서 말이야. 이런 건 어떻게 생각해……."

"좋아." 또는 "그렇구나."와 같은 말로 끼어드는 것은 대화에서 잠시 숨 돌릴 시간이라는 신호가 되기도 한다. 다음에는 지금껏 이야기하고 있었던 것과 관련시켜 새로운 이야기를 꺼내거나 이야기 상대에 대해 알고 있는 것에 기반을 두고 새로운 화제를 찾아볼 수 있다. 이렇게 화제를 바꾸지 못한다면 두 사람은 대화를 멈추거나 아니면 교착상태에 빠졌던 화제 언저리에서 어정쩡하게 우물거리며 이야기해야 할 것이다. 이런 비상사태에 써먹을 수 있는 소재를 한두 개쯤 예비하고 있는 것이 여러 모로 유리하다.

듣기의 기술

대화를 잘하려면 잘 들어야 한다. 놀랍도록 많은 사람들이 듣기를 잘 하지 못한다. 대부분의 사람들은 말하는 사람에게 지루하다는 신호를 보내고, 자신의 머릿속에 떠오른 생각을 말하려고 끼어들 틈만 노리고 있다.

듣기가 수동적인 행동이라고 생각하겠지만, 그 안에 자기주장적인 요소가 있다. 능동적인 듣기는 상대에 대한 배려를 보여주는 행위이고, 상대에 대한 많은 정보를 얻을 수 있기 때문에 상호관계를 이끌어가는 데 매우 중요한 요소가 된다.

듣기를 잘하려면 적어도 아래 두 가지 규칙을 따라야 한다. 첫 번째 규칙은 몸짓 언어를 의식해야 한다. 말하는 사람에게 집중해 있으며 상대의 말을 진심으로 재미있게 듣고 있다는 것을 보여줘야 한다. 두 번째 규칙은 상대의 말을 함부로 끊고 끼어들어서는 안 된다는 것이다. 물론 지나치게 방어적이거나 장광설을 쏟아놓는 경우라든지 예의를 모르는 무례한 사람이라면 이야기는 다르다. 하지만 당신이 진정으로 우정을 쌓고 싶어 하는 상대라면 당신의 예의 바른 태도에 같은 방식으로 보답할 것이다. 당신의 이야기를 열심히 들어줄 것이다.

마무리 발언

아무리 대화가 좋아도 영원히 계속할 수는 없는 일이다. 간단하고 '알찬' 대화가 화제를 찾으려 미친 듯이 애쓰는 장시간의 대화보다 훨씬 낫다. 전자의 대화는 다시 하고 싶겠지만 후자의 대화는 사양하게 될 것이다.

대화를 마치는 건 어떻게 해야 할까? 주변에서 사람들 간의 대화를 자세히 살펴보면 깨닫게 될 것이다. 사람들이 대화를 마치면서 서로에게 주고받는 일종의 큐 신호, 즉 힌트를 찾아보자.

직장에서 어떤 문제가 발생해 해결 방안에 대해 급하게 이야기를 나눈 상관과 부하직원 사이의 전형적인 대화를 살펴보자. 이야기가 진행되다가 마지막으로 말하는 사람이 다음과 같이 마무리를 할 것이다. "그럼 합의한 대로 해결하도록 하지, 됐지?" 여기서 "됐지?"의 억양은 끝을 분명하게 올려야 한다. "다른 이야기할 것이 더 있나? 없다면 이만 이야기를 마치지."라는 의미이기 때문이다. 듣는 사람은 무리 없이 암시하는 바를 이해할 것이다. 하지만 뭔가 새롭게 이야기할 게 남아 있는 경우에는 곧바로 새로운 화제를 꺼내야 한다. 주저하다가 적절한 타이밍을 놓치게 되었다면, "오, 그런데요, 제가 깜빡 잊고 있었는데요. 다른 시각에서 문제를 보게 되면……"이라는 사과의 말과 함께 다시 대화를 시작할 수 있다.

"됐지?"는 대화의 마무리 발언이다. 이외에도 "알았지?" "다 됐나?" "다른 거 더 없지?" "끝?" 등의 표현이 있다. 아래 대화를 마치면서 신호로 쓰는 다른 예를 더 적어보았다.

- 요약 : "그럼 금요일까지 해결하도록 하겠어요."
- 자리를 떠나는 것을 정당화하기 : "그럼 이제 저는 X를 하러 가야겠습니다."
- 도움이 되었다는 언급하기 : "그럼 정말 만나서 반가웠습니다."
- 계속 만나고자 한다는 언급하기 : "또 다시 만나기를 바라겠습니다."

사람들은 또한 몸짓 언어로도 대화를 마치자는 신호를 보내기도 한다. 시선을 피하거나 자리에서 일어서거나(앉아서 이야기를 나눈 경우), 한숨을 내쉬거나(커다랗게 소리를 내어 숨을 내쉰다), 미소를 지으며 악수를 청하기도 하고, 손을 꼼지락거리거나 다리를 흔들거리면서 산만하게 구는 것으로 신호를 보낼 수도 있다.

사람들은 다양한 핑계를 대면서 대화를 마친다. 직장이나 집으로 돌아가야 하거나, 도서관이나 화장실에 가야 한다고 일어서기도 하고 식사 약속이 있거나 공부하러 가야 하기도 하며 잠을 자러 가거나 치과에 예약이 되어 있거나, 한잔 하러 가거나, 선약이 있기도 하다. 대화 예절에 의하면 사람들이 이런 식으로 이야기하면서 대화를 마무리 지으려 하면 더 이상 추궁하거나 억지로 잡아두는 것은 무례한 짓이다.

우정을 쌓아가려면 자리에서 일어날 준비를 하면서 앞으로 또 만나서 즐거운 시간을 갖자는 말을 하는 것이 당연하다. "다음 주쯤에 한번 들릴게요."라고 일반적인 인사말을 할 수도 있고, "내일 점심 시간에 여기서 또 만나요."라고 구체적으로 말할 수도 있다. 처음 만난 사이라면 앞의 일반적인 인사말로 맺는 게 좋다. 그러나 일단 친밀감이 충분히 형성된 다음이라면, 다음에 만날 구체적인 시간과 장소를 정할 수도 있다. 또는 다음 만남을 위한 약속을 전화로 하자고 말하면서 대화를 마무리 지을 수도 있다.

사교적인 사람이 되기 위한 연습

스스로 내성적이라고 생각한다면 아래 활동들을 연습해 보도록 하자. 몇 가지 과업에 대해서는 성취 여부를 매일 자기주장 다이어리에 기록하도록 하자. 관찰한 것과 그것에 대한 느낌, 그리고 다른 사람들의 반응을 기록하자. 연습할 때 친구의 도움이 필요하다.

먼저 아래 활동들은 난이도와 상관없이 임의로 나열해 놓은 것이다. 각 활동에 대한 설명을 읽어보고 주관적인 난이도를 평가하여 순서를 정하도록 하라. 또한 주변 여건상 실행하기 어려운 활동은 빼버리도록 하라. 자신에게 가장 쉬운 활동을 1로 하고 난이도가 올라가는 순서대로 숫자를 적어나가라.

_____ 직장 건물이나 잡화점 또는 수업 시간에 새로 만난 사람에게 자신을 소개하라.

_____ 집으로 돌아가는 길이 같은 사람을 초대하라.

_____ 자유토론이나 게임에 끼어달라고 부탁한다. 직장에서라면 커피 타임에 이야기를 나누는 무리에 끼어보도록 하자.

_____ 개인적인 여론 조사를 하자. 열 명의 사람들에게 최근 회자되고 있는 문제에 대한 의견을 물어보자. 각 사람의 의견에 하나 정도 질문을 해보자.

_____ 안면이 없는 사람에게 10센트를 빌려달라고 해보자. 반드시 갚을 수 있도록 다음 약속을 정하자!

_____ 사무실이나 학교 또는 사교 모임에서 이성 한 명을 정해 이름을 물어보자. 그리고 전화를 걸어 최근의 업무에 관한 이야기라든지, 학교 숙제라든지, 다가올 행사 등에 대해 이야기하자.

_____ 커피숍에 가서 당신과 눈이 마주친 세 사람에게 미소를 지으며 고개를 끄덕여주자. 그리고 적어도 동성 한 명과 이야기를 나누어보자.

_____ 은행이나 영화관 잡화점에서 줄을 서 있자. 근처에 있는 아무에게나 줄 서는 것에 대한 이야기를 해보자.

_____ 주유소에서 차에 기름을 넣어주는 주유원과 이야기를 해보자.

_____ 흥미가 생기는 이성의 옆에 앉아보자.(버스나 휴게실 또는 교실이나 영화관에서) 말머리를 정해 이야기를 시도해 보자.

_____ 세 명의 사람에게 길을 물어보자. 그리고 적어도 한 명과는 1, 2분간 이야기를 나누자.

_____ 조깅 트랙이나 해변 또는 수영장에 가자. 근처에 있는 낯선 사람들 두어 명과 이야기를 나누어보자.

_____ 사무실이나 교실 또는 이웃에 도움을 필요로 하는 사람이 있는지 살펴보자. 그리고 도움을 주자.

_____ 하루 동안 논쟁거리가 될 만한 책을 들고 다니자. 책으로 인해 몇

명의 사람과 이야기를 시작했는지 세어보라.

_____ 작은 파티를 열자.(3~5명의 인원을 초대하자) 그리고 그 중에 적어
도 한 명은 전혀 모르는 사람이 되도록 하자.

_____ 문제가 생기면 직장 사무실이나 학교 기숙사 또는 이웃 중에 그
리 가깝지 않았던 사람을 찾아 충고를 청하자.

_____ 이전에 함께 식사를 해본 적이 없는 사람과 함께 저녁식사를 하라.

_____ 거울 앞에서 말머리와 이어지는 말을 연습하고 녹음기에 녹음하
라. 자신의 말을 들어보고, 좀 더 생기 있고 열정적인 목소리를 내
려고 노력하면서 다시 녹음하라.

_____ 평소에는 인사를 건네지 않던 사람들 다섯 명에게 "안녕!" 하고
인사말을 건네라. 상대에게서 미소 띤 "안녕!"이라는 화답을 받
도록 해보라.

이제는 위의 활동 중 가장 손쉬운 것부터 시작하기로 스스로와 약
속하라. 어떤 활동은 하루면 모두 끝날 것이고, 어떤 것은 며칠이 필
요한 것이기도 하다. 각각의 실전연습을 수행하고 나서는 반드시 보
상을 스스로에게 준 뒤 다음 단계의 실전연습으로 들어가라. 이런
사교적인 행동이 자신과 다른 사람에게 어떤 영향을 미치는지 기록
하라. 매일 저녁 자기주장 다이어리에 이런 관찰의 결과를 기록하면
서 그날 있었던 긍정적인 사교활동의 체험을 머릿속에 되살려 그려
보도록 하자.

자기진화를 위한 행동변화 프로젝트

나만의 캐릭터로 승부하라

지은이 | 고든 H. 바우어, 샤론 앤서니 바우어
옮긴이 | 이정숙
펴낸이 | 김경태
펴낸곳 | 한국경제신문 한경BP
등록 | 제 2-315(1967. 5. 15)

제1판 1쇄 인쇄 | 2010년 1월 15일
제1판 1쇄 발행 | 2010년 1월 22일

주소 | 서울특별시 중구 중림동 441
홈페이지 | http://www.hankyungbp.com
전자우편 | bp@hankyung.com
기획출판팀 | 3604-553~6
영업마케팅팀 | 3604-595, 555   FAX | 3604-599

ISBN 978-89-475-2739-2   03320
값 13,800원

파본이나 잘못된 책은 바꿔 드립니다.